Markus Mingers

DAS DAVID KONZEPT

Die Kunst, Übermächtige zu bezwingen

FBV

Bibliografische Information der Deutschen Nationalbibliothek
Die Deutsche Nationalbibliothek verzeichnet diese Publikation in der Deutschen National-
bibliografie. Detaillierte bibliografische Daten sind im Internet über http://dnb.d-nb.de
abrufbar

Für Fragen und Anregungen:
info@finanzbuchverlag.de

Originalausgabe, 1. Auflage 2019

© 2019 by FinanzBuch Verlag, ein Imprint der Münchner Verlagsgruppe GmbH
Nymphenburger Straße 86
D-80636 München
Tel.: 089 651285-0
Fax: 089 652096

Redaktion: Werner Wahls
Korrektorat: Manuela Kahle
Umschlaggestaltung: Manuela Amode
Umschlagabbildung: iStock.com/Siraphol
Satz: inpunkt[w]o, Haiger (www.inpunktwo.de)
Druck: GGP Media GmbH, Pößneck
Printed in Germany

ISBN Print 978-3-95972-209-4
ISBN E-Book (PDF) 978-3-96092-386-2
ISBN E-Book (EPUB, Mobi) 978-3-96092-387-9

Weitere Informationen zum Verlag finden Sie unter:

www.finanzbuchverlag.de
Beachten Sie auch unsere weiteren Verlage unter www.m-vg.de.

INHALT

ÜBERSICHT VERBRAUCHERTIPPS

Die 30 Verbrauchertipps für Ihren Erfolg in der Übersicht

VORWORT

Herzlich willkommen, mein Name ist Markus Mingers, Rechtsanwalt und Unternehmer. Wenn Sie über meine Facebook-Präsenz, durch meine YouTube-Videos oder als Klient auf dieses Buch aufmerksam geworden sind, wissen Sie ja schon ein wenig über mich und meine Kanzlei. Für die anderen Leser möchte ich mich und meine Arbeit kurz vorstellen.

Ich wurde 1973 in Aldenhoven geboren und studierte Jura in Bonn und Speyer. Nach Tätigkeit in einer Großkanzlei und Arbeit als Repetitor bin ich seit 2004 selbstständiger Rechtsanwalt und Inhaber der Kanzlei Mingers & Kreuzer, die an drei Standorten in Deutschland vertreten ist: Jülich, Köln und München. Unser Team umfasst etwa siebzig Mitarbeiter.[1]

Der wichtigste Schwerpunkt der Arbeit meiner Kanzlei ist der Verbraucherschutz. Konkret: Wir haben es uns zum Ziel gesetzt, deren Rechte gegen große Firmen wie Banken, Versicherungen oder Autokonzerne durchzusetzen – und sind dabei höchst erfolgreich. Nicht zuletzt unser Engagement im Dieselskandal hat dazu geführt, dass sich die Kanzlei immer stärker in der Öffentlichkeit profiliert und ich bei Interviews als Experte auftrete, etwa im Fernsehen. Daneben produziere ich YouTube-Videos, die in allgemein verständlicher Form über juristische Sachverhalte aufklären und dem Verbraucher Rat und Hilfe geben – Links dazu finden Sie am Ende dieses Buchs. Auch im Internet sind wir sehr aktiv, etwa durch unseren Facebook-Account, auf dem wir regelmäßig über neueste Entwicklungen im politischen und rechtlichen Bereich berichten und unsere Arbeit darstellen. Elemente wie Blogs, Newsletter und regelmäßige Pressemitteilungen ergänzen diese Aktivitäten.

Bei unserem Engagement agiert unsere – gemessen an anderen Kanzleien immer noch kleine Kanzlei – wie David gegen Goliath: Wir treten für die Rechte des »kleinen Mannes« ein und scheuen uns nicht, gegen Konzerne oder Banken anzutreten, um unseren Klienten zu dem Recht zu verhelfen, das ihnen zusteht.

Immer wieder bin ich in letzter Zeit gefragt worden, ob ich nicht ein Buch über all diese Themen schreiben möchte – einen Ratgeber, der zusammenfassend darstellt, was unsere Kanzlei tut. Das Ergebnis liegt vor Ihnen. Aus Erfahrung weiß ich allerdings, dass es eine Illusion wäre, kompetenten anwaltlichen Rat durch ein Buch ersetzen zu wollen. Natürlich kann man entsprechendes Wissen ausbreiten, aber gemessen an dem, was ein Anwalt tatsächlich wissen muss, wäre es Stückwerk. Es bestünde sogar die Gefahr, dass Leser sich der trügerischen Vorstellung hingeben, ihre Rechte auf eigene Faust durchsetzen zu können. Doch in der Realität ist dies nur durch anwaltlichen Beistand möglich – nicht zuletzt durch den Anwaltszwang vor Gericht in Deutschland.

Daher habe ich dieses Buch breiter und tiefer angelegt. Ich habe versucht, nicht nur unsere Arbeit darzustellen und ganz konkrete Tipps und Ratschläge für den Verbraucher zu liefern (Verbrauchertipps 1–30), sondern den Kern unseres Erfolgs darzustellen. Ich habe mich gefragt, welche Prinzipien ihm zugrunde liegen, wie man sie in Worte fassen und auf andere Lebenswege anwenden kann. Um herauszufinden, wie andere Erfolg gehabt haben, welches Mindset ihm zugrunde liegt, habe ich nicht nur viele Bücher erfolgreicher Menschen gelesen, sondern auch eine kleine Umfrage unter erfolgreichen prominenten Zeitgenossen gestartet. In einer standardisierten Rundmail an rund 300 Personen stellte ich dabei Fragen wie »Welchen Rat würden Sie einem vermeintlich Unterlegenen in einer herausfordernden Situation gegen einen vermeintlich überlegenen Gegner geben?« oder »Welcher vermeintliche Misserfolg war Voraussetzung für Ihren späteren Erfolg?« Ein Teil der Auskünfte ist in den theoretischen Hintergrund dieses Buchs eingeflossen, ein anderer Teil direkt sichtbar in Form von eingestreuten Zitaten. Dazu kommen natürlich ganz konkrete Ratschläge und Tipps.

Der Ansatz dieses Buches mag für einen Rechtsanwalt zunächst ungewöhnlich scheinen. Doch Themen wie Persönlichkeitsentwicklung und Coaching haben mich schon immer sehr interessiert – nicht zuletzt bin ich zertifizierter Coach. Auch über Erfahrungen im pädagogischen Bereich verfüge ich, denn schon als Student habe ich gemerkt, dass ich Talent dafür habe, Menschen Wissen zu vermitteln. Damals führte diese Begabung zur Gründung eines Unternehmens, das Nachhilfe für Jurastudenten anbot und bei dem ich, selbst noch Student, zeitweilig mehr als zehn Dozenten beschäftigte.

Die Arbeit an diesem Buch hat mir viel Spaß gemacht und war für mich eine ganz neue Erfahrung. In manchen Bereichen wage ich mich weit vor und vertrete Meinungen, die kontrovers sind. Das mag damit zu tun haben, dass dieses Buch nicht wissenschaftlich ist und es auch nicht sein will. Es ist der Versuch, meine persönlichen Erfahrungen rund um das Thema Erfolg in Prinzipien zu fassen – und diese Prinzipien so anschaulich wie möglich darzustellen. Und eines können Sie mir glauben: Es sind keine blutleeren Konstrukte, sondern in der Praxis erprobte Methoden.

Auf meinem Weg haben mich nicht nur viele andere Autoren beeinflusst und geprägt – einige davon werden im Literaturteil genannt –, sondern auch unzählige Weggefährten, Freunde, Kollegen und Mitstreiter. Ihnen allen gilt an dieser Stelle mein herzlicher Dank.

Bleibt mir nur noch, Ihnen viel Freude beim Lesen zu wünschen!

Ihr Markus Mingers

EINFÜHRUNG

»Verliert nie den Mut! Nach Niederlagen müssen
wir wieder aufstehen und es besser machen.«
Claus Hipp, Geschäftsführer HiPP GmbH

Eigentlich glaubt man, sie zu kennen, die alte Geschichte von David und Goliath. Irgendwann im Religionsunterricht hat man sie gehört, und später dann hat man sie selbst benutzt, als stehende Redewendung, als Sprichwort. David gegen Goliath, das ist der ewige Kampf zwischen Klein und Groß, zwischen Zwerg und Riese, zwischen Schwächling und Muskelprotz. Aber was verbirgt sich eigentlich genau hinter dem legendären Kampf des Außenseiters gegen den Favoriten? Was ist der Kern dieser Legende?

Als ich anfing, dieses Buch zu konzipieren, war für mich die Geschichte aus der Bibel vor allem eine Metapher, um das in Worte zu fassen, worum es mir ging: meine persönlichen Erfolgsrezepte, mein Weg zum Erfolg. Ich wollte ihn nachzeichnen und dabei für mich selbst noch einmal reflektieren. Dass er viel mit diesem mythischen Kampf zu tun hatte, dass ich mich schon immer gern mit David identifiziert habe, dem Kleineren, vermeintlich Schwächeren, der durch Cleverness und strategisches Denken am Ende über den vermeintlich überlegenen Gegner triumphiert, war eher eine Ahnung als ein Konzept.

Dann habe ich die Geschichte wieder gelesen, und mir wurde bewusst, dass sie viel mehr mit mir selbst zu tun hat, als ich angenommen hatte. Und dass sich aus ihr tatsächlich grundlegende Erfolgsprinzipien ableiten lassen – Prinzipien, denen ich selbst gefolgt war.

Dieses Buch will Sie an diesen von mir erprobten Prinzipien teilhaben lassen. Es will Ihnen zeigen, welche innere Haltung, welches Denken und welche Art des Handelns Erfolg begünstigen. Es will aber auch zeigen, welche Einstellungen, Verhaltensmuster und inneren Glaubenssätze Erfolg behindern und wie man sie bekämpft. Ich bin davon überzeugt, dass hinter Erfolg stets ein Konzept steckt, eine Einstellung, eine Überzeugung. Gewiss, ohne Glück wird kaum jemand Triumphe feiern, aber wer nur auf günstige Zufälle, auf das Schicksal oder auf höhere Mächte vertraut und dabei aus den Augen verliert, dass er selbst aktiv handeln muss, wird kaum nachhaltig erfolgreich sein.

Neben dem beruflichen Erfolg ist für mich allerdings auch der Erfolg im privaten Bereich wichtig. Ich bin weit davon entfernt, meinen persönlichen Erfolg nur an wirtschaftlichen Kriterien zu messen. Früher habe ich gearbeitet wie im Hamsterrad, war dann am Ende platt und lag im Urlaub erst mal zehn Tage »im Koma«. Heute versuche ich, mein Leben so zu gestalten, dass ich dauerhaft Wohlbefinden spüre. Und dass sich die verschiedenen Bereiche meines Lebens in einem gesunden Gleichgewicht befinden.

Die Erfolgsprinzipien dieses Buches habe ich in 14 Punkte gegliedert, um das, worum es mir geht, verständlich zu machen. Sie alle hängen aber so eng zusammen, dass sie sich im Grunde auf ein einziges Konzept reduzieren lassen: eben das *David-Konzept*.

Das *David-Konzept* ist einfach nachvollziehbar und von jedem anwendbar, unabhängig von Herkunft, Religion, Sprache oder Kultur. Wer dauerhaft nach ihm lebt, in dessen Leben wird sich der Erfolg wie von selbst einstellen. Anders ausgedrückt: Nach dem *David-Konzept* zu leben, bedeutet, sich den Erfolg zu eigen zu machen, ihn zu leben, ihn anzuziehen. Und immer weiter auszubauen.

Wir finden seinen Kern in antiken Weisheitslehren ebenso wie in den Mythen der Menschheit. Seit Jahrhunderten interessiert es die

Menschen, wie man ein Konzept des guten, des gelungenen Lebens in Worte fassen und anderen lehren kann.

Allerdings, das will ich vorausschicken, verhält es sich mit dem *David-Konzept* so wie mit allen wichtigen Erkenntnissen: Zwar kann man es in Worte fassen, aber wer diese Worte ohne Vorbereitung hört, dem sagen sie nichts. Er mag zwar einen tiefsinnigen Satz hören, aber er wird nicht in der Lage sein, seinen Kern zu verstehen oder in sein Leben zu integrieren. Das *David-Konzept* kann man im Grunde nicht in Worten mitteilen. Man kann es nur erfahren, es leben.

Übrigens ist es für erfolgreiche Menschen nicht notwendig, sich der Zusammenhänge und Gesetze, die sich hinter dem Erfolg verbergen, bewusst zu sein. Absurderweise ist oft sogar das Gegenteil der Fall: Ein erfolgreicher Mensch kann die Stationen seines Wegs oft zwar benennen, sie nachzeichnen. Befragt man ihn aber nach den Regeln, denen er gefolgt ist, ist er oft ratlos. Intuitiv ist er einfach nur einer inneren Stimme gefolgt, hat seinen Weg gemacht und dabei bestimmte Entscheidungen getroffen, Richtungen festgelegt.

Manche Menschen handeln intuitiv nach dem *David-Konzept*. Andere hingegen tun sich schwerer. Sie setzen sich Ziele, scheitern aber auf dem Weg der Umsetzung oder lassen sich ablenken von Kleinigkeiten. Sie machen ihren Erfolg auf ungesunde Weise abhängig von anderen oder verlieren das, was sie gewollt haben, aus dem Auge, sodass sie zwar etwas erreichen, aber nicht das, was sie wollten. Wieder andere setzen sich zu viele Ziele auf einmal und überfordern sich.

Wir alle kennen solche Fehlwege und Verirrungen. Doch sie sind keinem angeboren. Der Mensch ist von Geburt an befähigt zum Erfolg und zum erfolgreichen Denken. Auf einer bestimmten Ebene sind wir uns alle der Prinzipien, die ihn begünstigen, sogar bewusst, denn sonst hätte der Mensch in der Evolution kaum überlebt. Obwohl wir oft irren, immer wieder Sackgassen beschreiten und Fehler machen, ist die Geschichte des Menschen doch unter dem

Strich eine Erfolgsgeschichte. Daher kennen wir die Gesetze, die das Gelingen begünstigen, im Grunde alle gut. Wir müssen sie nur anwenden.

Ein wichtiger erster Schritt besteht darin, sich dieser Gesetze (wieder) bewusst zu werden. Ich habe schon angemerkt, dass dieser Weg kein abstrakt-akademischer ist, bei dem es nur darum geht, sich Begriffe oder Techniken auf einer rational-logischen Ebene anzueignen. Das *David-Konzept* ist eng gebunden an das Momentum der Erfahrung, an die Praxis des Erfolgs, an das Tun. Daher versucht dieses Buch, Sie an meinen Erfahrungen Anteil nehmen zu lassen, indem ich das, was das *David-Konzept* ausmacht, an Beispielen verdeutliche und in Stationen und Ereignissen meines Lebens spiegele. Schritt für Schritt entfaltet sich dabei sein Kern. Mit jedem Teilprinzip kommt ein Baustein hinzu, und am Ende werden Sie in der Lage sein, das *David-Konzept* gedanklich nachzuvollziehen, seinen Kern zu verstehen – um es schließlich auch anzuwenden.

Bevor wir uns nun gemeinsam aufmachen, noch eine Warnung: Der Weg, den David geht, ist kein leichter. Das ist schon daraus zu ersehen, dass er ihn allein geht. Zwar steht ein Heer hinter ihm, aber dieses Heer ist furchtsam und ratlos – erst, als David auf eigene Faust und durch eigene Hand siegt, feiert es ihn. Davids Weg ist keiner, auf dem er nennenswerte Unterstützung von anderen erfährt. Im Gegenteil – er muss das, was er tun will, durchsetzen gegen andere. Weder hat er mächtige Waffen noch loyale Verbündete. Er ist unerfahren in der Kriegskunst, und nicht zuletzt ist Goliath, sein Gegner, ihm haushoch überlegen, was Ausdauer und Stärke angeht. Doch David hat etwas anderes. Was ist es, was ihn am Ende siegen lässt gegen Goliath, gegen die Übermacht der Philister? Wie kommt es, dass ein ganzes Heer vor ihm flieht und ihn, den Knaben, so fürchtet? Über welche geheime Macht gebietet er? Ist er so etwas wie ein Zauberer, sind es magische, übersinnliche Kräfte, die er anwendet?

Bevor wir uns diesen Fragen zuwenden, soll zunächst noch einmal Davids Geschichte erzählt werden. Natürlich ist meine Nacherzählung der Geschichte von David gegen Goliath eine Deutung, eine Interpretation. Stellenweise habe ich sie mit Details ausgeschmückt, um das, worum es mir geht, verständlicher zu machen.

Noch eine Bemerkung, bevor wir in die biblische Zeit reisen: Die Geschichte von David und Goliath ist ein Mythos, der auch vom Glauben handelt, vom Glauben an Gott. Da sie aus dem Alten Testament stammt, ist dieser Glaube noch kein christlicher, er steht in der Tradition des Judentums. Das ist für den Kern des *David-Konzepts* aber nicht von Belang. Um es anzuwenden und zu verstehen, muss man weder Christ sein noch Jude. Allerdings muss man – das wird weiter unten ausgeführt – ein bestimmtes Konzept verstehen und anerkennen, dass ich in diesem Buch vereinfachend Glaube nenne. Es beinhaltet immer eine Form der Überzeugung – allerdings bleibt es dem Leser überlassen, ob er diese als Glauben an Gott versteht, an ein höheres Prinzip oder an sein eigenes höheres Selbst. Glaube trägt immer eine Komponente des Unerklärlichen, rational nicht Aufzulösenden in sich. Dennoch muss er nicht unvernünftig sein. Vielmehr ist der, der zu glauben beginnt – an sich selbst, an höhere Werte oder eben an Gott –, angefüllt von einer gewissen Demut, die untrennbar damit verbunden ist, an dem eigenen Erfolg nicht nur zu arbeiten, ihn ins Werk zu setzen und zu planen, sondern auch, ihn geschehen zu lassen. Ihn zuzulassen und anzunehmen.

DAVID GEGEN GOLIATH

David hat Angst, panische Angst. Er steht allein. Er hat sich weit vorgewagt, und jetzt kann er nicht mehr zurück. Vor ihm, noch in einiger Entfernung, aber schon gut zu sehen, ragt der Feind auf: Goliath, der Riese, der Schlächter. Er ist nicht nur doppelt so groß und stark wie er, sondern auch gepanzert und schwer bewaffnet. Er trägt »einen ehernen Helm« auf dem Kopf und einen »schuppendichten Panzer«, dessen Gewicht »fünftausend Lot Erz« entspricht.[2] Er hat »eherne Beinharnische an seinen Schenkeln und einen ehernen Schild auf seinen Schultern«, der »Schaft seines Spießes« ist groß wie ein Baum, und das Eisen seines Spießes wiegt, so heißt es, »sechshundert Lot Eisen«. Sogar ein eigener Schildträger geht vor ihm her.

Noch hat Goliath David nicht entdeckt. Noch kann David zurück. Aber dann würden seine Gefährten, die Israeliten, ihn mit Hohn und Spott übergießen und sein Plan würde scheitern. Ein Plan, mit dem er nächtelang gerungen hat, ohne eine Lösung zu finden. Doch dann, tief in der Nacht, er hatte schon alle Hoffnung aufgegeben, stand es ihm plötzlich vor Augen, wie man den Riesen bezwingen kann. Im Grunde ist es einfach, ganz einfach.

Es ist kalt, und jetzt streicht ein tückischer Wind durch das Tal bei Ephes-Dammim. David friert, denn er hat keinen Panzer, und das Schwert und den eisernen Helm, den Saul ihm angeboten hat, hat er fallen lassen. Das Einzige, was er bei sich trägt, ist ein dünner Stab, seine Hirtentasche, eine primitive Steinschleuder und fünf glatte Steine, aufgelesen aus einem Bach. Er ist Kampf nicht gewohnt, er ist kein Krieger. Als Jüngster von acht Söhnen Isais ist er immer das Nesthäkchen gewesen, der Kleine.

Jetzt hat Goliath ihn entdeckt: Er wendet den Kopf mit dem Helm wie ein Raubtier, das Witterung aufgenommen hat.

David weiß, dass sich mit diesem Kampf alles entscheidet. Nicht nur sein Schicksal, sondern auch das seines Volkes, der Israeliten. Goliath ist der Herausforderer, aber es geht ihm im Grunde gar nicht um einen Zweikampf, sondern um eine Verhöhnung Israels. Als er vor sein Heer, die Streitmacht der Philister, getreten ist, hat er spöttisch gerufen: »Was seid ihr ausgezogen, euch zu rüsten in einen Streit? Bin ich nicht ein Philister und ihr Sauls Knechte? Erwählt einen unter euch, der zu mir herabkomme. Vermag er wider mich zu streiten und schlägt mich, so wollen wir eure Knechte sein; vermag ich aber wider ihn und schlage ihn, so sollt ihr unsre Knechte sein, dass ihr uns dient.«

David weiß, wie viel Entsetzen und Verstörung diese Worte unter seinen Gefährten ausgelöst haben. Sie wissen nur zu gut, dass es in ihren Reihen niemanden gibt, der sich mit Goliath messen kann.

Der Riese fixiert ihn aus der Entfernung, und jetzt, da er gesehen hat, wer sich ihm nähert, ein Milchgesicht, ein schwacher, bräunlicher Knabe, kann er nicht mehr an sich halten.

»Bin ich denn ein Hund, dass du mit Stecken zu mir kommst?«, fragt er dröhnend und fügt noch hinzu: »Komm her zu mir, ich will dein Fleisch geben den Vögeln unter dem Himmel und den Tieren auf dem Felde!«

David erschauert, aber er darf sich seine Angst nicht anmerken lassen. Unwillkürlich greift seine Hand ins Innere der Hirtentasche und betastet die Steine. Während seine Hand ihre glatte Oberfläche fühlt, spürt er, wie ihm Wärme zuströmt, eine innere Kraft. Er streckt sich und antwortet Goliath entschlossen: »Du kommst zu mir mit Schwert, Spieß und Schild; ich aber komme zu dir im Namen des Herrn Zebaoth, des Gottes des Heeres Israels, das du gehöhnt hast.«

David sieht, dass die Beschwörung seines Gottes, an den er inbrünstig glaubt, Goliath nicht im Geringsten beeindruckt; er ver-

zieht kaum das Gesicht. Also steigert er seine Drohung: »Heutiges-
tages wird dich der Herr in meine Hand überantworten, dass ich
dich schlage und nehme dein Haupt von dir und gebe die Leich-
name des Heeres der Philister heute den Vögeln unter dem Himmel
und dem Wild auf Erden, dass alles Land innewerde, dass Israel
einen Gott hat, und dass alle diese Gemeinde innewerde, dass der
Herr nicht durch Schwert noch Spieß hilft; denn der Streit ist des
Herrn, und er wird euch geben in unsre Hände.«

Damit ist im Grunde alles gesagt. David hat sich, seine Mission,
sein Credo enthüllt. Er tritt vor Goliath nicht als tollkühner Knabe,
der sich leichtsinnig gegen eine Übermacht stellt. Sondern er weiß
hinter sich einen mächtigen Gott, der über jeden Kampf entscheidet
und der auch diesen Kampf schon entschieden hat.

Doch Goliath begreift nichts von dem, was David sagt. Er glaubt
ihm kein Wort. Er hält seinen Gegner für einen Verrückten. Dass
er sich mit so etwas überhaupt abgeben muss! Fast tut der Kleine
ihm leid. Aber Mitleid kann er, der Schlächter, sich nicht erlauben.
Er muss jeden Feind zermalmen, sonst verliert er sein Gesicht. Und
Goliath hat einiges zu verlieren. Den Platz, den er innerhalb der Philister einnimmt, hat er sich hart erkämpfen müssen.

Nun geht alles sehr schnell. David darf keine Zeit verlieren, denn
er spürt, dass seine Worte Goliath beeindruckt haben – eigenartigerweise hat er nichts auf sie geantwortet. Er gibt sich einen Ruck und
rennt auf das feindliche Heer zu, während er registriert, dass auch
Goliath und die Philister hinter ihm sich in Bewegung setzen. Genau beobachtet David, wie weit der Riese noch entfernt ist, schätzt
immer wieder dessen Größe ab. Plötzlich weiß er, dass es soweit ist.
Dass er nicht mehr zögern darf. Er spürt den Augenblick, das Momentum. Jetzt ist es Zeit zu handeln. Er hält an und verschafft sich
einen sicheren Stand, stellt die Beine auseinander.

Ohne den langsam sich nähernden Koloss und die Schilde und
Speere hinter ihm aus den Augen zu lassen, greift David nach der

Hirtentasche und zieht die Schleuder hervor. Sie ist eine unauffällige, aber zuverlässige Waffe, und er hat sich jahrelang darin geübt, sie zu beherrschen – nicht als Vorbereitung auf Streit und Kampf, sondern aus sportlichem Ehrgeiz, aus dem Vergnügen, Ziele ins Auge zu fassen und mit größter Genauigkeit zu treffen. Er ist ein Meister der Schleuder, ein Künstler. Er trifft eine Schwalbe aus fünfzig Metern Entfernung und hat sogar schon Forellen im Bach mit ihr erlegt.

David fühlt die vertraute Schlaufe der Schleuder in der Rechten und schwingt sie ein paar Mal, spürt ihr Gewicht, ihren Drall. Je nach Temperatur und Luftfeuchtigkeit schwingt sie anders.

Goliath ist jetzt noch vierzig Meter entfernt, und sein gepanzerter Leib ragt vor der Schlucht auf wie ein schwankender Baum. David sieht, wie unbeholfen der Riese sich bewegt; sein Panzer macht ihn unbeweglich, langsam, träge.

In diesem Moment ist David ganz ruhig. Fast ist es, als folgten seine Hände einer unsichtbaren Kraft. Die Linke greift in die Tasche und wählt einen Stein, den kleinsten, aber rund und glatt. Ohne hinzusehen, führt er ihn in die lederne Ausbuchtung der Schleuder und beginnt, sie zu schwingen.

In diesem Moment bleibt Goliath stehen, als ahne er etwas. Ein Zittern läuft durch den Koloss.

Davids Arm kreist immer schneller, und immer stärker zieht das Gewicht des Steins an ihm. Jetzt lässt David los.

Er weiß, dass er alles getan und bedacht hat. Dass es jetzt nicht mehr an ihm ist zu entscheiden. Falsch wäre es, jetzt noch nachzudenken. Wenn er sein Ziel treffen will, muss er den Moment selbst entscheiden lassen. Er denkt nicht mehr an die Schleuder, den Arm, den Sieg, sondern er sieht nur Goliath. Wie in einem Zoom kommt sein Gesicht immer näher heran, scheint zu wachsen. Jetzt sieht er seinen Blick. Zunächst ist er herablassend und kalt, aber plötzlich kommt etwas in ihn, das zuvor nicht da gewesen ist, eine Irritation, eine Überraschung. David sieht Angst in seinen Augen.

In diesem Augenblick lässt seine Hand los. Der Stein schießt auf sein Ziel zu wie ein Geschoss. Er ist so schnell, dass David seine Bahn nicht einmal sieht. Doch er sieht, wie er sein Ziel trifft: die Stirn Goliaths. Die einzige ungeschützte Stelle am Leib des Riesen. Plötzlich ist dort ein Loch, aus dem Blut spritzt. Der unförmige Riese wankt; noch während er stürzt, stößt er einen dröhnenden Schrei aus, dessen Echo zwischen den Felsen schwingt. Goliath fällt auf sein Gesicht und liegt im Staub.

Doch noch ist er nicht tot. Noch kann er sich wieder erheben.

Wie von Sinnen stürzt David auf den Gegner zu. Er weiß, dass er jetzt nichts dem Zufall überlassen darf. Die Philister sind zurückgewichen, warten. Ein Raunen und Stöhnen läuft durch ihre Reihen. Sie können es nicht fassen, dass Goliath gefallen ist.

David steht vor Goliaths Leib. Wie ein urzeitliches Tier liegt der Schuppenpanzer auf der Erde. Er greift nach dem riesigen Schwert des Gegners, zieht an seinem Griff, doch es gelingt ihm nicht, es aus der Scheide zu ziehen. Endlich, seine Kraft ist schon fast am Ende, schafft er es. Es ist so schwer, dass er es kaum halten kann. Mit letzter Kraft hebt er es über den Kopf, setzt es an wie ein Fallbeil und trennt mit ihm Goliaths Kopf vom Rumpf.

In diesem Moment weichen die Philister weiter zurück, schreien. Panik hat sie erfasst. Ihr bester Krieger ist getötet worden von einem Knaben – über welche Macht verfügen dann erst die stärksten Krieger dieses Feindes?

Die Israeliten hingegen triumphieren. Plötzlich treiben sie die Philister vor sich her, finden zurück zu ihrer Kraft. David ist unter ihnen. Sein Sieg ist ein Triumph. Sie plündern das Lager der Feinde, unterwerfen sich alles und kehren heim zu Saul. David ist ein Held und wird gefeiert. Er nimmt Goliaths Haupt und trägt es nach Jerusalem; seine Waffe aber legt er nieder in seiner Hütte. Er weiß, dass er sie nicht mehr braucht.

DENKE GENAU

>*Vergesst angelerntes Wissen. Wissen ist heute universell verfügbar und was ihr euch angelernt habt, verschwindet mit euch, wenn ihr geht. Nutzt das, was ihr könnt, um etwas zu schaffen, das euch überlebt.*«
BERNHARD MOESTL (U.A. *Das Shaolin-Prinzip*)

Denke genau – klingt auf den ersten Blick einfach, fast trivial. Wer von uns würde ohne Weiteres zugeben, ungenau zu denken? Sind wir in unserem modernen, hochtechnisierten Alltag nicht alle dazu gezwungen, präzise zu denken und auch zu handeln, um unser Ziel zu erreichen? Und was eigentlich hat präzises Denken mit Kampf und Erfolg zu tun?

Um das Prinzip des genauen Denkens zu verstehen, kehren wir noch einmal zurück zu Davids Geschichte: Vor dem Kampf wägt David tagelang ab, was er tun soll. Er spielt alle Möglichkeiten durch, sowohl seine Handlungsoptionen als auch die des Gegners (*David Prinzip* Nr. 4). Dieses Durchspielen kennen wir alle. Bei den meisten von uns läuft es intuitiv ab: Wir stehen vor einem Problem, das wir lösen müssen, und automatisch, in Sekundenbruchteilen, gehen wir mögliche Lösungen durch. Haben wir ein ähnliches Problem schon einmal gelöst, greift unser Gehirn vermutlich auf diese Strategie zurück und schlägt uns vor, ähnlich zu handeln.

Ist das Problem allerdings neu, sind wir gezwungen, neu nachzudenken. Dabei erschaffen wir in unserem Inneren ein Abbild unserer Situation, unserer strategischen Lage. Wir benutzen unsere Phantasie. Anders als beim kreativen Erfinden oder Fabulieren dient sie uns hier aber nicht dazu, etwas Neues, nie Dagewesenes zu erschaffen. Im Gegenteil: Das Abbild der Situation, die wir durchdenken, soll so realitätsgetreu wie möglich sein. Nur dann wird unser Denkmodell uns helfen, uns in der Realität zu behaupten. Machen wir uns dagegen, wie es so schön heißt, etwas vor, sehen wir die Realität also verzerrt – etwa, indem wir unsere eigenen Kräfte überschätzen oder die des Gegners unterschätzen –, ist unser Vorstellungsmodell untauglich, weil unzureichend angepasst an die Realität. Wir mögen unser Problem dann zwar in der Phantasie lösen, aber sicher nicht in der Realität.

Ein Beispiel aus meinem Leben: Als kleiner Junge hatte ich rote Haare und wurde auf dem Schulhof immer gehänselt. Ich hatte Minderwertigkeitskomplexe, fühlte mich allen unterlegen. Zu Hause stellte ich mir dann immer vor, wie ich sein müsste, um den hämischen Angriffen zu begegnen. Mein Held, mein Idol war – lachen Sie nicht – Franz Beckenbauer, damals Bundestrainer. Der »Kaiser« strahlte eine überlegene Leichtigkeit aus, eine Souveränität, mit der er alle Probleme einfach weglächelte: »Schau'n mer mal.« Ich stellte mir vor, wie er zu sein – war aber in der Realität denkbar weit davon entfernt.

Ich schuf mir also ein Phantasiegebilde, das nicht der Realität entsprach. Natürlich verfügte ich nicht über jene souveräne Leichtigkeit und konnte Angriffe auch nicht einfach weglächeln. Und ich hatte auch keinen Schimmer, wie ich mir diese Art von Selbstbewusstsein hätte aneignen sollen. Vermutlich fehlte es mir gar nicht mal an körperlicher Kraft, sondern vor allem an Selbstbewusstsein. Und vielleicht hätten schon ein paar einfache Selbstverteidigungstechniken geholfen, mir Respekt zu verschaffen.

Doch derartige realitätsgebundene Überlegungen beschäftigen mich nicht. Vielleicht tauchen sie einmal am Rande auf, aber ich empfand es als zu anstrengend, darüber nachzudenken. Ja, fast machte es mir Angst, mich mit der Möglichkeit zu beschäftigen, aktiv etwas zu tun, zu handeln. Dunkel ahnte ich, dass dieser Weg einiges von mir verlangen würde – Mut, Ausdauer, Selbstüberwindung. Dass ich gezwungen wäre, meine Komfortzone zu verlassen, mich meinen Ängsten zu stellen und liebgewonnene Gewohnheiten und Überzeugungen aufzugeben. Das alles war anstrengend und wenig lustvoll. Einfacher waren da Wunschbilder und Träume.

Damit soll übrigens nichts Prinzipielles gegen Wunschbilder und Träume gesagt sein. Wir alle haben sie, und in angemessener Dosierung sind sie sehr wichtig, denn sie helfen uns zu erkennen, wer wir sind, indem sie uns vor Augen führen, wonach wir streben.

Doch solche Wünsche haben mit den Denkmodellen, die uns helfen, Probleme praktisch zu lösen, nichts zu tun. Während es bei Träumen darum geht, der Phantasie freien Lauf zu lassen, sind bei der Lösung praktischer Probleme Verzerrungen der Realität gefährlich. Täuschen wir uns über die Umstände und Bedingungen, kann das ebenso fatal sein wie bezüglich unserer Kräfte und Fähigkeiten.

Wenn wir gewinnen wollen, dürfen wir uns nichts vormachen. Wir müssen der Realität ins Auge sehen. Wir müssen mit dem Schlimmsten rechnen und uns gegen jede mögliche Niedertracht, jede Hinterlist unseres Gegners wappnen. Wir müssen dabei auch in Betracht ziehen, dass die Wirklichkeit uns nicht immer wohlgesonnen ist. Bei unserem Kampf haben wir es meist nicht nur mit der Aggressivität unseres Gegners zu tun, sondern auch mit widrigen Umständen. Niemals dürfen wir davon ausgehen, dass alles funktioniert: Dass die Waffen, die wir nutzen wollen, einwandfrei arbeiten oder dass uns Ressourcen, die wir brauchen, automatisch zur Verfügung stehen – in der Regel ist das nicht der Fall: Züge verspäten sich, Handy-Akkus sind plötzlich leer, beschriebene Orte oder Wege stellen sich in der Realität völlig anders dar, Autos springen nicht an – die Liste ließe sich beliebig erweitern!

Indem wir alle diese Widrigkeiten bedenken, wir unser inneres Vorstellungsbild also immer weiter der Realität anpassen, wird unser Denken präzise. Und präzise muss es sein, weil es uns sonst nicht hilft, unser Problem zu lösen.

Das alles mag auf den ersten Blick schlicht klingen, aber über das eigene Denken nachdenken, es zu reflektieren, zu überlegen, ob es der Realität angepasst ist, das ist für viele Menschen nicht selbstverständlich. Sie setzen einfach voraus, dass sie präzise denken, und reagieren irritiert, wenn man das in Frage stellt. Für sie ist Denken so etwas wie Atmen – es passiert einfach, man kann es nicht steuern.

Auf diese Weise entwickelt man allerdings kein Bewusstsein dafür, wie realitätsgetreu die eigenen Denkstrategien sind. Man hält sie weder für verbesserungsfähig noch verbesserungsbedürftig. Zwar scheitert man immer wieder an den gleichen Problemen, aber dann ist die schlechte Realität dafür verantwortlich – eine Realität, die sich den Wunschvorstellungen hartnäckig widersetzt. Dass man selbst nur ungenau gedacht hat, dass die eigenen Überlegungen und Pläne vielleicht nicht realistisch waren, dass man vergessen hat, Hintergründe einzubeziehen, Risiken zu bedenken, solche Gedanken schiebt man gern beiseite.

Es gilt also schlicht, unser Denken der Realität anzupassen!

Und das ist viel weitgehender möglich, als wir gemeinhin annehmen. Man kann die Übereinstimmung seiner Denkmodelle mit der Wirklichkeit nachhaltig steigern und mit einem solchen präzisen Denken viel erfolgreicher sein, als man vermutet. Denn das Gute ist: Das Denken ist uns nicht nur angeboren, wir können es auch reflektieren, steuern und führen. Wir können es verfeinern oder vergröbern, in Bahnen lenken oder auf bestimmte Punkte fokussieren. Wir können mit ihm Informationen filtern, strukturieren und aufbereiten. Mit anderen Worten: Wir können es verwenden wie ein Werkzeug, wie eine Waffe. So wie David.

Denken ist Bewegung

Denken ist eine aktive Tätigkeit, der stets ein Moment von Bewegung innewohnt. Nicht umsonst spricht man bildhaft davon, im Denken voranzuschreiten, mit ihm neue Pfade zu erkunden oder in ihm zurückzufallen. Auch Metaphern wie Denkgebäude, Denkkonstruktionen oder Denkschulen legen nahe, dass es sich hier um eine produktive, aufbauende Tätigkeit handelt, ein *Tun*. Denken ist also keineswegs müßig, sondern harte Arbeit – wie jeder bestätigen wird, der einmal gezwungen war, vor einer Prüfung viel Stoff in kurzer Zeit durchzuarbeiten. Die Arbeit, die das Denken macht, ist nicht zuletzt ein Grund, warum viele es so scheuen – allerdings müssen wir hier Arbeit trennen von Qual. Die meisten nämlich fürchten beim Denken nicht so sehr die Bewegung, das Handeln, sondern die Qual, im Denken nicht voranzukommen, zu stocken, festzusitzen.

Erinnern Sie sich? Der Lehrer steht an der Tafel mit der Kreide, verlangt eine Antwort auf eine Frage, und die grüne Fläche vor uns ist bedeckt mit unzähligen Symbolen. Was sie bedeuten, haben wir längst vergessen. Vielleicht waren wir abgelenkt, vielleicht hat er auch nur einen Schritt nicht so gut erklärt. Egal: Längst haben wir aufgehört zu denken. Längst geht es nicht mehr um das mathematische Problem, sondern nur noch um unsere Angst. Angst, nichts zu verstehen, dumm auszusehen. Den Anschluss zu verlieren. Nicht denken zu können. Diese Angst lähmt uns, und damit schließt sich ein Teufelskreis: Unfähig zum Denken, fürchten wir plötzlich das Denken, obwohl es, objektiv betrachtet, das Einzige ist, was uns retten könnte.

Es ist eigenartig: Wenn die Menschen in seltenen Momenten offenbaren, warum sie ein tiefergehendes Denken scheuen, warum sie sich gar für »dumm« halten, werden oft derartige traumatische Szenen beschworen. Natürlich werfen sie kein sehr günstiges Licht auf unser Schulsystem, aber sie beweisen im Grunde nicht viel. Denn wenn wir uns klarmachen, was wir damals erlebt haben, bestand unsere Qual ja gar nicht darin, angestrengt zu denken. Was wir fürchten, ist nicht die Mühe des Verstehens, sondern die Angst, gerade *nicht* denken zu können. Zum Denken zu dumm zu sein. Uns gelähmt zu fühlen, wie einst vor der Tafel.

Nun gibt es gewiss Grenzen des Verstehens und des Denkens. Der Mensch ist weit davon entfernt, sich, sein Leben oder die Welt vollständig zu begreifen – möglicherweise zu seinem Vorteil, aber das ist ein anderer Aspekt. Wichtig ist nur, dass die Grenzen des Denkens nicht schmerzhaft sind oder mit irgendwelchen Qualen zu tun haben. Sie bestehen einfach, und es ist vernünftig, sie anzuerkennen.

Zurück zu Bewegung des Denkens: Der Begriff Bewegung soll hier beschreiben, dass Denken stets zielgerichtet ist. Es geht in der Regel aus von einer Frage, einem Problem, wendet es hin und her und kommt dann, indem es Teilaspekte heranzieht, zu Schlüssen, die miteinander verknüpft werden. Auf diesem Weg werden mögliche Antworten auf die Frage gegeneinander abgewogen, verworfen oder angenommen.

Je weiter das Denken so voranschreitet, umso deutlicher wird nicht nur das Wesen der Frage, die man gestellt hat, ihr Kern, sondern es zeichnen sich auch Lösungen ab. Am Schluss steht dann eine Antwort auf die Frage – oder das Resultat, dass eine Antwort (noch) nicht möglich ist.

Natürlich beschreibt dieses Schema einen idealen Denkweg. Das reale Denken ist – vor allem, wenn es um komplexere Fragen geht – gekennzeichnet durch Rückschläge, Sackgassen, Verirrungen. Wichtig ist das Momentum der Bewegung: Das Denken bleibt nie stehen, es verharrt nicht bei einer Erkenntnis, sondern strömt immer weiter, wie ein Fluss, der verschiedene Landschaften durchläuft, in den andere Flüsse münden und der sich am Ende ins Meer der Erkenntnis ergießt.

Bei diesem Bild geht es nicht darum, das Denken zu überhöhen, sondern sich sein Wesen zu vergegenwärtigen. Im Umkehrschluss können wir dann nämlich sehen, wann wir *nicht* denken:

- Unsere Gedanken bewegen sich immer um die gleichen Punkte herum, münden immer in die gleichen Schlüsse.
- Wir reihen Urteile aneinander, ohne sie auf irgendetwas zu gründen. Oft glauben wir bei derartigen Gedankenketten noch, besonders meinungsstark zu sein – dabei bieten wir gerade ein Bild hoffnungsloser Borniertheit.
- Wir breiten unser Wissen aus wie ein Pfau, der sein Rad schlägt. Wir geben damit an, was wir alles gelesen oder studiert haben.
- Wir ergehen uns in langen Erklärungen, dass zu einem Problem oder zu einer Frage alles schon gesagt wurde. Und dass man nur das genau anwenden muss, was in den Büchern steht.

Denken ist lustvoll

> *»Viele Menschen würden eher sterben als denken.*
> *Und in der Tat: Sie tun es.«*
> BERTRAND RUSSELL (BRIT. PHILOSOPH)

Wenden wir uns einer positiveren Seite des Denkens zu: der Lust, dem Vergnügen. Diese Assoziation dürfte vielen zunächst fremdartig erscheinen, aber wirkliches Denken, das in Bewegung gekommen ist, das immer schneller voranschreitet, ist lustvoll – nicht umsonst nannten die Philosophen sich *Liebhaber der Weisheit* und pflegten, jedenfalls in der Antike, einen sehr vergnüglichen Lebensstil. Platons *Dialoge* sind legere Plaudereien unter guten Freunden, Gastmähler, bei denen nicht nur philosophiert, sondern auch reichlich getrunken und geflirtet wird. Voraussetzung dafür ist Muße, also Freiheit von der Arbeit – ein Privileg, das damals zugegebenermaßen nur Adlige besaßen.

Heute dürfen wir alle philosophieren und wir alle dürfen denken. Die wenigsten werden dabei den Anspruch haben, Philosophie zu betreiben, aber darum geht es nicht. Es geht darum, dass Denken Spaß machen kann – und übrigens sogar das Zeug dazu hat, zu einem echten Laster zu werden.

Die Freude am Denken ist uns angeboren, wird nur leider durch Erziehung oder in der Schule massiv gemindert. Zwar werden wir dort sehr oft aufgefordert zu denken, aber wenn wir genauer hinschauen, wird genau das von uns keineswegs erwartet. Wir sollen nicht denken, sondern lernen. Wir sollen uns Wissen aneignen, das schon existiert, das sich bewährt hat. Fragen, die dieses Wissen ins Wanken bringen, die es gar kritisch sehen, sind meist unerwünscht.

Der schulische Drill hat natürlich dennoch einen gewissen Sinn, denn es ist für die Gesellschaft wichtig, dass bewährtes Wissen von einer Generation zur nächsten weitergegeben wird. Dabei kommt allerdings oft genug das Denken zu kurz. Wir verlernen es, Fragen zu stellen, den Dingen auf den Grund zu gehen. Oft müssen wir die Lust am Denken regelrecht wieder erlernen.

Wieder denken lernen

Diese Strategien helfen Ihnen dabei, wieder bewusster zu denken:

- Vergegenwärtigen Sie sich die unbeschränkte Freiheit Ihres Denkens. Das Denken ist ein unendlicher Raum, in dem keine Gesetze gelten, und Sie niemandem Rechenschaft schuldig sind. Wo Sie alles tun können, was Sie wollen – in Gedanken.
- Befreien Sie sich von der Vorstellung, dass es Wissen oder Erkenntnis nur in Büchern gibt. Oder dass Sie erst sehr viel studieren oder lernen müssen, um denken zu dürfen. Denken Sie *jetzt*.

- Üben Sie sich in zweckfreiem Denken. Richten Sie Ihre Gedanken weg von Alltagssorgen, Plänen oder Absichten. Indem Sie sich darin üben, zweckfrei zu denken, wird Ihr Denken genauer und schärfer.

Verbrauchertipp Nr. 1: Was brauche ich wirklich?

Klares Denken als Verbraucher ist die Grundlage dafür, Angebote zu prüfen. Der klassische Verbraucherschutz setzt hier meist an der Stelle an, Angebote in Bezug auf ihre Qualität oder das Preis-Leistungs-Verhältnis zu vergleichen – und damit so zu tun, als stünde immer schon fest, dass Sie das, was Sie wollen, tatsächlich brauchen. Aber ist das wirklich so?

- Erfolgreiches Denken im Bereich persönlicher Kaufentscheidungen besteht nicht nur darin, die Qualität verschiedener Produkte gegeneinander abzuwägen – sondern auch zu analysieren, was man eigentlich will. Hat man darüber Klarheit gewonnen (zum Beispiel: ich will eine einfache/schöne/gut bedienbare Kaffeemaschine), ist die Wahl des Produkts meist viel einfacher.
- Geht es Ihnen bei Ihrem Kauf vor allem darum, im Luxus zu schwelgen? Dann stehen Sie dazu – und sparen nicht an falscher Stelle, sondern wählen Sie die Vollausstattung oder das Premiummodell.
- Verbraucherzeitschriften verschweigen es gern elegant: Oft gibt es neben der Wahl zwischen verschiedenen Produkten auch die Alternative, gar nichts zu kaufen – oder ein Gerät, das man schon besitzt, reparieren zu lassen.
- Auch Leasingmodelle (Kfz) können eine Alternative zum Kauf sein.

Die Kür: erfolgsorientiertes Denken

Nachdem wir uns mit der Bewegung, der Lust am Denken und mit dem zweckfreien Denken beschäftigt haben, kommen wir nun zur Kür: dem zweckgerichteten, dem erfolgsorientierten Denken.

Erinnern wir uns: David denkt erfolgsorientiert. Alle seine Gedanken kreisen darum, wie er Goliath zur Strecke bringen kann, und dabei zieht er alle realistischen Bedingungen in Betracht. Er nimmt in Gedanken vorweg, was wahrscheinlich geschehen wird, und leitet daraus eine Strategie ab.

Was er nicht tut (und was gerade nicht zielgerichtet wäre): Er zweifelt nicht. Er klagt nicht. Er ergeht sich nicht in Grübeleien über den Sinn seines Tuns. Warum eigentlich ist es so wichtig, dass die Israeliten siegen, könnte er fragen. Was macht sie zu den Guten und die Philister zu den Bösen? Dass Gott bei ihnen ist, dass sie das auserwählte Volk sind, sagt die Bibel – und gibt damit eine Antwort, die David damals nicht zweifeln ließ.

Stellen wir uns vor, David hätte diese Antwort nicht völlig befriedigt, dann wäre sein Denken schnell vom erfolgsorientierten zum zweifelnden und schließlich resignierenden Denken mutiert. Viele Menschen sind Meister darin, alles anzuzweifeln, den Sinn ihrer Handlungen, Pläne oder gar des Lebens insgesamt in Frage zu stellen. Sie sehen überall nur niedere Absichten, entwerten alles und glauben am Ende an gar nichts mehr – auch nicht an sich selbst.

Ich will nicht bestreiten, dass es anspruchsvolle philosophische Konzepte gibt, die die Frage nach dem Sinn sehr ernsthaft stellen und dazu dienen können, unser Tun und Denken auf eine andere, vielleicht tiefere Grundlage zu stellen, etwa der Existenzialismus. Doch hinter der Grübelei und Zweifelsucht der meisten Menschen verbirgt sich gar keine Suche nach höherer Erkenntnis – sondern schlicht Faulheit. Wer alles anzweifelt, muss auch nicht handeln. Wer nirgendwo Sinn findet, kann auf dem Sofa liegen bleiben und auf den Tod warten. Doch ist er deshalb Diogenes oder Sartre? Verdient ein solches Lebenskonzept unsere Bewunderung?

Erfolgsorientiertes Denken verzichtet auf die Umwege des Zweifels. Es glaubt bedingungslos an den Sinn. Und daraus ergibt sich seine besondere Form, seine spezifische Bewegungsrichtung. Viel stärker als das freie Denken, das Erkenntnisgewinn oder Wissen zum Ziel hat, fokussiert das erfolgsorientierte Denken sich auf ein Ziel hin: den Erfolg. Damit muss es sich einerseits verengen (auf den gewünschten Zweck hin), andererseits muss es viel stärker die Bedingungen der Realität in den Blick nehmen, die mit dem Ziel zu tun haben. Wir erinnern uns: Je genauer unser Bild von der Wirklichkeit in unserem Denkmodell ist, umso besser können wir eine Strategie entwickeln, und umso wahrscheinlicher steht am Ende der Erfolg.

Die feste Ausrichtung des Denkens hin zum Erfolg besteht aber nicht einfach nur darin, das Denken auf ein Ziel hin auszurichten. Sie ist eine Haltung, eine Einstellung, die damit zu tun hat, an den Erfolg zu glauben, ihn zuzulassen, ihn in Gedanken vorwegzunehmen. Das erfolgsorientierte Denken hat folgende zentrale Aspekte:

* Zielgerichtetheit
* Wirklichkeitsorientierung
* Glaube an den Erfolg

Hier wäre einzuwenden, dass Glauben nur wenig mit Denken zu tun hat, aber: Unser Denken ist nie ganz frei von einer Einfärbung durch Gefühle. Das erfolgsorientierte Denken zeichnet sich dadurch aus, dass es auf eine besondere Weise von der Überzeugung des Gelingens durchdrungen ist. Diese Überzeugung ist seine Motivation, treibt es voran. Sie ist ein mächtiger Motor, der sich, einmal in Schwung gekommen, wie von selbst antreibt, denn jedes größere Erfolgsziel besteht aus Teilzielen, und das Erreichen jedes Teilziels motiviert uns weiterzumachen. Es bestärkt uns in dem Glauben, es schaffen zu können.

Im Zusammenhang mit Erfolg und erfolgsorientiertem Denken ist viel über positives Denken geschrieben worden. Darüber, wie man sich positives Denken aneignet, wie man Ziele imaginiert und fokussiert, wie man sich seiner eigenen Stärken bewusst wird und wie ein positiver Glaube an das Gelingen den Erfolg am Ende fast automatisch herbeiführt.

Ich selbst habe mit diesen Ansätzen keine schlechten Erfahrungen gemacht; vor allem am Beginn eines Weges sind sie sinnvoll. Sie haben allerdings einen Webfehler, eine Sollbruchstelle, so wie Goliaths unbedeckte Stirn: Niemand kann uns Erfolg garantieren, auch der intensivste Glaube daran nicht. Das Scheitern ist immer möglich. Zwar mag das Denken des Menschen unendlich sein, doch sein Handeln ist begrenzt – begrenzt durch seine Umgebung, seine Begabungen, seine Kräfte und nicht zuletzt durch seine Sterblichkeit.

Dennoch spricht nichts dagegen, sich hohe oder auch höchste Ziele zu setzen. Es ist sinnvoll und trägt, um etwas pathetisch zu werden, sogar etwas Edles mit sich. Wer hoch zielt und scheitert, erregt Bewunderung. Fast bewundern wir ihn noch mehr als den, der mühelos den Sieg davonträgt. Von dieser Art des Edelmutes zehren die Mythen und Legenden der Menschheit. Ja, im Grunde könnte man sagen, dass fast alle großen Helden am Ende scheitern – und dass gerade das die Größe ihres Mutes offenbart. Sokrates trinkt am Ende den Schierlingsbecher. Siegfried wird von Hagen getötet. Und sogar Jesus, Gottes Sohn, wird am Ende gekreuzigt.

Nun liegt es mir fern, schon am Beginn des Weges das Scheitern zu beschwören oder zu glorifizieren. Es geht mir nur darum, dass positives Denken allein, positives Denken um jeden Preis, zu kurz zielt. Es gibt Situationen, in denen die Realität von einem verlangt, eine Gefahr zu erkennen. Wer kurz vor der Insolvenz steht und sich seine geschäftliche Lage durch »positives Denken« schön zu reden versucht, denkt nicht erfolgsorientiert. Erfolgsorientiertes Denken ist nicht in erster Linie positiv, sondern realistisch. Es akzeptiert die

Realität so, wie sie ist. Es betrachtet die Welt nüchtern, ohne Schön-färberei.

Dabei geht es vor allem darum, Informationen zu sammeln, Fak-ten. Es mag wie eine Binsenweisheit klingen, aber Wissen ist tatsäch-lich Macht! Wer mehr Informationen hat als sein Gegner, ist ihm überlegen. Er sammelt Vorteile. Medienunternehmer Julien D. Back-haus schrieb mir in einer Mail zu diesem Punkt: »Wenn ein Verkäu-fer zu wenig über die Situation des Kunden weiß, kann er nicht das entscheidende Argument hervorbringen. Wenn ein Anwalt zu wenig über die Schwachpunkte des Gegners weiß, verliert er den Prozess. Wenn ein Mann zu wenig über die Beweggründe seiner Frau weiß, kann er sie nicht angemessen behandeln – und umgekehrt. Und ge-nerell: Wenn wir zu wenig über die Welt wissen, können wir nicht alle Chancen ergreifen, die uns zur Verfügung stünden. Daher ist Wissen ein Schatz, den es sich lohnt täglich zu bergen.«

Verzerrungen des Denkens

Werfen wir jetzt ein Blick darauf, was unser Denken verzerrt, was es ungenau werden lässt. Wir alle kennen derartige Verzerrungen, und daher ist es wichtig, sich der hinter ihnen steckenden Mechanismen bewusst zu werden.

Verzerrungen durch Eitelkeit

Viele Menschen – oft sogar sehr erfolgreiche – sind auf eine unge-sunde Weise überzeugt von ihrer eigenen Großartigkeit. Sie halten sich für unbesiegbar, für klüger als alle anderen oder für unwider-stehlich attraktiv. Sie beschäftigen sich nur mit sich selbst, und ein Großteil dieser Beschäftigung besteht aus Ritualen der Selbstbestätigung oder Selbstvervollkommnung. Sie genießen es, bewundert und umhätschelt zu werden und suchen überall nach Anerkennung. Kritik vertragen sie nur schwer, und alles, was nicht in ihr übersteigertes Selbstbild passt, blenden sie aus.[3] Ich selbst kenne viele eitle Menschen – etwa Anwälte aus amerikanischen Großkanzleien. Hier sitzt man gern auf einem sehr hohen Ross. Leider wird das eitle Denken im juristischen Bereich regelrecht gezüchtet! Das Erste, was meine Tochter zu hören bekam, als sie mit ihrem Jurastudium in Berlin begann, war, dass sie – Studienanfängerin, die außer dem Abitur in ihrem Leben noch nichts geleistet hatte – nun zur Elite gehören würde.

Wir alle kennen eitle Menschen, denn oft stehen sie in der Öffentlichkeit, bekleiden politische Ämter oder stehen an der Spitze von Unternehmen. Bei einigen von ihnen könnte man sagen, sie sind krankhaft eitel, und es liegt auf der Hand, dass der Kern dieser Eitelkeit eine verzerrte Wahrnehmung ist. Denn obwohl diese Menschen oft viel leisten und sehr begabt sind, ist für jeden in ihrer Umgebung zu sehen, dass ihr Selbstbild nicht mit der Realität übereinstimmt, dass es wahnhafte Züge trägt. Zwar mögen sie klug sein, aber sie überragen nicht alle haushoch. Und sie mögen auch attraktiv sein, aber sie überstrahlen nicht ihre gesamte Umgebung wie die Sonne.

Auch Goliath ist unerschütterlich überzeugt von seiner Stärke, Kraft und Unbesiegbarkeit. Und genau diese Überzeugung hindert ihn, seine eigene Schwäche, seinen wunden Punkt zu erkennen: die verletzliche Stirn, die sein eherner Helm nicht schützt.

Die verzerrte Selbstwahrnehmung eitler Menschen wirkt auf andere nicht nur bizarr – oft erregt sie heimlich Heiterkeit –, sondern trübt auch ihr Denken, entfernt es von der Realität. Der Hintergrund: Jemand, dessen Gedanken nur um die eigene Großartigkeit kreisen, kann seine Umgebung nicht präzise wahrnehmen, denn sie interessiert ihn im Grunde nicht. Er ist auch nicht in der Lage, die Probleme, die ihn herausfordern, unvoreingenommen zu betrachten, denn er hat keine Zeit und Geduld, Hintergründe ruhig zu analysieren, sich mit komplizierten Sachverhalten auseinanderzusetzen. Da ihm im tiefsten Grund seines Herzens bewusst ist, dass sein Größenbild ein Wahn ist, wittert er überall nur Feinde, Neider und Widersacher. Er bezieht alles auf sich selbst, weil er sich selbst stets als Mittelpunkt sieht.

Ich habe dieses Charakterbild absichtlich so zugespitzt, um die besondere Form der Verzerrung zu zeigen, die durch Eitelkeit entsteht. Es ist wichtig, sich klarzumachen, dass wir alle nicht frei von Eitelkeit sind. Wir alle wollen – in welchem Grade auch immer – anerkannt, bewundert, geliebt werden. Dieser Wunsch ist menschlich und sinnvoll, denn positiv führt er dazu, dass wir uns die Anerkennung anderer durch soziales Verhalten erwerben, also mitfühlend handeln oder unseren Beitrag zur Gemeinschaft leisten, etwa zur Familie. In diesem Rahmen ist Anerkennung und die damit verbundene Eitelkeit gesund. Nur wenn sie ein bestimmtes Maß übersteigt, wird sie unangenehm, denn dann beginnt sie, die Wirklichkeit zu verzerren, unsere Gedanken zu trüben.

Dass Ihr Denken durch Eitelkeit getrübt ist, erkennen Sie an folgenden Alarmzeichen:

- Sie sind davon überzeugt, überdurchschnittlich intelligent, clever, attraktiv oder genial zu sein.
- Sie gehen davon aus, dass Sie zurecht besondere Vorrechte genießen und dass Regeln und Gesetze nur für andere gelten und Sie über den Dingen stehen.
- Sie beschäftigen sich exzessiv mit Ihrem Aussehen, Ihrem Körper oder damit, Anerkennung durch andere zu erringen.
- Sie bringen kaum Interesse für Sachthemen, Hintergründe oder komplizierte Sachverhalte auf und glauben, dass solche Dinge nur etwas für »Spießer« sind.
- Sie vermuten überall Feinde und Widersacher und wittern selbst in positiven Gesten Intrigen und Hinterlist.

Den Versuchungen der Eitelkeit kann man entgegentreten. Man kann sie in sich selbst identifizieren und bekämpfen, um das Denken präzise zu halten. Dabei können Sie zum Beispiel folgende Strategien anwenden:

- Werden Sie sich Ihrer Eitelkeit bewusst, nehmen Sie sie an.
- Prüfen Sie, wo Ihnen eitle Gedanken schaden – etwa, indem Sie andere vor den Kopf stoßen oder sich Sympathien verscherzen.
- Das beste Heilmittel gegen Narzissmus ist die Beschäftigung mit Dingen oder Menschen außerhalb von Ihnen selbst, die Sachlichkeit oder Empathie verlangen. Je mehr Empathie und Interesse Sie in sich wecken, umso eher verschwindet die Eitelkeit, da sie sich aus Selbstbeschäftigung nährt. Richten Sie Ihren Fokus also nach draußen, vom Spiegel weg.
- Einen guten Hinweis zum Thema Überwindung von Narzissmus gab mir Götz W. Werner, Gründer der Drogeriekette dm, in einer Mail. Er empfahl *Die Kunst des Liebens* von Erich Fromm (1956): »Daraus habe ich gelernt, dass wir in einem Zeitalter leben, in dem wir die Liebe entwickeln müssen. Liebe bedeutet, den eigenen Narzissmus zu überwinden und damit die Fähigkeit zu erlangen, Menschen und Dinge objektiv zu sehen, nicht nur aus dem eigenen Blickwinkel.«

Verzerrung durch Emotionen

Wie stark Emotionen unser Denken verzerren können, kennen viele von uns, wie oben bereits erwähnt, aus der Schule, zum Beispiel aus dem Mathematikunterricht. Hier lähmt Angst vor dem Versagen oft genug das klare Denken.

Aber auch positive Gefühle schränken unser Denken ein. Wer frisch verliebt ist, sieht den Partner in rosaroten Farben. Er blendet seine Schwächen, seine körperlichen Mängel komplett aus. Er hat nicht die geringste Lust, sich mit ihnen zu beschäftigen. Ein Problem ist das nicht, denn die Liebe folgt eigenen Gesetzen. Bei ihr geht es weder um das Denken noch darum, dass es präzise ist.

Doch kein Mensch ist sein Leben lang verliebt, und wir wollen Beziehungen auch nicht verklären. Viele Menschen leiden unter ungünstigen, schlechten Beziehungen. Sie bringen Menschen, die ihnen nicht guttun, tiefe Gefühle entgegen, lassen sich von ihnen demütigen, ausnutzen oder misshandeln. Oder sie pflegen jahrelang Gefühle Menschen gegenüber, die für sie nicht das Geringste empfinden. Solche Verirrungen sind für das Umfeld, für Freunde und Familie, oft unbegreiflich. Wie kann es sein, dass er/sie nicht sieht, was da mit ihm/ihr geschieht? Warum trennt er/sie sich nicht?

Oft ist es so, dass die Betroffenen rational sehr wohl wissen, dass diese Beziehung ihnen nicht guttut. Doch die Kraft ihres Denkens reicht nicht aus, sich gegen ihr Gefühl zu behaupten. Es ist einfach stärker. Liebe ist ein unglaublich mächtiges Gefühl. Dass es so ist, dass Menschen die Zuneigung zu einem anderen Menschen oft über alles andere stellen, ist aus Sicht der Evolution durchaus sinnvoll: Bindungen haben die Funktion, eine Familie zu erhalten – und damit unsere Art.

Das Thema, ob und wie man sich aus schlechten Beziehungen befreit, ist leider so weitläufig, dass ich es hier nur streifen kann. Wichtig in unserem Zusammenhang ist nur, dass Liebe und Bindungen unser Denken oft viel stärker beeinflussen, als wir annehmen. In einer guten Beziehung ist dieser Einfluss fruchtbar und stärkt uns, in einer schlechten raubt er uns Kraft. Folgende Indizien könnten dafür sprechen, dass Ihr Leben (und damit ihr klares Denken) durch eine Beziehung negativ beeinflusst wird:

- Sie treffen keine Entscheidung ohne Ihren Partner.
- Sie unternehmen nie etwas ohne ihn und fühlen sich ohne seine Gegenwart wertlos oder unsicher.

- Sie beobachten ununterbrochen die Stimmungen Ihres Partners und haben Angst vor seinen Launen oder Wutausbrüchen.
- Sie werden von Ihrem Partner verbal oder körperlich abgewertet oder misshandelt.
- Wenn Sie an Ihre Beziehung denken, kreisen Ihre Gedanken vor allem um Hoffnungen und Zukunftswünsche: Bestimmt wird alles besser, er/sie ist noch nicht so weit, er/sie hat gerade eine schwierige Phase ...
- Sie beziehen jedes Thema auf Ihren Partner. Was würde er dazu sagen? Hat es mit ihm zu tun? Themen, die nichts mit ihm zu tun haben, interessieren Sie nicht.

Fühlen Sie sich ertappt? Dann sollten Sie prüfen, ob diese Beziehung Ihnen langfristig guttut. Trennungen sind immer schmerzhaft, aber manchmal besser als eine lebenslange Qual.

Zurück zu unserem Thema: Wir haben gesehen, dass Gefühle unser Denken stark beeinflussen können. Diesen Einfluss können wir nie ganz ausschalten, denn trotz der sprachlichen Unterscheidung »Gefühl« und »Gedanke« sind beide mental so stark verbunden, dass ihre Trennung eine eher abstrakte Vorstellung ist. Wir sind keine Roboter. Höchstens das logische Denken könnte für sich beanspruchen, frei von Gefühlen zu sein, und wenn es um rein logische Abläufe geht, sollten wir auch darauf achten, dass Gefühle keine Rolle spielen. Ansonsten jedoch stehen wir vor der herausfordernden Aufgabe, Verstand und Gefühl in Einklang zu bringen, sie miteinander zu versöhnen. Dieses Ideal wird von den Philosophen seit Jahrhunderten beschworen, aber leider ist es noch niemandem gelungen, hier die endgültige Formel zu finden. Folgen wir dem Ideal des klaren Denkens, sehen wir Gefühle zunächst als störendes Element, als unzulässige Beeinflussung. Doch wie wir am Beispiel der Liebe gesehen haben, ist klares Denken weder ein unumstößliches Ideal noch kann es das letzte Kriterium sein, wenn es um unser Handeln geht.

Machen wir uns klar: Unsere Gefühle sind nicht umsonst da, sie haben einen Sinn. Sie machen uns auf Dinge aufmerksam. Man könnte sagen, dass sie selbst eine Art Denken sind, das Resultat eines Denkens. Nur handelt es sich hier um ein Denken, auf das wir keinen Zugriff haben. Dass sich rasend schnell in unserem Unterbewusstsein abspielt und uns dann ein Urteil präsentiert. Dieses ist immer gefärbt, und zwar durch das Gefühl selbst. Man könnte auch sagen, das Gefühl ist ein Urteil. Es ist ein Urteil, das wir zwar keineswegs blind und ungeprüft hinnehmen sollten, das aber doch Gewicht hat, denn unsere Gefühle sind nicht dumm. Sie sind das Ergebnis jahrelanger Erfahrungen, mannigfaltiger Beobachtungen.

Wir alle kennen das Phänomen, dass wir einem Menschen begegnen, dessen Äußeres anziehend ist, der intelligent redet und uns wohlgesonnen scheint, bei dem wir aber ein »komisches« Gefühl haben. Wir wissen selbst nicht, warum. Wir können rational nicht erklären, was uns an ihm oder ihr stört. Sie haben die Erfahrung sicher auch schon gemacht: In der Regel hat ein solches Gefühl recht. Irgendwann stellt sich heraus, dass da ein Haken war. Dass mit diesem Menschen etwas nicht stimmte. Dass er mit uns etwas vorhatte, was nicht zu unserem Vorteil war. Unser Gefühl und dessen Urteil waren klüger als unser Denken.

Machen wir uns klar, in welchen Bereichen des Lebens wir unserem Gefühl folgen: vor allem, wenn es um existentielle Dinge geht, etwa die Wahl unseres Partners, also des Menschen, mit dem wir unser Leben verbringen wollen. Zwar kann man sich den Partner nach rein logischen Kriterien aussuchen, nach Übereinstimmung der Interessen, Bildungsstand oder Beruf. Doch wenn da kein Gefühl ist, wenn der Mensch gegenüber uns nicht anzieht, werden wir keine Beziehung mit ihm eingehen. Nicht umsonst vertrauen wir hier auf die Klugheit unseres Gefühls.

Auch wichtige berufliche Entscheidungen treffen gerade intelligente Menschen nicht nur nach rein rationalen Kriterien (Arbeitsort, Gehalt, Aufstiegschancen), sondern auch nach Bauchgefühl. Und das hat gute Gründe, denn auch hier leitet unser Gefühl uns in der Regel in die richtige Richtung – oder gibt uns Warnzeichen, wenn wir eine falsche Entscheidung treffen wollen.

Wir sehen: Erstaunlicherweise kann unser Denken und Handeln gerade dann klar werden, wenn wir Gefühle zulassen. Wenn wir ihr Urteil akzeptieren. Man kann dazu Bauchgefühl sagen oder, etwas hochtrabender, Intuition. Wichtig ist nur, dass man derartige Gefühle weder verdrängt noch ihnen uneingeschränkte Macht gibt, denn natürlich können sie sich irren.

Eine stabile, gesunde Balance zwischen Fühlen und Denken zu finden, ist eine Aufgabe, die nie abgeschlossen ist. Doch wer sie annimmt, wird nicht nur seinen Verstand schulen, sondern auch seine Intuition. Seine Urteile werden genauer werden, sein Denken klarer, sein Handeln zielgerichteter.

- Nehmen Sie Ihre Gefühle an, verdrängen Sie sie nicht. Hören Sie auf das, was sie Ihnen sagen wollen. Begreifen Sie sie als eine Stimme, die Ihnen Rat geben will. Aber: Geben Sie ihnen keine uneingeschränkte Macht.
- Üben Sie sich darin, unmerkliche Regungen Ihrer Intuition wahrzunehmen. Oft sind diese Regungen leise, aber nachdrücklich – vor allem, wenn sie Sie vor etwas warnen wollen.
- Reflektieren Sie Ihre Gefühle. Ist das, was Sie gerade spüren, wirklich Intuition, also Bauchgefühl – oder nur eine kleine unbeherrschte Gier, ein Affekt, eine Laune?
- Üben Sie sich darin, Gefühle sprachlich zu benennen, sie in Worte zu fassen. Die Sprache ist ein Werkzeug des Denkens, während Gefühle »sprachlos« sind – und damit manchmal schwer verständlich.

Verbrauchertipp Nr. 2: Drum prüfe, wer sich ewig bindet

Dass viele von uns sich gern langfristig an Orte, Dinge oder Personen binden, ist menschlich, denn derartige Bindungen stärken unser Gefühl von Sicherheit und verschaffen uns Identität (Heimat, Familie). Ist Ihnen jedoch bewusst, dass Unternehmen genau dieses Bedürfnis gern ausnutzen? Prüfen Sie daher folgende Angebote immer sehr genau:

- Brauchen Sie wirklich ein Zeitschriftenabo? Und ist es überhaupt billiger? Achtung: Viele Schnupper- und Gratisangebote münden direkt in langjährige Verträge, und die Kündigung wird oft nur akzeptiert, wenn Sie sie per Einschreiben mit Rückschein schicken – manchmal nicht einmal dann.
- Brauchen Sie akute Pannenhilfe oder juristischen Rat im Bereich Mietrecht? Dann werden Sie vermutlich der Verlockung begegnen, Mitglied in einem entsprechenden Verein zu werden – mit ständig laufenden Kosten. Wirklich notwendig?
- Im Bereich Mobilfunk und Telekommunikation kommt man um langfristige Verträge praktisch nicht herum, wenn man sich nicht auf ein (ebenso teures) Prepaid-Handy beschränken will. Doch viele Verbraucher verharren in Altverträgen mit teuren Tarifen, ohne von ihrem Recht auf Kündigung Gebrauch zu machen.

Verzerrungen durch Manipulation

Natürlich ist es eine Stammtischweisheit, dass wir heute alle manipuliert oder, besser noch, »gesteuert« werden – von »dunklen Mächten«, von Großkonzernen, von der Werbung oder von »okkulten Geheimgesellschaften«, die sich einmal im Jahr im Inneren der Erde treffen oder auf einer abgelegenen Insel. Dort werden dann Pfründe verteilt, geheime Abmachungen geschlossen und Milliarden verschoben. Meist sind jene Zeitgenossen, die derartigen Verschwörungstheorien nachhängen, davon überzeugt, besonders aufgeklärt, scharfsinnig und frei von Vorurteilen zu sein. Sie haben die tiefere Wahrheit erkannt, während der naive Rest der Bevölkerung in Unkenntnis verharrt und sich willenlos leiten und lenken lässt.

Welch ein Unsinn! Und das Gegenteil präzisen Denkens. Wer glaubt, alles sei bereits entschieden und wir würden an unsichtbaren Fäden geführt, macht sich zur Marionette. Er schiebt die Verantwortung für sein Handeln und Denken von sich mit dem Argument, man könne ohnehin nichts ändern, weil »die da oben« ja für uns entscheiden. Letztlich verbirgt sich hinter einer solchen Einstellung nichts als Bequemlichkeit und Fatalismus – und die Weigerung, selbst zu denken.

Doch auch, wenn man die allumfassende Verschwörung für ein dumpfes Klischee hält, muss man anerkennen, dass Menschen einander beeinflussen. Diese Art der Manipulation betreibt jeder von uns.[4] Eine gute Einführung in einschlägige Manipulationstechniken ist immer noch Josef Kirschners Klassiker aus dem Jahr 1974: *Manipulieren – aber richtig: Acht erfolgreiche Strategien, mit denen Sie auf andere Menschen Einfluss nehmen.* Selbst wenn Sie die beschriebenen Techniken selbst nicht nutzen möchten, hilft die Lektüre, Manipulationen durch andere zu erkennen und abzuwehren.

Wir alle verpacken unsere Wünsche und Begehrlichkeiten in möglichst angenehme Formen. Denn wir wissen, dass der Köder dem Fisch schmecken muss, nicht dem Angler. Wir präsentieren uns, unsere Pläne und Überzeugungen so, dass sie anderen attraktiv erscheinen, und kehren Defizite, Schwächen gern unter den Teppich. Und natürlich werden wir auch selbst beeinflusst. Schon als Kinder werden wir auf sanfte, aber sehr wirksame Weise manipuliert: Mami ist so traurig, wenn wir unser Essen nicht aufessen. Nur ganz dumme Kinder wollen nicht zum Arzt. Und Omi freut sich schon so auf unsere Eins bei der nächsten Klassenarbeit.

Solche Schmeicheleien, versteckten Drohungen und Zuschreibungen sind typisch für Manipulationen. Ihr Ziel ist es, unser Denken in eine bestimmte Richtung zu lenken, uns Überzeugungen aufzudrängen und Wünsche zu wecken. Am subtilsten geschieht dies in der Werbung. Die Zeiten, in denen die »Reklame« auf mehr oder weniger schlichte Weise auf die Vorzüge von Produkten aufmerksam machte und unverhohlen zum Kauf aufforderte (»Greifen Sie zu!«), sind lange vorbei.

Verbrauchertipp Nr. 3: Manipulationen in der Werbung

Werbung ist Manipulation pur. Und manchmal ist es gar nicht so einfach, sich einzugestehen, dass man ein Stück weit zu glauben begonnen hat, was die Werbung uns so alles einredet. Seien Sie wachsam vor allem bei folgenden falschen oder verzerrten Überzeugungen:

- Ich werde von anderen nur anerkannt, wenn ich Kleidung bestimmter Marken trage.
- Um mich zu erholen, muss ich eine möglichst teure Reise buchen.
- Heutzutage finde ich nur einen Partner, wenn ich mich auf einem Datingportal anmelde.
- Sport ist nur mit hochwertigem Equipment möglich.
- Nur wenn ich teure Kosmetika kaufe, bin ich attraktiv / gepflegt.
- Wie erfolgreich ich bin, bemisst sich an meinem Besitz.

Heute weckt die Werbung Wünsche und Sehnsüchte, indem sie uns Idealbilder vorführt und uns Lebensentwürfe präsentiert, denen wir folgen sollen – in der Regel, indem wir irgendetwas kaufen. Dabei werden unbewusste Wünsche aktiviert, die, wenn wir genauer hinschauen, mit dem angebotenen Produkt wenig zu tun haben. Bekommen wir wirklich automatisch die heile Traumfamilie, wenn wir den Bausparvertrag abschließen? Werden wir tatsächlich cool, berühmt und attraktiv, wenn wir die Markenjeans kaufen? Wächst unsere Männlichkeit und Fitness durch den Kauf des Trainingsanzugs? Sind wir bessere Menschen, wenn wir uns biologisch oder vegan ernähren? Werden wir zum Abenteurer und Globetrotter, indem wir Pauschalreisen buchen? Werden wir tatsächlich von allen bewundert und anerkannt, wenn wir das neueste Smartphone haben?

Solche Fragen sind unbequem und tun vielleicht sogar weh. Aber sie helfen auch, uns darüber klar zu werden, ob all jene Sehnsüchte und Träume, von denen wir heute allenthalben umgeben sind, wirklich unsere eigenen sind.

Ich möchte hier keine Fundamentalkritik am Konsum oder gar am Kapitalismus betreiben. Das liegt mir schon deshalb fern, weil ich Unternehmer bin, selbst viel zu viel Freude an schönen Dingen habe und sie sehr gern genieße. Ich möchte allerdings zeigen, was Manipulation ist und wie sie unsere Gedanken beeinflusst.

Manchmal, etwa in der Liebe, lassen wir uns sogar gern manipulieren. Verführung ist Manipulation pur. Wer hört nicht gern Komplimente und Koseworte, gesprochen von einer einschmeichelnden Stimme? Auch hier werden wir manipuliert, aber wir spielen das Spiel gern mit. Diese Art von Manipulation tut uns sogar gut, denn sie ist ein sozialer Kitt, der die Menschen zusammenführt, indem er ihnen dabei hilft, über Schwächen und Defizite hinwegzusehen.

Wie aber können wir »gute« von schlechter« Manipulation unterscheiden? Und wie können wir verhindern, dass unsere Gedanken durch Manipulation verzerrt werden?

Der erste Schritt dazu ist es, Manipulation zu erkennen. Das klingt leichter, als es ist, denn es ist ja gerade ihr Wesen, dass sie nicht direkt und offen zu uns dringt, sondern untergründig. Doch für diese Art des Zugriffs, der Grenzüberschreitung, kann man sich sensibilisieren:

- Üben Sie sich darin, genau hinzuhören, richtige Töne von falschen zu unterscheiden. Hören Sie auf Ihr Bauchgefühl.[5]
- Achten Sie auf die Sprache, die jemand benutzt: Emotionale Vokabeln im Zusammenhang mit einem sachlichen Thema sind ein Indiz dafür, dass jemand Sie zu manipulieren versucht.
- Achten Sie als Verbraucher auf Redewendungen, die darauf zielen, Ihnen Absichten oder Wünsche unterzuschieben: »Sie als jemand, dem die Sicherheit seiner Familie besonders wichtig ist, möchten bestimmt ...«
- Werden Sie misstrauisch, wenn jemand Ihre Gefühle deutet, ohne dass Sie ihn darum gebeten haben: »Du bist so traurig / so unsicher / so herzlos / so kalt ...« Wehren Sie sich gegen derartige Zuschreibungen.
- Achten Sie auf Grenzüberschreitungen. Wird jemand, mit dem Sie nur geschäftlich zu tun haben, plötzlich privat? Stochert einer, den Ihr Leben gar nichts angeht, in Ihren Gefühlen herum, Ihren Ängsten, Träumen, Schwächen? Verbitten Sie sich derartige Zugriffe, distanzieren Sie sich. Sagen Sie: »Auf dieser Ebene diskutiere ich nicht mit Ihnen.«
- Sensibilisieren Sie sich für gezielte Schmeicheleien. Sie haben immer das Ziel, unsere Eitelkeit zu bedienen und uns positiv zu stimmen, uns einzulullen – denn Eitelkeit verzerrt unser Denken, vgl. oben.
- Konfrontative Manipulation beinhaltet direkte Einschüchterung. Einschüchterung beruht auf Überrumpelung, auf der Präsentation von Überlegenheit: Der Gegner präsentiert seine Waffen – physisch oder verbal. Der Zweck: Ihr Denken soll durch Angst gelähmt werden. Werden Sie sich der Einschüchterung bewusst. Sagen Sie sich: Ich soll hier gerade eingeschüchtert werden, aber es ist nur heiße Luft. Und: Antworten Sie sofort mit einem Gegenangriff.

Verbrauchertipp Nr. 4: Versicherungen checken

Oft sammeln sich über die Jahre die unterschiedlichsten Versicherungen an: Kapitallebensversicherung, Haftpflicht, Unfall, Berufsunfähigkeit, Hausrat, Zahnzusatz ... und vieles mehr. Nicht immer sind alle diese Versicherungen sinnvoll, und in der Summe verschlingen sie einiges. Ich rate Ihnen Folgendes:

- Neben den gesetzlich vorgeschriebenen Versicherungen (Krankenversicherung, Sozialversicherung, Kfz-Versicherung) sollten folgende Versicherungen Standard sein: Privathaftpflicht (Tarife prüfen!) und Hausrat, wenn Sie das studentische Wohnen hinter sich gelassen haben.
- Wussten Sie, dass eine Risikolebensversicherung, die beim Tod eines Ehepartners die Hinterbliebenen absichert, beim Abschluss von Immobilienkrediten vorgeschrieben ist? Wer allerdings Single und kinderlos ist, braucht sie nicht.
- Folgende Versicherungstypen sollten Sie als Verbraucher kritisch prüfen und gegebenenfalls kündigen: Kapitallebensversicherung und Fondsgebundene Lebensversicherung, Insassenunfallversicherung (überflüssig), Krankenhaustagegeldversicherung (überflüssig), Reisegepäckversicherung (oft durch Hausratversicherung oder Reiseveranstalter abgedeckt), Glas-, Brillen- oder Handy-Versicherungen als Ergänzung der Hausratversicherung (meist unwirtschaftlich).

Wie man mir massiv drohte

Ein kleines Beispiel für den Versuch einer massiven Einschüchterung aus meiner Praxis: Als vor einiger Zeit ein größeres Unternehmen Insolvenz anmeldete, vertrat unsere Kanzlei eine dreistellige Anzahl von Mitarbeitern in Kündigungsschutzprozessen. Um möglichst viel Öffentlichkeit herzustellen, waren wir sehr aktiv in den Printmedien, im Fernsehen und natürlich bei Facebook, wo unsere Live-Chats manchmal Zehntausende von Betroffenen und Interessierten erreichten.

Irgendwann dann bekam ich einen Anruf von einem Interessenvertreter des Konzerns, der mich fragte, ob man sich nicht mal auf dem Flughafen treffen könnte, zu einem Gespräch. Obwohl ich den Ort und die halb konspirative Art der Verabredung eigenartig fand, sagte ich zu.

Zunächst verlief das »Gespräch« mehr oder weniger neutral. Doch irgendwann wurde der Mann deutlich und eröffnete mir, wenn ich so weitermachte mit diesem offensiven Marketing, würden sie mich verklagen auf circa 150 Millionen Euro – wegen Verleumdung, übler Nachrede und so weiter.

Ich antwortete auf diese massive Einschüchterung kühl mit einem Gegenkonter: »Bingo. Dann weiß ich jetzt, dass ich einen wunden Punkt bei Ihnen getroffen habe, dann mache ich genauso weiter.«

Es ist nie etwas gekommen – die angedrohte Klage blieb aus.

Verbrauchertipp Nr. 5: Trügerische Schnäppchen

Natürlich sind wir heute alle aufgeklärte Verbraucher und fallen auf falsche Sonderangebote nicht mehr herein – wirklich? Die Realität sieht anders aus:

- Haben Sie es schon beobachtet? In bestimmten Branchen (Matratzenhandel, Möbel, Mobilfunk) gibt es praktisch nur Sonderangebote, Schlussverkäufe und Prozente. Dass aber Schnäppchen, die permanent heruntergesetzt sind, im Grunde gar keine sind, liegt auf der Hand.

- Denken Sie, dass Großpackungen grundsätzlich immer billiger sind? Vorsicht: Eine Stichprobe hat gezeigt, dass dies nur in 83,8 Prozent der Fälle stimmt – bei 15,1 Prozent der Fälle war die Großpackung sogar teurer.[6] Also immer genau prüfen!
- Lange galten Preissuchmaschinen als ideale Methode, um als Verbraucher schnell und bequem Preisvergleiche zwischen verschiedenen Anbietern durchführen zu können. Doch Achtung: Oft werden Angebotsprodukte für Großkunden in einer leichten (oft abgespeckten) Abweichung produziert, was den Preisvergleich verzerrt.
- Analog wird Markenkleidung für Outlet-Center inzwischen gelegentlich in bewusst abweichender (schlechterer) Qualität produziert, sodass sich hinter dem begehrten Brand in Wahrheit eine Billigversion verbirgt.
- Nächste Woche ein Premiumsmartphone für nur 99 Euro bei Ihrem Discounter? Achtung: Möglicherweise gibt es von dem begehrten Gerät nur zehn (sofort ausverkaufte) Exemplare. Doch der Händler hat sein Ziel schon erreicht: Sie stehen im Laden – und kaufen aus Frust möglicherweise irgendetwas anderes.

Manipulationen abwehren

Die mutige Abwehr derartiger manipulativer Angriffe ist nicht immer einfach, aber jeder kann sie lernen. Problematischer ist, dass jeder von uns mit der Zeit mit so vielen Manipulationen konfrontiert wurde, dass wir einen Teil davon unbewusst verinnerlicht haben. Die so entstandenen Glaubenssätze können unser Denken extrem verzerren. Auf dieser Ebene geht es nicht so sehr um Beeinflussungen durch Medien oder Werbung, sondern um Manipulation durch Eltern, Lehrer, Freunde oder andere Bezugspersonen.

Machen Sie sich klar: Nicht alle von ihnen haben immer unser Wohl im Sinn. Immer geht es ihnen auch um eigene Interessen. Das ist nachvollziehbar, solange es einen bestimmten Rahmen nicht überschreitet. So ist es verständlich, dass unsere Eltern nicht nur wollen, dass wir unsere Talente entwickeln, sondern auch, dass unser Verhalten »pflegeleicht«, also sozialkonform ist. Wir sollen keinen Ärger machen, wir sollen gut durchs Leben kommen und das Leben unserer Eltern möglichst nicht stören, sondern bereichern.

Derartige Wünsche und Erziehungsziele sind legitim. Gefährlich wird es, wenn dabei unsere Persönlichkeit eingeschränkt und angegriffen wird. Wenn man versucht, unser Selbstbewusstsein zu erschüttern, um uns auf ungesunde Weise gefügig zu machen, wenn man uns verbiegen will. Derartige Manipulationen beinhalten eine so starke Einschränkung und Verzerrung des Denkens, dass sie uns hemmen und behindern. Indizien, dass Ihr Denken durch einen derartigen Hintergrund negativ beeinflusst ist, können zum Beispiel sein:

- Sie trauen sich selbst nichts zu. Ihr Selbstbewusstsein ist extrem gering, und Sie leiden unter krankhafter Schüchternheit.
- Sie halten sich für einen Versager oder für vom Unglück verfolgt (Pechvogel).
- Sie werden eingeschränkt durch irrationale Ängste oder Phobien.
- Sie fühlen sich wie ein Spielball anderer. Sie ordnen sich immer unter und versuchen, sich bei allen beliebt zu machen.
- Sie fühlen sich unattraktiv, unbegabt oder lebensunfähig.
- Sie lehnen sich an Menschen mit stärkerer Persönlichkeit an, erhoffen sich von ihnen Schutz oder Rettung und werden dann von ihnen enttäuscht.
- Sie sind sich unklar über Ihren Wert oder halten sich für wertlos.
- Sie haben keine Ziele oder Interessen. Sie lassen sich treiben und nehmen hin, was andere Ihnen präsentieren.

Zugegeben: Diese Aufzählung beschreibt nicht nur leichte Verzerrungen des Denkens, sondern massive Einschränkungen. Sollten Sie den Verdacht haben, dass Sie von so etwas betroffen sind, rate ich Ihnen zu einem Gespräch mit einem Psychotherapeuten, um abzuklären, ob Sie professionelle Hilfe brauchen.

Doch auch das Denken psychisch gesunder Menschen kann durch Manipulationen verzerrt sein. Sich von negativen Denkmustern zu befreien, ist nicht einfach. Manchmal reicht schon systematische Selbstreflexion, etwa auf dem schriftlichen Weg oder durch Gespräche mit Freunden. Hilfreiche Strategien auf diesem Weg sind:

- Manipulationen sind nur so lange machtvoll, so lange sie uns nicht bewusst sind. Daher ist der Königsweg zur Befreiung von manipulativen Verzerrungen die Erkenntnis, dass sie existieren – und was sie beinhalten.
- Oft wissen wir sehr genau, was uns einschränkt, sind aber unfähig, es zuzugeben. Ein Weg, Einschränkungen zu erkennen, ist es, sich einen Augenblick lang völlige Freiheit vorzustellen. Fragen Sie sich ehrlich: Was würde ich tun, wenn ich völlig frei wäre? Wie würde ich leben? Was wäre mein Ziel? Der Trick: In dem Moment, wo Sie Antworten auf diese Fragen finden, sehen Sie in der Regel, was Sie einschränkt.
- Reflektieren Sie Ihre Kindheit, den Erziehungsstil Ihrer Eltern, Ihr Umfeld. Welche Werte wurden Ihnen vermittelt? Wo hat man Ihnen Grenzen gesetzt? Wie wurde Ihr persönlicher Wert beurteilt? Was hat Lob erzeugt, was Tadel hervorgerufen? Wurden Ihre Talente anerkannt und gefördert oder ignoriert?
- Brechen Sie Ihre Erkenntnisse herunter auf das Thema Denken: Wo ist Ihr Denken beeinflusst durch Ihr (negatives) Selbstbild? Welche Gedanken oder Wünsche verbieten Sie sich gewohnheitsmäßig, wo stellen Sie selbst Schranken auf? Wo setzen Sie sich Grenzen, indem Sie sagen: Das kann ich nicht / das darf ich nicht / das bin ich nicht?

- Durchbrechen Sie gedanklich diese Grenzen. Machen Sie sich bewusst: Ich darf alles denken. Ich darf mir alles vorstellen. Für den Raum meiner Gedanken gibt es keine Grenzen.
- Ist Ihr Denken eingeschränkt durch Ängste oder Zwänge? Dann stellen Sie sich vor, was wäre, wenn diese Ängste oder Zwänge nicht da wären. Wie würden Sie denken? Wohin würden Ihre Gedanken Sie führen? Was würde Sie anziehen, Sie interessieren? Hilfreich bei dieser Übung ist es, sich eine starke Person vorzustellen, die frei von Ängsten ist.

Verzerrungen durch Vorurteile

> *»Denken sollte stets das Wahrgenommene durchdringen.*
> *Etwas aufgeschlossen, voraussetzungslos und ergebnisoffen*
> *anzuschauen, ist eine Fähigkeit, die man üben sollte.«*
> GÖTZ W. WERNER, GRÜNDER DER DROGERIEKETTE DM [7]

Denken Sie frei? Oder sind Sie befangen von Vorurteilen, gar Ideologien? Die meisten von uns werden es abstreiten, Vorurteile in ihr Denken einzubeziehen. Doch schauen wir genauer hin, sind Vorurteile höchst verbreitet. Ähnlich wie Manipulationen sind sie uns jedoch nicht bewusst, denn wir haben sie verinnerlicht. Zu den primitiveren Vorurteilen gehören generalisierte Überzeugungen wie diese:

- Alte Menschen verstehen nichts von Technik.
- Kinder sind kreativ.
- Der Islam ist eine gewalttätige Religion.
- Politiker sind korrupt.
- Arbeitslose wollen nur nicht arbeiten.
- Ausländer sind kriminell.

Bestimmt kennen Sie auch den berüchtigten Spruch: »Das haben wir schon immer so gemacht, also funktioniert es auch in Zukunft.«[8] Über solche abgedroschenen Plattitüden runzeln wir die Stirn – denn wir sind natürlich viel zu aufgeklärt, zu tolerant und zu vorurteilslos, um so etwas zu glauben.

Sind wir das wirklich?

Schaut man genauer hin, ist das Thema Vorurteil komplex. Dabei geht es nicht nur darum, dass viele Vorurteile gelegentlich »stimmen« (typischerweise aber so, dass dies weder statistisch noch sonst wie nachgewiesen werden kann, weil schon die Kategorien, um die es geht, diffus sind), sondern auch darum, dass wir alle auf Vorurteile angewiesen sind. Auf sie zu verzichten würde bedeuten, über jeden Sachverhalt, jeden Menschen, jede Situation neu nachdenken zu müssen – und uns erst dann ein Urteil zu erlauben. Doch das wäre unökonomisch und würde uns überfordern. Im Alltag sind wir auf schnelle Urteile, auf grobe Einschätzungen der Lage angewiesen. Und so stützt sich das, was wir Menschenkenntnis nennen und uns erlaubt, uns mehr oder weniger sicher durchs Leben zu bewegen, bei genauerem Hinsehen auf Vorurteile. Ein fremdländisch aussehender Mann mit schwarzer Vermummung, der ein fremdes Haus umkreist, muss keineswegs ein Einbrecher sein – vielleicht ist es nur der Mann, der den Stromzähler ablesen will und sich wegen der Kälte einen Schal umgebunden hat. Doch es ist sicherer, zunächst misstrauisch zu sein und vom Schlimmsten auszugehen – und damit unserem Vorurteil zu folgen.

Ähnlichen Vorurteilen, allerdings nicht negativen, sondern positiven, folgen wir, wenn wir Menschen Vertrauen entgegenbringen, von denen wir genau genommen nicht das Geringste wissen – Ärzten oder Richtern etwa, also Autoritäten. Hier lautet das Vorurteil, dass unser Gegenüber vertrauenswürdig, seriös oder respektabel sei, obwohl es durchaus möglich ist, dass das Gegenteil der Fall ist – zugegebenermaßen seltener als bei Hütchenspielern.

Doch es gibt auch Fälle, in denen wir durch Vorurteile befangen sind, wo sie unser Denken trüben und wo diese Trübung dazu führt, dass wir die Realität falsch einschätzen. Wer etwa das Vorurteil pflegt, dass Akupunktur nur Quacksalberei ist, bringt sich um die Chance einer Heilung durch die alternative Medizin. Wer sich mantraartig immer wieder vorbetet, dass Sport Mord sei oder dass schon Winston Churchill Sport kategorisch abgelehnt habe (»No sports!«), verpasst die Möglichkeit, seine Gesundheit zu erhalten. Vorurteile verhindern, dass wir interessante Menschen kennenlernen, dass wir uns fremden Gegenden und Orten öffnen, dass wir unbekannte Speisen probieren oder neue Sprachen lernen. Sie verhindern Kunst- und Musikgenüsse, und sie halten uns fern von Erfahrungen, die unser Leben bereichern und verändern können. Sie sehen: Mit Vorurteilen begrenzen wir uns selbst und werden engstirnig – im schlimmsten Fall zum Spießer, der alles Unbekannte ablehnt und die gewohnten Kreise nicht mehr verlässt.

Auf folgende Indizien sollten Sie achten:

- Sie sind von Ihrem Leben gelangweilt oder angewidert, lehnen es aber ab, etwas zu ändern.
- Sie haben seit Jahren keine neuen Menschen mehr kennengelernt.
- Sie reisen immer an denselben Urlaubsort und tun dort jedes Jahr exakt dasselbe. Oder Sie reisen gar nicht.
- Sie meiden Stadtbezirke, die Sie nicht kennen, und gehen nie in fremde Läden.
- Wenn bestimmte Reizworte fallen, setzen Sie zu langen Vorträgen an, in denen Sie immer schon alles wissen und bei denen man ihnen besser nicht widersprechen sollte.
- Sie haben unverrückbare Urteile über Dinge, Menschen oder Weltanschauungen, ohne sich je tiefer mit ihnen beschäftigt zu haben.
- Sie haben Angst vor bestimmten Ethnien oder Religionen.
- Sie stellen nie Fragen und hören nie zu.

Zugegeben: Diese Indizien zeichnen ein nicht gerade sympathisches Charakterbild nach, den Prototyp des Spießers. So sind wir natürlich alle nicht. Doch es ist erstaunlich, wie viel Anteile von Spießigkeit und Borniertheit man in sich selbst entdecken kann, wenn man etwas selbstkritisch ist. Es ist einfach bequemer, bestimmte Dinge vermeintlich schon zu wissen, obwohl dieses »Wissen« im Grunde nichts ist als eine Anhäufung von Klischees. Es ist leichter, auf dem Sofa vor dem Fernseher zu bleiben, statt die Welt draußen zu entdecken und sich ihren Gefahren auszusetzen. Doch damit verpasst man viel – im Extremfall sein eigenes Leben.

Wir wollen aber zunächst beim Denken bleiben, nicht beim Handeln. Wie können wir unser Denken von Vorurteilen freihalten? Wie vermeiden wir es, in die Falle der Klischees und Stereotype zu tappen? Die folgenden Strategien können helfen:

- Im Grunde wissen wir alle, wo wir Vorurteile pflegen, wo wir zu faul sind nachzudenken. Man spürt diese Stellen im Gespräch an einem schlechten Gewissen: Oh, hier hast du es dir jetzt aber ganz schön leicht gemacht! Das Problem: Oft bekommen wir für das Aussprechen von Vorurteilen sogar Anerkennung.
- Wohl jeder kennt jene oft bierseligen Runden, wo eine Plattitüde nach der anderen aufgetischt wird. Wo alle im Herbeten von Klischees baden und wo die Schuldigen immer schon feststehen: die da oben, die korrupten Politiker, die Türken, die Flüchtlinge ... Meiden Sie solche Runden! Und wenn Sie doch einmal hineingeraten: Haben Sie den Mut zu widersprechen!
- Konfrontieren Sie sich systematisch mit dem Neuen, Fremden. Besuchen Sie fremde Länder, lernen Sie neue Menschen kennen, setzen Sie sich dem aus, was Sie selbst *nicht sind*. Sie werden die beglückende Erfahrung machen, dass viele Ängste und Vorurteile sich in nichts auflösen. Und dass das andere, Fremde Sie bereichert, statt sie zu bedrohen.

- Denken Sie das, was Sie sagen oder behaupten, wirklich zu Ende. Fällen Sie ein Urteil nie zu früh.
- Prüfen Sie, woher Ihr Wissen stammt. Sind die Quellen verlässlich? Durch welche Interessen sind sie geleitet oder beeinflusst?
- Wählen Sie, was Sie lesen oder konsumieren, mit Bedacht aus. Wer nur Boulevardzeitungen liest oder Privatfernsehen guckt, mästet Vorurteile. Aber Achtung, auch seriöse Medien wie die *FAZ* oder *DIE ZEIT* pflegen ihre Vorurteile, nur subtiler!

Ein Denken, das klar ist, muss den Ehrgeiz haben, Vorurteile zu vermeiden. Es darf nie schon alles wissen, und es muss genau prüfen, woher es Fakten, Sachverhalte und Hintergründe bezieht. In noch weiter gesteigerter Form muss es sogar von allem absehen, was je gedacht oder geschrieben wurde. Doch hier kommen wir in den Bereich der Wissenschaft, der Philosophie, und darum soll es in diesem Buch nicht gehen.

Verzerrungen durch Trägheit

Unser Denken kann auch durch Trägheit verzerrt werden – trivialer gesagt, durch Faulheit. Genau genommen müssten wir hier nicht von einer Verzerrung sprechen, sondern von einer Hemmung, einer Verweigerung des Denkens.

Wir alle kennen das Phänomen, über bestimmte Dinge gerade nicht so genau nachdenken zu wollen. Oft ist diese innere Abwehr sinnvoll, denn manchmal wäre es unökonomisch, uns über etwas Gedanken zu machen, was wir ohnehin nicht ändern können oder was uns nicht betrifft. Das fremde Gespräch im ICE müssen wir nicht Wort für Wort mitdenken, denn wir sehen die Gesprächspartner ja nie wieder. Diese Art von Trägheit ist sinnvoll. Sie ist wie ein Filter, der verhindert, dass wir uns mit Überflüssigem beschäftigen, Energie verschwenden.

Aus meiner Praxis dazu folgendes Beispiel: Wenn meine Kanzlei gegen Konzerne wie die Deutsche Bank, den Allianz-Konzern oder die Lufthansa klagt, stehen auf der anderen Seite oft Großkanzleien, meist amerikanisch-britischer Prägung. Ihre Strategie ist es, uns mit umfangreichen, oft kiloschweren Schriftsätzen einzuschüchtern. Doch wenn man genauer hinschaut, tauchen in ihnen die immer gleichen Füllwörter, Füllargumente und wörtlich zitierten BGH-Urteile auf – Hauptsache, man produziert viel Papier aus Textbausteinen. Hier wäre es unökonomisch, sich in jedes Detail zu vertiefen. Stattdessen ist eine selektive Wahrnehmung dessen, worauf es ankommt, wichtig.

Anders sieht es aus, wenn wir gedanklich immer wieder vor Problemen oder der Realität davonlaufen. Wenn wir uns weigern, uns mit einer Sache zu beschäftigen, die uns sehr wohl angeht, zu der wir Stellung beziehen müssen. Wenn wir zum Beispiel keine Lust haben, die Vorwürfe unseres Partners anzuhören, mit denen er Unzufriedenheit auszudrücken versucht. Wenn wir aus Trägheit die Stimme des Mathematiklehrers ausblenden, weil uns die Binomischen Formeln gerade nicht interessieren. Oder wenn wir, um bei meiner eigenen Erfahrungswelt zu bleiben, keine Lust haben, uns in die Wünsche und Erwartungen unserer Mandanten vor uns zu vertiefen, sie ernst zu nehmen.

In diesen Beispielen ist Trägheit im Denken gefährlich, denn sie verhindert, dass wir uns auf andere einlassen und die Aufgaben bewältigen, die das Leben uns stellt.

Ein weiteres Beispiel aus meiner Praxis: Viele Leute, die sich selbstständig machen, sparen am Anwalt. Sie übernehmen den Gesellschaftsvertrag, den ihr Steuerberater ihnen entworfen hat, klauen AGBs von Mitbewerbern und benutzen für Arbeitsverträge primitive Vorlagen aus dem Internet. Wenn es dann hinten knallt, etwa ein Haftungsfall entsteht oder sie abgemahnt werden, begreifen sie, dass es vielleicht doch besser gewesen wäre, professionelle Hilfe in

Anspruch zu nehmen – also einen Fachmann für sie denken zu lassen, der sich auskennt.

Man kann das Problem aber noch weiter fassen: Trägheit des Denkens bedeutet nicht nur, Aufwand zu scheuen, vor Störungen zu flüchten, sich Routinen zu verweigern oder unangenehmen Situationen aus dem Weg zu gehen. Wird sie zu einer gewohnheitsmäßigen Denkfaulheit, wird aus ihr eine echte Behinderung, ein Hemmnis, das dazu führt, das wir uns wichtige Fragen irgendwann gar nicht mehr stellen: Wer bin ich und was will ich? Bin ich zufrieden mit meinem Leben? Wo will ich in zehn Jahren stehen? Welche Menschen tun mir gut, welche nicht? Welche ungesunden Gewohnheiten pflege ich? Bin ich zufrieden mit meinem Beruf, meiner Gesundheit, meinem Partner, meinem Leben?

Trägheit im Denken führt hier dazu, dass wir in Bedingungen verharren, die uns nicht entsprechen, weil wir es scheuen, über Veränderungen nachzudenken. Stattdessen flüchten wir uns in Wunschträume – wie ich als Junge, als ich Beckenbauer sein wollte.

Denkfaulheit kann uns aber auch als Verbraucher vor praktische Probleme stellen. Oft trauen wir es uns gar nicht (mehr) zu, über eine Sache wirklich gründlich nachzudenken. Ein harmloses Beispiel: Sie kaufen sich ein neues Smart-TV. Nach anfänglicher Euphorie über das perfekte Bild stellen Sie fest, dass bestimmte Einstellungen des Geräts Sie nicht befriedigen. Bei Spielfilmen ist das Bild zu bunt und zu grell, bei Reportagen flau. Oder es gelingt Ihnen nicht, die berüchtigten Balken wegzuzoomen. Außerdem haben Sie es immer noch nicht geschafft, mit dem Wundergerät ins Internet zu kommen oder, wie erhofft, Ihre Lieblingsserie aufzunehmen. Es gibt einfach zu viele Funktionen, zu viele Menüs und natürlich keine gedruckte Gebrauchsanleitung. Nur ein PDF, das Sie sich irgendwo herunterladen müssen.

Zugegeben: Es kann total nerven, dass manche Geräte es uns als Verbraucher nicht gerade leicht machen, obwohl sie angeblich so

»smart« sind. Aber darum geht es jetzt nicht. Die Frage ist: Was unternehmen Sie konkret, um das Problem zu lösen? Was tun Sie, um Ihr für teures Geld erworbenes Gerät am Ende wirklich so nutzen zu können, wie Sie eigentlich wollten? Bei den meisten lautet die Antwort vermutlich: Ich probiere so ein bisschen rum und dann lasse ich alles so, wie es ist. Das meiste läuft ja irgendwie. Ist schließlich nicht so wichtig.

Ist es nicht Verschwendung, so wenig Gedankenarbeit in etwas zu investieren, für das Sie so viel Geld investiert haben? Dass es hier nicht an der Intelligenz scheitert, ist klar. Es scheitert auch nicht an der Zeit, denn vermutlich würden ein, zwei Stunden völlig ausreichen, um Ihr Gerät zu verstehen und alle seine Funktionen nutzen zu können. Nein, es scheitert an der Trägheit. An der Trägheit, nachzudenken, sich mit Dingen gründlich auseinanderzusetzen und sie dann so zu beherrschen wie die eigene Muttersprache.

Natürlich: Es ist nicht lebensentscheidend, ein Smart-TV bedienen zu können. Betrachten wir uns aber selbstkritisch, stellen wir fest, dass sich das Handlungsmuster des trägen Denkens, der Denkverweigerung, auch in wichtigere Lebensbereiche einschleicht. Den Kreditvertrag wirklich verstehen? Jede Klausel? Das wird schon seine Ordnung haben, schließlich haben das Fachleute aufgesetzt. Das Wahlprogramm einer Partei durcharbeiten? Überflüssig, man weiß ja so ungefähr, wo die stehen. Kant oder Hegel im Original lesen? Muss ja nicht, es gibt tolle Zusammenfassungen und Sekundärliteratur. Den Baum im Wald kennen oder den Vogel vor dem Fenster? Wozu, dafür habe ich ja eine App. An der eigenen Rechtschreibung arbeiten? Die automatische Fehlerkorrektur wird es schon richten. Über die Inhalte in Lebensmitteln oder über die eigene Ernährung verantwortungsvoll als Verbraucher nachdenken? Zeitverschwendung, das wird ja alles kontrolliert, also kann es ja nicht so schlecht sein.

Merken Sie etwas? Die Trägheit des Denkens, die Denkverweigerung, ist ein machtvoller Trend, und einige verdienen sogar recht gut daran. Wer etwas böser ist, könnte sogar sagen, es gibt einen Trend zur Dummheit. Wir wollen hier aber keine Kulturkritik betreiben und uns darauf ausruhen, dass andere zu faul zum Denken sind. Die Wahrheit ist: Oft sind wir es selbst. Und Gründe dafür – man müsste eher sagen: Ausreden – kennen wir alle genug: Ich bin beruflich so eingespannt, da kann niemand von mir verlangen, dass ich auch noch stundenlang über meine Versicherung nachdenke. Ich muss doch meine Kleinen erziehen, da habe ich gar keine Zeit, dicke Wälzer zu lesen. Abends bin ich zu müde. Und so fort ...

Verbrauchertipp Nr. 6: Trägheit kostet bares Geld

Denken Sie, Trägheit ist nur ein privates oder psychologisches Problem? Sicher nicht. Dass wir alle mehr oder weniger träge sind, machen sich nicht nur Widersacher oder falsche Freunde zunutze, sondern auch Unternehmen. Die folgenden Beispiele zeigen, wo Trägheit uns als Verbraucher bares Geld kosten kann:

- Kaum jemand liest die AGB, bevor er ihnen online oder bei Abschluss eines Vertrags zustimmt. Und warum? Weil diese Texte bewusst lang und schwer verständlich gehalten werden. Und genau dies verschafft Firmen den Vorteil, in ihnen alle möglichen Klauseln zu verstecken – natürlich zu ihrem Vorteil.
- Haben Sie mit einem Händler oder Vertreter mühevoll bestimmte Konditionen ausgehandelt? Achtung: Prüfen Sie genau, ob das, was Sie ausgehandelt haben, auch wirklich so im Vertrag steht. Es soll nämlich schon vorgekommen sein, dass wichtige Punkte zu Ihren Ungunsten einfach »vergessen« werden ...

- Haben Sie einen Warengutschein oder Bonus bekommen? Achtung: Ein Großteil dieser »Geschenke« wird von den Verbrauchern nie eingelöst – aus Trägheit oder Vergesslichkeit.
- Haben Sie zwei Jahre Garantie auf das neu gekaufte Gerät? Dann sichern Sie den Kassenbon jetzt, sofort! Ein Großteil von Garantieansprüchen geht durch Nachlässigkeit (Trägheit) verloren.

Praxisbeispiel: Lebensversicherung

In dem folgenden Beispiel möchte ich Ihnen zeigen, wie klares, vorurteilsfreies Denken für Sie als Verbraucher bares Geld wert sein kann.

Das Thema ist zugegebenermaßen etwas sperrig: Kapitallebensversicherungen und eine Alternative zu ihrer Kündigung. Für mich ist es vor allem deshalb interessant, weil hier Verbraucher, getrieben durch positive Vorurteile und Werbepropaganda, in einem Anlagemodell Sicherheit und Wertentwicklung suchen, wo sie nicht (mehr) vorhanden ist – und aus meiner Sicht auch nie vorhanden war.

Das Wort »Lebensversicherung« klingt zunächst hochseriös und appelliert an tiefe Sicherheitsbedürfnisse: Wir alle wollen unser Leben gern »absichern«, wollen vorsorgen für morgen, für schlechte Zeiten. Doch wie sieht die Realität aus? Und warum fällt es vielen Menschen so schwer, ihr Denken hier von Erwartungen, Wünschen und verzerrten Vorstellungen zu befreien?

Für viele Verbraucher ist eine Kapitallebensversicherung immer noch der Inbegriff einer soliden Kapitalanlage und eine Ergänzung zur Altersabsicherung. Das Modell scheint einfach: Man zahlt monatlich oder jährlich einen bestimmten Betrag ein, und nach Ablauf eines längeren Zeitraums (Achtung: nur Lebensversicherungen mit einer Laufzeit von über zwölf Jahren sind steuerfrei!) erhält man sein Kapital zurück – natürlich plus Verzinsung. Die dabei in Aussicht gestellten »Garantiezinsen« oder »Überschussbeteiligungen« übersteigen deutlich die Zinsen eines Sparbuchs oder Festgeldkontos und wirken auf den ersten Blick nicht schlecht. Und daneben ist natürlich auch der Todesfall abgesichert.

Dieses auf den ersten Blick attraktive Modell hat nicht wenige überzeugt: 2016 belief sich der Bestand an Lebensversicherungsverträgen in Deutschland auf rund 85 Millionen; der Anteil an Kapitalversicherungen lag bei rund 40 Prozent.[9]

Doch in der Realität erleben viele etwas ganz anderes als den versprochenen Geldsegen: Die reale durchschnittliche Verzinsung von Lebensversicherungen ist auf rund 2,5 Prozent gefallen.[10] Der Ex-Versicherungsmanager Sven Enger, einst 23 Jahre lang in der Branche tätig (unter anderem Deutscher Ring, Vertriebsdirektor bei Delta Lloyd, Vorstand der Skandia Lebensversicherung) forderte vor einiger Zeit im *Stern* »Raus aus den Policen!«, denn: Es drohe ein »Crash« der Lebensversicherung und eine »massenhafte Kapitalvernichtung.«[11]

Wie kommt es, dass viele von ihrer Lebensversicherung so enttäuscht sind? Und welchen Ausweg gibt es neben der Kündigung, bei der man in der Regel noch mehr Geld verliert?

Dass die Lebensversicherungen in der Realität heute nicht mehr das halten, was sie ihren Kunden einmal versprochen haben, hat nicht zuletzt mit der Zinsentwicklung auf dem Kapitalmarkt zu tun. Mit anderen Worten: Die Lebensversicherer wissen selbst nicht, wo Sie ihr Geld gewinnbringend anlegen sollen – und tun sich immer schwerer damit, einst vollmundig in Aussicht gestellte Überschussbeteiligungen nach § 153 VVG (prognostizierte, aber nicht garantierte Zusatzausschüttungen) zu zahlen. Manchmal fällt es ihnen sogar schon schwer, überhaupt die Garantiezinsen aufzubringen. Schauen wir uns ein paar Fakten an:

• 2015 belief sich der Bestand an Kapitalanlagen der deutschen Versicherungsbranche auf eine Summe von rund 1.509,2 Milliarden Euro.[12]

- 2016 belief sich die Nettoverzinsung der Kapitalanlagen der deutschen Lebensversicherer auf 4,36 Prozent.[13] Wohlgemerkt: Wir sprechen hier nicht von der Verzinsung, die die Versicherten erhielten, sondern die Versicherungsunternehmen.

Bei dieser mageren Verzinsung liegt es auf der Hand, dass die Versicherungen selbst das Kapital ihrer Kunden in keinem Fall höher verzinsen können als 4 Prozent, denn sie müssen selbst ja auch von etwas leben. Aus Sicht der Verbraucher kommen folgende besorgniserregende Fakten hinzu:

- Das Geld, das man in eine Lebensversicherung einzahlt, verteilt sich immer auf drei Töpfe: den *Provisionsanteil*, die Verwaltungskosten und den *Prämienanteil*. Hätten Sie es gewusst? Nur auf den *Prämienanteil* erhalten Sie überhaupt Garantiezinsen! Auf diese Weise werden bei einem hohen Anteil von Provisions- und Verwaltungskosten aus garantierten 5 Prozent schnell 3 Prozent – oder noch weniger.
- Der Garantiezins für neu abgeschlossene Lebensversicherungsverträge betrug 2014 gerade mal 1,75 Prozent und ist inzwischen auf magere 0,9 Prozent gesunken (2017) – also weniger als die Inflationsrate.[14]

Lebensversicherung kündigen

Es kann sehr schnell gehen: Man verliert plötzlich den Job, der Partner trennt sich oder man wird krank – und schon steht man vor dem Problem, einen Immobilienkredit nicht mehr bedienen, das Haus nicht mehr abbezahlen zu können. In dieser Lage sind viele Verbraucher gezwungen, an ihre letzten Reserven zu gehen – und ihre einst mit Zuversicht geschlossenen Kapitallebensversicherungen zu kündigen.

Drei Viertel der in Deutschland abgeschlossenen Lebensversicherungen werden abgebrochen. Die Folge: Verluste, die am Anfang eingetreten sind, realisieren sich nun: hohe Abschlusskosten, hohe Verwaltungskosten.[15] Folgende unangenehme Überraschungen erwarten Sie als Verbraucher:

- Der Rückkaufswert einer Kapitallebensversicherung ist in der Regel deutlich niedriger als die Summe der Einzahlungen. Vor allem in den ersten Jahren nach Abschluss ist er deutlich geringer als die Summe der bereits eingezahlten Beiträge, denn die Versicherer sind berechtigt, Bearbeitungs- und Stornogebühren einzubehalten.[16]
- Wurde der Versicherungsvertrag nach 2005 geschlossen, müssen die Rückzahlungen eventuell sogar versteuert werden. Steuerfrei funktioniert eine Kündigung nur unter folgenden Bedingungen: Vertrag vor 2005 geschlossen, Laufzeit mindestens 12 Jahre, Versicherer mindestens 60 Jahre alt.

Eine Alternative zur Kündigung und den damit verbundenen Verlusten kann es manchmal sein, Ihre Lebensversicherung zu verkaufen, zu beleihen oder beitragsfrei stellen zu lassen. Durch eine Beitragsfreistellung schmälern Sie zwar Ihre Versicherungssumme, verlieren aber nicht Ihren Versicherungsschutz.

Es gibt für Sie als Verbraucher aber noch eine elegantere Alternative: den Widerruf. Was verbirgt sich hinter diesem Begriff?

Alternative Widerruf

Eine immer noch zu wenig bekannte Alternative zur Kündigung einer Kapitallebensversicherung ist der Widerruf. Bei ihm ist es möglich, nicht nur das gesamte eingezahlte Kapital zurückzuerhalten, sondern zusätzlich auch eine attraktive Verzinsung. Unsere Kanzlei hat in den letzten Jahren Hunderte derartiger Widerrufe erfolgreich durchgeführt. Was ist der juristische Hintergrund?

Sämtliche zwischen Mitte 1994 und 2007 geschlossenen Lebensversicherungen enthalten keine ordentlichen Widerrufsbelehrungen – sie sind unvollständig, fehlerhaft oder schlicht nicht vorhanden. Am 22. August 2016 hat das Bundesverfassungsgericht eine Entscheidung des BGH bestätigt, wonach daraus für den Verbraucher (hier: Versicherungsnehmer) ein zeitlich unbegrenztes Widerspruchsrecht erwächst. Konkret: Er hat das Recht, seinen Vertrag jederzeit zu widerrufen. Und das Beste daran: Anders als bei der Kündigung mit dem Rückkauf greifen hier völlig andere Bedingungen. Die Rechtslage ist nämlich so, dass er in einem solchen Fall sämtliche eingezahlten Prämien, Verwaltungsgebühren und Provisionen zurückerstattet bekommt – und dass er außerdem ein Anrecht auf eine angemessene Verzinsung seiner Prämien erhält. Je nach Gerichtsentscheidung sind hier zwischen 4 und 6 Prozent Verzinsung möglich!

Ein Widerruf ist nur über den Gerichtsweg möglich, und natürlich entstehen hierbei Anwalts- und Prozesskosten. Doch wer eine Rechtsschutzversicherung hat, muss sich keine Sorgen machen – man kann sogar jetzt noch eine abschließen, denn 2001 entschied der BGH, dass ein entsprechender Rechtsschutzfall erst mit der Ablehnung des Widerrufs durch die Versicherung in Kraft tritt.

Verbrauchertipp Nr. 7: Lebensversicherung kündigen

Stehen Sie vor der Entscheidung, Ihre Lebensversicherung kündigen zu wollen? Dann lassen Sie Ihren Vertrag doch einmal kostenfrei durch unsere Kanzlei prüfen – vielleicht ist ja ein Widerruf möglich und Sie sparen bares Geld. Eine erste Orientierung bietet unser Online-Sofort-Rechner (www.mingers-kreuzer.de/widerruf-lebensversicherung/), mit dem Sie auf einen Blick Ihren Vorteil bei erfolgreichem Widerruf des Vertrages mit unserer Hilfe einschätzen können.[17]

- Durch den Widerruf Ihres Versicherungsvertrages können Sie die Rückzahlung aller eingezahlten Beiträge sowie der angefallenen Abschlusskosten zuzüglich einer Verzinsung von bis zu 6 Prozent erreichen – die derzeit vermutlich beste Geldanlage auf dem Markt.
- Selbst wenn Sie bereits aus Ihrer Lebensversicherung ausgestiegen sind, können Sie zusätzlich zum bereits gezahlten Rückkaufwert einen Nachschlag von Ihrer Versicherung fordern.
- Achtung: Für die Versicherungsgesellschaften geht es aufgrund der hohen Streitwerte und der vielen betroffenen Verbraucher um viel Geld. Daher müssen Sie mit massivem Widerstand rechnen.

Praxisbeispiel: Einer unserer Mandanten hatte 2006 eine Kapitallebensversicherung abgeschlossen und monatlich rund 100 Euro einbezahlt. Zu dem Zeitpunkt, als wir seinen Vertrag prüften, hatte er bereits rund 9.600 Euro eingezahlt. Der Rückkaufwert der Versicherung betrug 8.300 Euro, weil von dem eingezahlten Kapital 1.300 Euro für Provisionen und Verwaltungskosten abgehen sollten.

Wir haben erfolgreich gegen die Versicherung prozessiert, indem wir auf Widerruf geklagt haben. Das Ergebnis: Unser Mandant erhielt sämtliche eingezahlten Prämien plus eine gerichtlich festgelegte Verzinsung von 4 Prozent zurück – und konnte am Ende satte 11.200 Euro einstreichen.

Es lohnt sich also, beim Thema Versicherungen einen klaren Kopf zu behalten. Mein Rat, wenn Sie eine Lebensversicherung haben: Rechnen Sie selbst nach, möglichst genau. Vergleichen Sie, was Sie eingezahlt haben, mit dem, was Sie tatsächlich erwarten dürfen. Wägen Sie Kündigung gegen Widerruf ab. Und treffen Sie dann Ihre Entscheidung.

Wie man mich kaufen wollte

Dass unser Konzept, Mandanten bei der Rückabwicklung ihrer Lebensversicherungen zu helfen, höchst erfolgreich funktioniert, wusste ich schon lange. Auch, dass die Facebook-Videos, die ich gedreht hatte und in denen ich Betroffenen entsprechende Ratschläge zur Verfügung stelle (vgl. Anhang), viele Menschen erreichen, war mir bewusst. Weniger bewusst war mir, dass die Versicherungsbranche mich und meine Kanzlei deswegen inzwischen regelrecht fürchtete.

Ich erfuhr es bei einem Essen mit dem Mitarbeiter eines großen Versicherungskonzerns, der dort aufhören wollte, obwohl er einen Kundenstamm von 9.000 Kunden betreute. Irgendwann während des Essens kam er ins Plaudern: Seit einiger Zeit gäbe es eine Whats-App-Gruppe aus 500 Führungskräften seines Unternehmens, in der meine Videos kursierten. Zuerst sei ich dort ausgelacht worden: Was will denn der? Dann, als man mit den Folgen meines Engagements konfrontiert wurde, wurde ich gehatet, beschimpft: Der Arsch! Und inzwischen werde ich richtig gefürchtet. Ich gebe zu, dass mir diese Aussage gefiel.

Wenig später empfing ich in meiner Kanzlei in Köln im Besprechungsraum den Vorstand des gleichen Versicherungsunternehmens zu einem Termin. Ohne Umschweife kam er zur Sache: »Herr Mingers, können wir nicht einen Deal machen?« Er bot mir einen siebenstelligen Betrag, wenn ich die Finger davon ließe, ihnen ins Handwerk zu pfuschen.

Natürlich bin ich auf das Angebot nicht eingegangen, aber es zeigt, welche unglaubliche Wirkung man durch Facebook-Videos erzielen kann – und dass David mit seiner Schleuder offenbar wieder einmal ins Ziel getroffen hat.

Am Ende: eine kleine Denkübung

Kennen Sie ein Thema, das Sie interessiert und über das gerade alle reden und eine Meinung haben – meist eine in Talkshows gehörte oder im Internet angelesene? Setzen Sie sich zum Ziel, dieses Thema nur für sich selbst von Grund auf zu durchdringen, so, als müssten Sie ein Buch darüber schreiben. Erarbeiten Sie sich die Grundlagen. Gehen Sie in Bibliotheken, nutzen Sie das Internet. Sammeln Sie Zitate und Informationen, und gliedern Sie Ihr neues Wissen.

Sie werden eine erstaunliche Entdeckung machen: Vieles von dem, was selbst Experten in den Medien verkünden, ist falsch. Oft schreibt einer nur immer vom anderen ab. Kaum jemand hat das Thema wirklich durchdrungen. Oft stehen tiefgründige Erkenntnisse in alten Büchern, während Sie in neueren nur Geschwafel finden. Gewichten Sie alle Stimmen, wägen Sie ab. Und: Bilden Sie sich am Ende Ihre eigene, persönliche Meinung. Das Ergebnis dieser Übung wird sein, dass Sie über ein Thema, dass Sie sich ausgesucht haben und das Sie interessiert, gut informiert und zusammenhängend werden sprechen können. Natürlich sind Sie mit ein paar Tagen Recherche über den Nahostkonflikt noch nicht Peter Scholl-Latour. Aber das, was Sie sagen, wird sich meilenweit von allem unterscheiden, was Ihre Umgebung darüber zu Gehör bringt – weil Sie sich damit auseinandergesetzt haben, nicht ein Experte. Weil Sie die Trägheit des Denkens überwunden haben. Weil Sie nachgedacht haben. Eine wundervolle, eine beglückende Erfahrung.

VERTRAUE DIR SELBST

*»Wer für seine Erfolge nicht selber sorgt,
hat sie nicht verdient.«*
LOTHAR SEIWERT (ZEITMANAGEMENT-EXPERTE,
U. A. *Die Tiger-Strategie*)

Bevor David vor Goliath tritt, gibt es niemanden, der ihm vertraut, der an ihn glaubt. Alle halten ihn für zu schwach, zu unerfahren, zu jung. Als Eliab, sein ältester Bruder, mitbekommt, dass David sich nach dem Streit mit dem Riesen erkundigt, gießt er eine Kanonade an Beschuldigungen über ihn aus: »Warum bist du herabgekommen? Und wem hast du die wenigen Schafe dort in der Wüste gelassen? Ich kenne deine Vermessenheit wohl und deines Herzens Bosheit. Denn du bist herabgekommen, dass du den Streit sehest.«

Eliab kennt Davids besondere Art, an die Dinge heranzugehen, sehr wohl – doch er macht aus dem Mut und dem Selbstvertrauen, das ihn offenbar von Anfang an auszeichnet, »Vermessenheit« – sein jüngerer Bruder ist für ihn nur ein eingebildeter Emporkömmling. Dass diese Unterstellungen Neid verraten, liegt auf der Hand, denn Eliab selbst ist offenbar zu feige, zu kleinmütig, um den Kampf mit dem Riesen zu wagen.

Doch auch Saul, sein Ziehvater, glaubt zunächst nicht, dass David ein ernsthafter Gegner für Goliath sein kann. Wie wir schon gehört haben, ist er für ihn nur ein »Knabe«, während Goliath »ein Kriegsmann von seiner Jugend an« sei. Davids Antwort auf diese Zweifel ist pragmatisch: Er führt einen früheren Erfolg an, wo er gegen zwei fast ähnlich gefährliche Gegner gesiegt hat: »Dein Knecht (damit meint David sich selbst) hütete die Schafe seines Vaters, und es kam ein Löwe und ein Bär und trug ein Schaf weg von der Herde; und ich lief ihm nach und schlug ihn und errettete es aus seinem Maul. Und da er sich über mich machte, ergriff ich ihn bei seinem Bart und schlug ihn und tötete ihn. Also hat dein Knecht geschlagen beide, den Löwen und den Bären.«

David hat also bereits gegen einen Löwen und einen Bären gesiegt, wobei wir auch erfahren, auf welche Weise: Ähnlich wie später bei Goliath hat er einen Schwachpunkt seines Gegners, dessen »Bart« (also die Mähne des Löwen) ausgemacht, und offenbar ist es ihm gelungen, beide Raubtiere zur Strecke zu bringen. Wie brachte er den Mut auf, einem Löwen und einem Bären ohne Waffen entgegenzutreten?

David selbst kann die Herkunft seines Selbstvertrauens sehr genau angeben: »Der Herr, der mich von dem Löwen und Bären errettet hat, der wird mich auch erretten von diesem Philister.«

David weiß also, dass Gott ihn schützt. Dass da eine höhere Macht ist, die immer auf seiner Seite steht und der er bedingungslos vertrauen kann. Weiter oben in der Bibel erfahren wir sogar, wie die besondere Verbindung zwischen David und Gott zustande gekommen ist: »Und der Herr sprach: Auf! und salbe ihn; denn der ist's. Da nahm Samuel sein Ölhorn und salbte ihn mitten unter seinen Brüdern. Und der Geist des Herrn geriet über David von dem Tage an und fürder.«

David ist also vom »Geist des Herrn« erfüllt. Gott ist mit ihm. Das gibt ihm seinen Mut, denn er darf darauf vertrauen, dass »der Herr« ihn unter allen Bedingungen schützen wird. Das Vertrauen in Gott wird zum Vertrauen in sich selbst, zu Selbstvertrauen. Es ist ein Vertrauen in die eigene Kraft, in die Überzeugung, Herausforderungen unter allen Umständen meistern zu können und trotz aller Gefahren am Ende den Sieg davonzutragen.

Dieses unabdingbare Vertrauen in sich selbst ist ein zentrales Gesetz des Erfolgs – und ein Teil des *David-Konzepts*. Im Falle von David gehört zu ihm ein tiefer Glaube an seinen Gott, den er nicht hinterfragt. Die Kraft, die sich aus ihm speist, grenzt ans Wunderbare und ermöglicht ein Außerkraftsetzen der Grenzen der Realität.

Ein solcher Glaube steht heute nur noch wenigen Menschen zur Verfügung. Er ist ein Geschenk und kann nicht erzwungen werden. Er ist für den Glauben an uns selbst aber keineswegs eine unabdingbare Bedingung, sondern wirkt eher wie ein Katalysator, ein Verstärker, der uns in Verbindung mit unserer eigenen Kraft bringt. Über diese verfügen wir alle. Wir alle tragen in uns das Potenzial zum Gelingen, zum Erfolg. Wir alle haben eine innere Kraftquelle, die unversiegbar ist und zu der wir Zugang finden können.

Doch bevor wir uns ihr zuwenden, noch ein paar Worte zum Glauben an sich. Ich selbst bin alles andere als tief religiös. Ich bin aufgewachsen in einem katholischen Umfeld, habe mich dann später mit asiatischer Spiritualität beschäftigt, vor allem mit dem Buddhismus. Als ich dann, angetrieben von einer gewissen Romantik, nach Asien reiste, um dort buddhistische Klöster zu besuchen, war ich von der Realität eher enttäuscht. Anders als in einschlägigen Büchern oder Filmen trifft man an solchen Orten nicht nur auf Spiritualität, sondern auch auf Tourismus und Kommerz. Dass buddhistische Mönche, die einem den Segen verteilen, dafür Geld verlangen, hat mich abgestoßen. Und dass, wenn es um Buddha ging, vor allem erwartet wurde, dass man Buddha-Statuen als Souvenir kauft, hat mich befremdet. Dennoch stellen diese Auswüchse oder Verirrungen den Buddhismus natürlich nicht in Frage. Heute bin ich immer noch auf der Suche und könnte nicht präzise angeben, woran ich glaube, wenn ich »Gott« sage.

In diesem Zusammenhang hat mich nachdenklich gemacht, was der Dalai Lama Europäern rät, die sich spirituell weiterentwickeln wollen: »Die aus verschiedenen Traditionen stammenden Menschen sollten ihre eigene Tradition bewahren, anstatt sie zu verändern. Natürlich werden einige Tibeter lieber den Islam annehmen ... oder einige Spanier wollen Buddhisten werden ... aber überlegen sollen sie sich das sehr wohl und diesen Schritt nicht tun, nur weil es eben gerade modern ist. Einige fangen als Christen an, dann werden sie Muslime, dann Buddhisten und zum Schluss glauben sie an gar nichts mehr.«[18] Der Dalai Lama selbst, das Oberhaupt des tibetischen Buddhismus, rät also dazu, sich eher den Wurzeln des eigenen Glaubens zuzuwenden.

Ich denke, dass mein Weg, was Glauben und Religion angeht, heute typisch ist für viele Menschen im Westen. Es ist einfach sehr schwierig, die alten Dogmen und traditionellen Formen etwa des katholischen Glaubens uneingeschränkt anzunehmen, wenn man in einer Welt lebt, die durch Wissenschaft, Rationalität und Technik geprägt ist. Wer – auch von den tief gläubigen Katholiken – glaubt heute noch ernsthaft, dass Gott die Welt in sieben Tagen erschaffen hat? Wer nimmt die Auferstehung des Fleisches wörtlich? Wer kommt nicht ins Grübeln, wenn ihm zugemutet wird, an die unbefleckte Empfängnis zu glauben? Oder an die heilige Dreifaltigkeit, die von uns verlangt, Gott auf mehr oder weniger dunkle Weise in drei Teile zu teilen, die dann aber doch irgendwie wieder zusammengehören? Derartige Dogmen – die Jesus selbst übrigens keineswegs vertreten hat – machen es uns schwer. Meiner Meinung nach wird das Christentum langfristig nicht darum herumkommen, sich tiefgreifend zu erneuern, wenn es sich gegen konkurrierende Religionen behaupten will.

Anders sieht es aus, wenn es um die moralischen Werte des Christentums geht. Hier fällt es uns viel leichter zuzustimmen, denn Menschenliebe, Toleranz und tätige Hilfe Armen und Schwachen gegenüber sind Werte, denen wohl niemand seine Zustimmung versagen wird. Wir finden sie nicht nur in anderen Religionen, sondern auch in ethischen Systemen der Philosophie oder, als Jurist führe ich das gern an, sinngemäß in den Menschenrechten. Nicht zuletzt ist unsere demokratische Gesellschaftsordnung, wie säkularisiert auch immer, geprägt von christlichen Werten, christlichem Denken.

Was das Thema Glauben angeht, sollten wir alle heute vielleicht sehr offen sein und nachdenklich. In diesem Buch kommen wir zu dem Thema über die Frage nach dem Erfolg, und das ist im Grunde ein eigenartiger Zugang. Frühere Zeiten hätten die Frage umgekehrt gestellt. Sie hätten gefragt, wie wir zum Glauben kommen – und hätten dann darauf vertraut, dass der Glaube uns am Ende schon zum Erfolg führen wird. Sie hätten, wie David, auf Gott vertraut. Auf seine Allmacht, seine Güte, seine Gnade.

Für einige kann das auch heute noch ein Weg sein, denn wer seine Kraft aus einem echten, tiefen Glauben bezieht, findet sich in der Regel auch im Leben zurecht. Er mag nicht große materielle Werte anhäufen, aber sobald er selbst sein Leben als gelungen, als erfüllt ansieht, werden wir ihn erfolgreich nennen dürfen. Vielen Menschen aber ist diese Kraftquelle verschlossen.

Ich bin kein Theologe, aber eines habe ich begriffen: Wer den Glauben an Gott oder an eine höhere Macht nur dafür instrumentalisieren will, Erfolg zu haben, wird weder gläubig werden noch auf diesem Weg sehr weit kommen. Glaube hat keinen praktischen Zweck. Er ist weder auf Absichten gerichtet noch Zwecken dienstbar zu machen. Selbst das Schielen nach Erlösung ist genau genommen kein Glaube, sondern Ausdruck von Angst und der Versuch, Gottes Gnade zu erkaufen – Luther hat diesen fragwürdigen »Ablass«-Handel zurecht kritisiert.

Für den Glauben an Gott also gilt, dass wir ihn weder erzwingen noch beschwören können – alle Wege, die zu ihm führen, scheinen im Gegenteil gekennzeichnet zu sein durch passive Tugenden wie Geduld oder Demut. Auch auf diesem Weg gibt es »Erfolge«, aber schon das Wort wirkt in diesem Zusammenhang befremdlich. Glaube ist weder ein Gelingen noch ein Sieg, sondern eine Erfahrung.

Für den Glauben an uns selbst jedoch gelten diese Einschränkungen nicht. Ihn können wir beeinflussen, verstärken. Wir alle wissen aus Erfahrung, dass Lob und Erfolg uns in unserem Glauben an uns selbst stärken, während Kritik und Niederlagen ihn schwächen. Statt Glauben könnten wir für das, worum es hier geht, zunächst den pragmatischen Begriff Selbstwertgefühl oder, umgangssprachlicher, Selbstbewusstsein verwenden.

Die Erfahrung, dass unser Selbstbewusstsein nicht zu jedem Zeitpunkt unseres Lebens gleich ist, kennen wir alle. Oft durchlebt man gerade in der Kindheit oder Jugend Phasen eines unsicheren Selbstwertgefühls, während es für das reifere Alter charakteristisch ist, auf einem höheren, ausgeglichenen Level in sich selbst zu ruhen, vom eigenen Wert und den eigenen Fähigkeiten überzeugt zu sein. Daraus folgt, dass der Glaube an uns selbst wandelbar ist – und damit, dass wir ihn stärken und vielleicht auch in einer bestimmten Weise prägen und lenken können.[19]

Was stärkt unser Selbstbewusstsein, was schwächt es? Schauen wir uns zunächst an, wodurch wir im Leben Bestätigung erfahren, was unser Selbstbewusstsein kräftigt. Der Psychologe Nathaniel Branden nennt in diesem Zusammenhang sechs Faktoren: bewusstes Leben, Selbstannahme, eigenverantwortliches Leben, selbstsicheres Behaupten der eigenen Person, zielgerichtetes Leben und persönliche Integrität.[20] Diese Faktoren klingen zunächst abstrakt, und sie beschreiben auch weniger, wie Selbstbewusstsein zustande kommt, sondern eher, was es ausmacht, welche Fähigkeiten es uns verleiht.

Schauen wir uns unsere eigenen Erfahrungen an. Was im Leben hat unser Selbstbewusstsein gestärkt, was hat es geschwächt? Obwohl wir Menschen hier sehr verschieden sind, gibt es doch deutliche Übereinstimmungen zwischen uns. Gestärkt wird unser Selbstwertgefühl zum Beispiel durch:

- erfüllende Arbeit oder Tätigkeit
- gute Beziehungen und Freundschaften
- sichere Lebensgrundlagen (Nahrung, Kleidung, Wohnung)
- Fähigkeiten und Begabungen

- attraktives Aussehen
- Lob, Zustimmung, Anerkennung
- Besitz, Statussymbole

Analysiert man diese Kategorien genauer, könnte man zu dem Schluss kommen, dass es im Grunde nichts anderes als Erfolg im Leben ist, der uns Selbstbewusstsein verschafft – und dass wir hier also vor einem Zirkelschluss stehen. Denn es geht uns ja bei der Suche nach einem starken Selbstbewusstsein gerade darum, mit einem solchen dann am Ende erfolgreich zu sein.

Dennoch verbirgt sich hier ein wichtiger Zusammenhang: nämlich, dass jeder Schritt auf dem Weg zum Erfolg uns kräftigt und den Erfolg im Idealfall immer weiter fortsetzt. Es ist wie ein Perpetuum mobile, das sich aus eigener Kraft antreibt: Je erfolgreicher wir werden, umso mehr stärkt uns das, was wir schon erreicht haben. Je weiter wir voranschreiten, umso leichter wird es.

Ein gutes Beispiel dafür sind Firmengründungen: Am Anfang muss man als Unternehmer sehr hart arbeiten, um den Erfolg zu erringen, ohne zu wissen, ob er sich am Ende auch tatsächlich einstellt. Ich selbst habe diese Erfahrung gemacht. Mittlerweile wird die Kanzlei durch eine Geschäftsführerin geleitet und ich muss nicht einmal ununterbrochen im Büro präsent sein. Das habe ich nicht zuletzt erreicht, weil meine Erfolge einander verstärkt haben.

Die Gesetzmäßigkeit, dass Erfolge uns stärken, können wir einfach umdrehen, auch und gerade, wenn wir noch nicht am Ende unseres Erfolgsziels stehen. Wir machen daraus einfach eine Strategie: Wir belohnen uns durch Teilerfolge. Wir setzen uns Zwischen- und Teilziele auf dem Weg zu unserem Schlussziel, wie auch immer dieses aussehen mag. Wer immer nur nach dem Endziel schielt und sich auf dem Weg dorthin keine Belohnungen gönnt, wird sich früher oder später überfordern und sein Selbstbewusstsein schwächen. Wer sein großes Ziel hingegen in Teilziele gliedert und sich beim

Erreichen jedes Schrittes dorthin belohnt, stärkt sich selbst und schreitet auf seinem Weg immer selbstbewusster voran.

Dieses Gesetz ist sehr wichtig, denn in seinem Kern bedeutet es, dass wir uns selbst vertrauen. Und dass dieses Vertrauen immer weiter wächst, je mehr wir es stärken.

Selbstbewusstsein: innere und äußere Faktoren

Noch einmal zurück zu dem, was unser Selbstbewusstsein stärkt: Sehen wir genauer hin, gibt es unter den oben genannten Faktoren solche, die wir beeinflussen können (sichere Lebensgrundlagen, erfüllende Arbeit) und andere, die sich unserem Einfluss entziehen (Lob, Zustimmung, Anerkennung).

Diese Unterscheidung ist wichtig, denn viele Menschen – gerade solche, die unsicher sind – neigen dazu, ihr Selbstwertgefühl auf Dingen aufzubauen, auf die sie keinen Einfluss haben. Sie sind zum Beispiel gesegnet mit einem überdurchschnittlich attraktiven Äußeren und beziehen einen großen Teil ihres Selbstbewusstseins aus der Befriedigung, für ihre körperlichen Reize bewundert zu werden. Früher hätte man gesagt, dass vor allem Frauen in diese Falle tappen, doch inzwischen gibt es auch Männer, die sich auf narzisstische Weise in sich selbst oder ihren Körper verlieben und einen nicht unerheblichen Teil ihres Selbstwertgefühls daraus ableiten, fit, muskulös oder sexy zu sein. Dass wir uns hier auf höchst unsicherem Grund bewegen, dass diese Art des Selbstbewusstseins stets davon bedroht ist zu schwinden, liegt auf der Hand, denn dem Alter und dem damit verbundenen Verfall des Körpers können wir alle nicht entrinnen. Zwar mag es heute wirksame Methoden geben, gegen Falten, graue Haare, schlaffe Haut oder Kurzsichtigkeit vorzugehen, aber im Kern ist es nicht zu verhindern, dass unsere Attraktivität eher nachlässt (Ausnahmen bestätigen die Regel!). Wer dann nichts anderes hat als seine Schönheit, wird zur tragischen Figur.

Ähnlich ist es mit Lob und Anerkennung. Wer auf diese Faktoren setzt, um sein Selbstbewusstsein zu stärken, vertraut einer noch trügerischeren Macht, denn keiner kann uns garantieren, dass die Menschen, die uns heute bewundern und anerkennen, morgen nicht ablehnen oder mit Gleichgültigkeit begegnen. Lob, Schmeichelei, Anerkennung sind verführerisch, und sogar Menschen, die es eigentlich besser wissen müssten, erliegen immer wieder ihren Einflüsterungen. Warum eigentlich gieren so viele Menschen nach Macht und Einfluss? Was ist es, was Politiker buchstäblich an der Macht kleben lässt? Ein nicht unerheblicher Teil der Faszination der Macht dürfte darin liegen, dass sie uns Anerkennung sichert. Dass sie eine Art Garantie dafür ist, zumindest im engeren Umfeld (ich spreche nicht von Presse und Öffentlichkeit) uneingeschränkte Anerkennung zu erfahren.

Das gilt nicht nur für Politiker. Wir alle erinnern uns an Menschen, bei denen der Drang, Bewunderung zu erregen, Anerkennung zu erfahren, auf ungesunde Weise ausgebildet ist. Warum eigentlich finden wir ihren Anblick so wenig anziehend? Ich würde sagen, es ist die fehlende Selbstachtung, die ein letztlich gestörtes Selbstwertgefühl verrät. Im Grunde ist der Streber von seinem eigenen Wert keineswegs überzeugt. Er ist abhängig vom Lob, von der Anerkennung anderer – und damit gründet er alles, was er über sich selbst denkt und glaubt, auf das Urteil Fremder.

Fast noch schlimmer sieht es aus, wenn wir unser Selbstbewusstsein auf Statussymbole und Besitz zu gründen versuchen. Ich spreche hier nicht davon, die Lebensgrundlagen durch ein Eigenheim abzusichern oder sich als Verbraucher ein solides Auto zu kaufen. Es geht auch nicht darum, schöne Dinge zu genießen oder sich gepflegt zu kleiden – solche Dinge gehören zum Erfolg, mit ihnen dürfen wir uns belohnen. Wer aber den eigenen Wert, den Wert seiner Person, davon abhängig macht, Marken zu besitzen, Statussymbole vorführen zu können, erniedrigt sich. Er macht sich zum

Konsumtrottel, zum Kleiderständer für Brands, zur wandelnden Werbebotschaft für fremde Träume.

Ich habe selbst auf meinem Weg einiges lernen müssen. Früher habe ich mich bei bestimmten Stationen meines wirtschaftlichen Erfolgs immer sofort belohnt, indem ich Luxusgüter kaufte, die ich mir vorher nicht leisten konnte. Diese Statussymbole waren mir wichtig, um meinen Erfolg vor mir selbst (und natürlich auch vor anderen) zu beglaubigen.

Doch ich musste erfahren, dass die damit verbundene Befriedigung nie lange vorhält. Der Reiz des Neuen verbraucht sich schnell – und dann benötigt man wieder das nächste Gadget, das noch edlere Teil.

Wir sind also gut beraten, Dinge wie Lob, Anerkennung, äußere Vorzüge oder gar Besitz zwar wertzuschätzen, den Kern unseres Selbstwertgefühls aber nicht von ihnen abhängig zu machen. Das gibt natürlich niemand gerne zu, aber schauen Sie doch mal, ob sie den folgenden Äußerungen heimlich nicht doch zustimmen:

- Ich bin süchtig nach bewundernden oder neidischen Blicken und tue alles, um mir diese zu sichern.
- Ich verbringe einen großen Teil meiner Zeit mit Shopping, mit der Beschäftigung mit Marken oder mit der Pflege und Auswahl meiner Garderobe.
- Bei allem, was ich tue, schiele ich heimlich darauf, ob ich dafür Lob und Bewunderung erhalte. Bleibt es aus oder muss ich Kritik einstecken, fühle ich mich leer und unbefriedigt.
- Ich habe große Angst vor dem Alter und tue alles, um den Verfall meines Körpers aufzuhalten.
- Es ist mir extrem wichtig, jünger zu wirken und ich habe Angst, dass jemand mein tatsächliches Alter erfährt.

Wer sich hier ertappt fühlt, steht übrigens nicht allein. Narzissmus ist ein mächtiger Trend, Stichwort: soziale Medien, Selbstdarstellung, Instagram & Co. Doch verweilen wir einen Augenblick bei der Frage, wem dieser Trend eigentlich nützt – und ob wir wirklich glücklicher werden, wenn wir unser Selbstbewusstsein mit Silikon, Bartpflegeöl oder Steroiden aufpumpen.

Verbrauchertipp Nr. 8: Selbstbewusstsein trainieren

Wer sehr unsicher ist, etwa beim Reden vor Gruppen oder bei der Partnersuche, kann durch entsprechende Seminare aktiv an seinem Selbstbewusstsein arbeiten. Doch Vorsicht: Nicht alle Angebote halten, was sie versprechen, und auch hier kommen Sie nicht darum herum, sehr sorgfältig zu prüfen.

- Die Preise für entsprechende Seminare variieren von zweistelligen bis hin zu vierstelligen Beträgen. Teuer dabei ist aber oft gar nicht die eigentliche Leistung, sondern der Rahmen (Hotel, Anreise, Verpflegung). Prüfen Sie also genau, was Sie wirklich brauchen.
- Überlegen Sie vorher, wo genau Ihre Defizite sind. Wem es vor allem darum geht, im Meeting besser rüberzukommen, braucht kein Flirtseminar.
- Seien Sie skeptisch bei Konzepten, die ausschließlich auf Suggestion (Hypnose) setzen (oft nur kurzfristige Wirkung) oder die sich ausschließlich auf Innenwege wie Meditation konzentrieren (ineffizient).
- Der nachhaltige Aufbau eines gesunden Selbstbewusstseins ist ein langfristiger und aktiver Prozess. Wer mit den Übungen also sofort nach dem Seminar wieder aufhört, wird kaum davon profitieren, sondern schnell in alte Denkmuster zurückfallen.

An sich selbst glauben

>*Glaub an dich und an deine Stärken. Man kann verlieren,*
aber auch immer wieder aufstehen.«
VOLKER ROSIN, LIEDERMACHER[21]

Nähern wir uns dem Kern, dem wirklichen Glauben an uns selbst. Oben, am Beispiel Davids, haben wir gesehen, wie dieser Glaube beschaffen sein kann und was er zu bewirken vermag. Bei David nährt er sich aus dem Glauben an Gott, doch im Ergebnis ist es ein Glaube, mit dem David sich selbst vertraut. Eigenartigerweise ist das Wort »Glaube« hier ein Schlüssel selbst dann, wenn wir zu Davids Gott (oder zu einem anderen) keine tiefere Beziehung pflegen.

Vergegenwärtigen wir uns, was Glaube im Kern bedeutet: Er ist kein Wissen, sondern eine tiefe, unwandelbare Überzeugung. Damit ist er unangreifbar, denn er stützt sich auf keine Logik, auf nichts Äußeres. Eigenartigerweise hat diese Unangreifbarkeit gerade damit zu tun, dass er nicht rational ist. Glaube gründet nicht auf Überlegungen oder Beobachtungen, sondern ist irrational, dem Verstand nicht zugänglich. Er ist, könnte man sagen, Ausdruck dessen, dass es jenseits unserer Überzeugungen und Möglichkeiten mehr gibt, als wir uns vorstellen können.

Das Wunderbare daran ist: Wir selbst sind es, die glauben können. Wir sind dazu in der Lage, über unsere eigenen Grenzen hinweg etwas anzuerkennen und wahrzunehmen, was uns übersteigt, was größer ist als wir. Damit aber können auch wir selbst mehr sein oder werden, als wir je angenommen haben. Wir können uns selbst überwinden, über unsere eigenen Grenzen hinausgehen, sie, ähnlich wie unsere Gedanken, immer weiter dehnen.

Merken Sie es? Echter Glaube ist eine unbezwingbare Macht. Er kann Wunder wirken. Er verschafft uns eine praktisch unbegrenzte Macht. Und damit führt er uns zum Erfolg.

Heute ist es recht verbreitet, dass Wort Glauben in Frage zu stellen oder den ihm innewohnenden Absolutheitsanspruch für unzeitgemäß, undemokratisch oder gar gefährlich zu halten. Ich will nicht bestreiten, dass es verheerende Verirrungen des Glaubens gibt. Doch beim Thema Glauben fällt heute in vielen Gesprächen nach kurzer Zeit der Begriff Fanatismus, und schon sind wir bei irgendwelchen Hasspredigern und islamistischen Terroristen, die angeblich durch ihren »Glauben« »fehlgeleitet« werden.

Meiner Überzeugung nach glauben diese Menschen an gar nichts – jedenfalls nicht an Gott. Was sie antreibt, ist Hass und ein infantiler Machtwille – der Machtwille des Mörders, der sich in dem dunklen Glanz sonnt, ein fremdes Leben auszulöschen. Derartigen falschen Glauben erkennen wir an seiner Destruktivität. Er will zerstören, töten, auslöschen.

Echter Glaube hingegen ist immer positiv. Er strebt nach Vervollkommnung, er sucht nach dem Licht. Er richtet seine ganze Kraft dahin, etwas zu schaffen, aufzubauen. Er ist auch viel mächtiger als der fehlgeleitete Glaube, denn er bezieht seine Kraft nicht aus dem Hass, sondern aus der Liebe.

Wir haben oben schon gesehen, dass die Liebe ein sehr machtvolles Gefühl ist, dem es gelingt, unseren Verstand außer Kraft zu setzen. Wer verliebt ist, dem strömen von ihm selbst nicht für möglich gehaltene Kräfte zu. Ihm wachsen Flügel. Wie in einem Rausch gelingt ihm plötzlich, woran er jahrelang verzweifelt ist. Die Liebe zu einem Menschen kann unser Leben umwälzen. Aber vergegenwärtigen wir uns einen Moment, dass die Kräfte, die wir hier empfangen, schon in uns gelegen haben. Dass der andere Mensch tatsächlich ein Teil von uns wird, dass er es ist, der uns antreibt und hebt, ist eine Illusion. Wir handeln und denken immer noch allein. Was wir vermögen, mag angestoßen sein durch Zuspruch, aber es ist nicht der Partner, der für uns handelt. Wir tun es. Und alles, was wir empfinden, sind auch nur unsere eigenen Gefühle, so sehr wir auch glauben wollen, dass sie mit dem anderen zu tun haben.

Ich will der Liebe hier nicht ihre Romantik nehmen (glücklicher-weise ist das gar nicht möglich), mir geht es um etwas anderes: Die Liebe empfängt ihre Kraft in Wahrheit gar nicht von einem anderen. Sie öffnet nur unsere eigene Kraftquelle. Sie gibt uns Selbstbestäti-gung pur, und damit gibt sie uns den Glauben an uns selbst. Oder vielleicht sollte man sagen: Sie lässt uns diesen Glauben, der oft verschüttet liegt hinter Selbstzweifeln, wieder spüren – pur und un-vermischt, so wie wir ihn als Kind gespürt haben.

Von dieser in uns liegenden Kraftquelle haben die Menschen im-mer gewusst, und ganze Kulturen sind darauf aufgebaut, Techniken zu entwickeln, uns mit ihr in Verbindung zu bringen. Das Gebet kann eine solche Technik sein, aber auch die Meditation, bestimmte geistige Übungen oder künstlerische Kreativität.

Alle diese Tätigkeiten haben die Funktion, uns mit der Kraft in uns selbst in Verbindung zu bringen, uns ihr zu öffnen. Oft geht es dabei nicht nur darum, Kraft zu empfangen, sondern auch Wissen und Er-kenntnis – Erkenntnis, wer wir selbst sind und was wir wollen. Denn das Erstaunliche ist, dass es etwas oder jemanden in uns gibt, der genau dies weiß. Er weiß, was gut für uns ist und was nicht. Er kennt unsere Möglichkeiten und unsere Hemmungen. Er weiß um unsere Versuchungen, aber er kennt dennoch den Weg, den einen Weg, der uns bestimmt ist. Wenn wir diesem Weg folgen, wenn wir auf die Stimme hören, die in unserem Inneren von ihm erzählt, werden wir Erfolg haben.

Was diese Stimme oder Kraftquelle in unserem Inneren ist, woher sie kommt und was sie bedeutet, weiß ich nicht. Vielleicht verbirgt sich hinter ihr Gott oder eine höhere Macht. Vielleicht ist sie aber auch nur die Summe unseres unbewussten Wissens und unserer ungezählten Erfahrungen. Doch letztlich ist das ohne Belang. Wich-tig ist nur: Wir dürfen dieser Stimme vertrauen. Und damit uns selbst. Religiöse Menschen sprechen davon, dass sie Gott vertrauen und dass Gott bei ihnen ist (so wie David), für weniger religiöse mag die Vorstellung hilfreich sein, mit ihrem höheren Selbst zu kommunizieren.[22]

Freilich klingt dies alles einfacher, als es ist. Wir wissen, dass etwa die buddhistischen Mönche, deren mentale Kraft ich sehr bewundere, Jahre damit verbringen zu meditieren, immer wieder die gleichen geistigen Übungen zu vollziehen und sich dabei achtsam Schritt für Schritt der Erleuchtung zu nähern – ohne Garantie, dass sie je eintritt, denn es kann sein, dass man auf dem Weg dorthin stirbt. Doch um dieses hohe Ziel geht es uns ja nicht. Wir wollen nicht Erleuchtung (also höhere Erkenntnis), sondern uns geht es »nur« darum zu erfahren, was unser Weg ist, wo unsere Bestimmung liegt. Womit wir Erfolg haben.

Auch das ist nicht trivial. Es gibt Menschen, die in ihrem Leben trotz Meditation oder Gebet viele Umwege gehen müssen, um am Ende das zu finden, was ihnen Zufriedenheit verschafft, womit sie erfolgreich sind. Schaut man genauer hin, liegt das Problem hier oft weniger in der Selbsterkenntnis als in der Umsetzung, im Handeln. Viele Menschen scheuen es auf geradezu groteske Weise, Entscheidungen zu treffen. Etwas zu tun. Wer dieses wichtige Prinzip vernachlässigt, wer nie anfängt, wer immer nur davon träumt, etwas zu tun, kann keinen Erfolg haben.

Praxisbeispiel:
Die eigene Kraftquelle finden

Wie lernt man ganz konkret, an sich selbst zu glauben? Wie bringt man sich in Verbindung mit der eigenen inneren Kraftquelle? Ich möchte in diesem Buch keine Meditationstechniken ausbreiten – schon deshalb nicht, weil Meditation nur einer der vielen Wege ist, die uns in Kontakt mit uns selbst bringen können. Über dieses Thema gibt es genug Literatur und gute praktische Anleitungen.[23] Die folgenden Techniken und Übungen verstehe ich eher als Anregung, nach dem persönlichen Weg dorthin zu suchen.

- Führen Sie regelmäßig ein Tagebuch (Journal), digital oder auf Papier. Legen Sie darin nieder, was Sie an dem betreffenden Tag geschafft haben und wofür Sie dankbar sind. Reflektieren Sie Eindrücke und Erlebnisse. Ich selbst habe mit dieser Technik erstaunliche Erfahrungen gemacht: Sie hilft nicht nur, die eigenen Gefühle und Wünsche besser zu verstehen, sondern sie ist auch eine gute Lektion im Lernen von Dankbarkeit (*David-Prinzip* Nr. 10).
- Für viele Menschen ist die Stille an einem persönlichen Rückzugsort hilfreich, um zu ihrem tieferen Selbst zu finden. Das muss kein Kloster sein (obwohl die spirituelle Atmosphäre von Kirchen hilfreich sein kann), auch ein Ort in der Natur ist denkbar – etwa ein stiller See, ein Strand oder eine Wiese. Bauen Sie eine Beziehung zu einem solchen Ort auf, indem Sie ihn regelmäßig aufsuchen und sich dort selbst begegnen.
- Der Weg nach innen kann auch über einen Menschen führen, der Sie anzieht, der Ihnen Anregungen gibt. In jeder echten Begegnung erfahren Sie (auch) viel über sich selbst.
- Wenn Sie Ihre Umgebung eher über die Ohren wahrnehmen, ist vermutlich Musik ein Weg, in Kontakt mit Ihrem inneren Selbst zu kommen.
- Jede Tätigkeit, die Sie konzentriert, absichtslos und mit Leidenschaft tun, bringt Sie in Verbindung mit sich selbst. Alles hingegen, was Sie unter Druck, nebenbei oder nur auf Anweisung tun, führt Sie von sich weg.
- Probieren Sie unterschiedliche Wege aus, in Verbindung mit Ihrer persönlichen Kraftquelle zu treten. Ein Indiz dafür, dass Sie auf dem richtigen Weg sind, ist das Gefühl, anzukommen, loslassen zu können, »richtig« zu sein. Jede dieser Erfahrungen wird Ihren Glauben an sich selbst stärken und Sie Ihren wahren Zielen näherbringen.

HANDLE MUTIG

> »Einen Gegner als überlegen zu betrachten bedeutet, dass wir seine Fähigkeiten stärker einschätzen als unsere eigenen. Tatsächlich ist … nicht der Andere uns überlegen, sondern wir machen ihn dazu.«
> BERNHARD MOESTL (U. A. *Das Shaolin-Prinzip*)

Wissen Sie, was die mutigste Entscheidung in meinem Leben war? Ende der Neunzigerjahre studierte ich Jura in Bonn. Als ich meine damalige Freundin vier Monate kannte, wurde sie ungewollt schwanger. Was tun? Sie war erst 21 und studierte im dritten Semester, ich war 25. Alles sprach gegen ein Kind: Ihre Eltern lehnten es ab, uns zu unterstützen, rieten sogar zur Abtreibung. Meine Eltern besaßen nichts. Dennoch wusste ich relativ schnell, dass ich dieses Kind haben wollte. Ich fand, dass es uns nicht zustand, nur aus Bequemlichkeit die Verantwortung für den Tod eines Menschenleben zu übernehmen. Wir beschlossen also, das Kind zu behalten.

Um meine junge Familie zu ernähren, begann ich, Geld zu verdienen: Ich jobbte in der Kneipe, machte Fahrdienste, arbeitete in einem Callcenter und in der Bank 24. Doch irgendwann begriff ich: Auf diese Weise würde ich es nie schaffen, mein Juraexamen zu bestehen, denn das Arbeiten fraß einfach zu viel Zeit auf. Auch meine Freundin arbeitete während der Schwangerschaft viel – zu viel. Ich überlegte also, wie ich es schaffen könnte, die Vorbereitung auf das Examen mit dem Verdienen von Geld zu verbinden.

Die juristische Ausbildung an der Uni Bonn war damals, vorsichtig gesagt, konventionell: Die Professoren saßen im grauen Anzug im Hörsaal und lasen einfach ihre Bücher vor, denn es war ja eine »Vorlesung«. Man blieb unter sich, das heißt: im juristischen Elfenbeinturm. Didaktisch war diese Art von Unterricht natürlich eine Katastrophe, und so gab es daneben an der Uni juristische Repetitorien. Was es allerdings nicht gab, war eine kommerzielle Vorbereitung auf das Examen, eine professionelle Nachhilfe mit modernen didaktischen Mitteln. Schnell witterte ich hier ein Aufgabengebiet, denn schon damals interessierte ich mich für psychologische Themen und hatte mit Interesse die Bücher von Vera Birkenbihl über Neurolinguistisches Programmieren und gehirngerechtes Denken und Lernen gelesen.

Ich entwarf also eine Anzeige, hängte sie ans Schwarze Brett der Uni und gab von nun an juristische Nachhilfe – für immerhin 20 DM pro Stunde. Bald hatte ich zwanzig Schüler und musste einen Raum anmieten. Um der lähmenden Nicht-Didaktik an der Uni etwas entgegenzusetzen, arbeitete ich bewusst mit modernen didaktischen Mitteln: Ich zeigte gehirngerecht viele Zeichnungen und Bilder auf dem Overheadprojektor und benutzte einfache Beispiele, um die komplexe juristische Materie herunterzubrechen, sie einfach zu erzählen.

Es wurde ein Erfolgsmodell: Bald hatte ich Niederlassungen in Bonn, Köln, Düsseldorf und Bochum und beschäftigte mehrere Dozenten. Natürlich hatte ich durch den Druck, anderen Studenten Wissen vermitteln zu müssen, selbst viel gelernt und bestand nun schnell das Erste Juristische Examen. Danach gründete ich ein juristisches Repetitorium für Scheine, wo ich für sämtliche Rechtsgebiete Skripte schrieb, um die Wartezeit auf mein Referendariat zu überbrücken.

An dieser Stelle bekam ich Ärger mit der Uni Bonn. Sinngemäß hörte ich: Deine Repetitorien haben wir geschluckt, aber das hier wollen wir nicht. Du diskreditierst uns, du machst uns lächerlich. Auf einmal bestehen viel mehr Leute das Examen, das ist gar nicht erwünscht.

Schließlich erhielt ich eine offizielle Vorladung zum Dekan der juristischen Fakultät, der in Harvard studiert hatte und bei seinem eigenen juristischen Staatsexamen bundesweit Jahrgangsbester gewesen war, also eine Koryphäe. Auch sein Stellvertreter war dabei, dem das Ganze furchtbar peinlich war. Ich war ein junger Mann, fühlte mich den beiden großen Professoren völlig unterlegen und hätte mir fast in die Hose gemacht.

Der Dekan war ein Choleriker. Er stand mit mir Nasenspitze an Nasenspitze, schrie mich an und stieß wütende Drohungen aus: Er werde mich vernichten, wenn ich mit meinen Umtrieben nicht aufhöre. Die eigenartige juristische Begründung für diese Forderung lautete, ich sei eine »Gefahr für die öffentliche Sicherheit und Ordnung.« Man werde mich verklagen.

Mit dem Mut der Verzweiflung lachte ich den Dekan aus und sagte: »Darauf lasse ich es ankommen!«

Tatsächlich hat die Uni Bonn mich dann damals verklagt – allerdings vergeblich: Ich gewann den Prozess und konnte mein Repetitorium weiterführen.

Rückblickend sage ich heute dazu: Die Entscheidung, das Kind zu bekommen, war die beste Entscheidung meines Lebens. Heute ist meine Tochter 18 und studiert Jura in Berlin an der Humboldt-Universität.

Zurück zum Thema Mut. Das Thema ist recht komplex. Dass David Mut beweist, ist augenfällig, denn er lässt sich mit einem Gegner ein, der viel stärker ist als er selbst. Und sein Mut ist keineswegs jene berüchtigte Tollkühnheit, die mit Selbstüberschätzung einhergeht, sondern er handelt mit einem realistischen, vernünftigen Mut. Einem Mut mit Augenmaß. Ohne diesen Mut hätte er weder handeln noch am Ende siegen können – vermutlich hätte er sich die Aufgabe, Goliath zu bezwingen, nicht einmal gestellt.

Mut scheint im Zusammenhang mit dem Erreichen von Zielen also ein sehr wichtiger Faktor zu sein. Früher hat man statt Mut eher Tapferkeit gesagt, und unzählige Heldengeschichten handeln vom Heldenmut. Doch wie wird man so mutig wie die mythischen Helden, wie David? Wie entdeckt man die eigene Tapferkeit?

Es ist eigenartig: Beim Thema Mut empfinden die meisten Menschen ein schlechtes Gewissen. Ja, stimmt schon, man müsste viel mutiger sein. Man müsste sich den eigenen Ängsten stellen, sie überwinden. Man müsste den Mut haben, endlich das zu tun, was man eigentlich will. Doch irgendwie gelingt es vielen nicht, diesen Mut aufzubringen.

Die David-Geschichte beginnt mit Davids Angst. Wir hören, dass es ihm schwerfällt, seine Angst zu überwinden. Doch schauen wir einmal genauer hin: Das Wort Mut steht dort nicht – und auch in der Bibel taucht es an dieser Stelle nicht auf. Vordergründig ist das ein stilistisches Problem. Ein Erzähler, der schreiben würde, »Mutig stürmte David voran«, würde sich lächerlich machen. Das Wort »Mut« so einfach als Adjektiv zu benutzen, wäre Kinderbuchniveau. Aber warum eigentlich? Was klingt so naiv, so falsch daran?

Das Problem liegt tiefer, nicht auf der Ebene der Sprache. Es hat mit etwas anderem zu tun. Damit, dass Mut gar kein Gefühl ist. Im Gegensatz übrigens zur Angst, die wir sehr wohl fühlen können, und zwar körperlich: Die Symptome reichen vom Schweißausbruch über erhöhten Puls und Trockenheit im Mund bis hin zu Schwindel und Ohnmacht. Aber kennen Sie irgendjemand, bei dem im Zusammenhang mit Mut körperliche Symptome aufgetreten wären? Oder der auch nur einigermaßen klar angeben könnte, was er überhaupt spürt, wenn er mutig handelt? Der mit voller Wahrheit sagen könnte: Da habe ich meinen Mut gefühlt?

Gewiss, er hat, von außen gesehen, Mut bewiesen. Er hat seine Angst überwunden. Aber was er dabei gefühlt hat, war, wenn überhaupt, etwas Flüchtiges, Vages, keineswegs etwas so Intensives wie Angst. Mut ist – innerlich gesehen – unspektakulär. Fast ist es so, als wäre da gar nichts, wenn wir mutig handeln. Was wir fühlen, ist eher die sanfte, fast unmerkliche Überwindung des Hindernisses. Das Zurückweichen der Angst, ihr plötzliches Verstummen. Oft können wir nicht einmal sagen, warum der Moment gerade jetzt gekommen ist. Er ist einfach da. Und dann beginnt unser Handeln, klar, besonnen, nüchtern. Dramatisch ist das nicht. Mut ist unhysterisch. Er ist ein kühler Genosse.

Ich selbst habe in meinem Leben einige Dinge getan, die andere mutig nennen würden – oder tollkühn, je nach Standpunkt. Ich bin Risiken eingegangen, Wagnisse. Ich habe Unternehmen gegründet, ohne über nennenswertes Eigenkapital zu verfügen oder die damit verbundenen Konsequenzen bis ins Letzte durchdacht zu haben. Ich habe Mitarbeiter eingestellt, ohne über sie wirklich viel zu wissen. Ich habe Kredite aufgenommen, ohne wissen zu können, ob ich sie je wieder würde zurückzahlen können. Ich bin in exotische, gefährliche Länder gereist und habe mich dort Krankheiten, Straßenräubern, schlechten Straßen und seltsamen Speisen ausgesetzt. Ich habe Manches ausprobiert und gewagt, worüber ich heute, in reiferem Alter, die Stirn runzle.

Habe ich mich bei alledem mutig gefühlt? War der Mut in mir, hat er mich, wie den Held in der Sage, durchdrungen bis in die letzte Faser meines Herzens? Wenn ich ehrlich bin, muss ich sagen: Nein. Da war nichts Derartiges. Sorry.

Dieses Geständnis sollte sie beruhigen. Wenn Sie glauben, dass Sie zu wenig Mut haben, wenn Sie unter der quälenden Vorstellung leiden, einfach nie zu ihrem wirklichen Mut vorzustoßen und stattdessen angefüllt zu sein von Ängsten, dann stehen sie nicht allein. So geht es allen. Mut ist etwas, was noch nie irgendjemand gefühlt hat. Schon gar nicht sogenannte Helden.

Dennoch existiert Mut. Er ist keineswegs eine Chimäre. Doch er ist kein Gefühl. Was ist er dann?

Mut ist eine Tugend, eine Fähigkeit. Und diese Fähigkeit ist das Vermögen, die Angst zu besiegen. Sie geschickt zu überwinden. Nur dann sprechen wir von Mut. Nur dann sind wir mutig. Wer sich einfach nur Gefahren aussetzt, um andere zu beeindrucken oder sich etwas zu beweisen, handelt nicht mutig, sondern verantwortungslos oder dumm. Und selbst bei dem, der große Gefahren überwindet, fällt es uns schwer, von Mut zu sprechen, wenn er diese routiniert bewältigt, wenn es ihn also keine Überwindung kostet. Einen Feuerwehrmann mutig zu nennen, träfe nicht den Kern der Sache, denn er macht nur seinen Job. Er weiß, wie er dem Feuer, den Flammen begegnen muss. Mutig ist der, der unter Einsatz seines Lebens und ohne technische Hilfsmittel ein ins Eis eingebrochenes Kind rettet, denn er überwindet Todesangst. Doch auch er wird dabei zu keinem Zeitpunkt Mut fühlen. Nur Angst. Und dann wird er mutig handeln, trotz seiner Angst.

Diese Klärung halte ich für wichtig, denn sie entlastet uns von der Vorstellung, in uns einen imaginären Heldenmut wecken zu müssen, der uns dann erfüllt mit magischer Kraft. Darum geht es nicht. Es geht darum, mit der Angst umzugehen, ihr offen zu begegnen und einen Weg zu finden, sie zu überwinden.

Verbrauchertipp Nr. 9: Einschüchterungen abwehren

Leider machen sich auch (kriminelle) Unternehmen gelegentlich gern zunutze, dass Menschen Angst haben, und bedienen sich des Mittels der Drohung oder Einschüchterung. Hier brauchen Sie als Verbraucher Mut, um Ihren Standpunkt zu behaupten:

- Werden Sie abgemahnt, weil Sie angeblich kostenpflichtige Pornoseiten besucht oder Bildrechte verletzt haben? Zahlen Sie auf keinen Fall, wenn Sie sicher sind, sich korrekt verhalten zu haben – und gehen Sie gegebenenfalls sofort zum Anwalt, um sich beraten zu lassen.

- Bekommen Sie Mails von vermeintlichen Inkassofirmen, weil Sie angeblich Rechnungen nicht bezahlt haben? Fast immer handelt es sich um SPAM, den Sie kommentarlos löschen können.
- Werden Ihnen bei Zahlungsverzug hohe Mahnkosten in Rechnung gestellt? Oft ist das nicht zulässig: Unternehmen dürfen nur Porto und Papier in Rechnung stellen, keine Personal- oder Verwaltungskosten (OLG München, Sommer 2011, AZ 29 U 634/11). Hätten Sie es gedacht? Schon eine Pauschale von 5,00 Euro ist überzogen! Ein Tipp: Zahlen Sie den ausstehenden Betrag, aber nicht die überzogenen Mahngebühren – meist ist dann schnell Ruhe.

Angst

> »Setze dich deiner tiefsten Angst aus. Danach hat die Angst keine Macht mehr über dich und die Angst vor Freiheit schrumpft und verschwindet. Du bist frei.«
> JIM MORRISON, THE DOORS

Ich weiß, was Sie jetzt erwarten. Ich werde fein säuberlich unterscheiden zwischen sinnvollen, lebenserhaltenden Ängsten und sinnlosen, neurotischen. Oder, klassischer ausgedrückt, zwischen Angst und Furcht. Während ich dann darlege, wie hemmend einschlägige Phobien sind, werden Sie sich innerlich zurücklehnen, denn glücklicherweise leiden Sie selbst weder unter Arachnophobie (Spinnenangst) noch Agoraphobie (Platzangst). Auch Ihre Angst vor Clowns (Coulrophobie) ist eher latent ausgeprägt, und ihre Nyktophobie (Angst vor der Dunkelheit) kann man vergessen. An diesem Punkt könnten wir das Thema Angst abschließen, denn offenbar sind Sie psychisch kerngesund und Ihre paar kleinen Ängste stinknormal.

Ich muss Sie enttäuschen: So leicht kommen Sie nicht davon. So fange ich erst gar nicht an. Denn das hilft niemandem, nicht einmal den echten Phobikern. Die wissen ohnehin, dass sie ohne Psycho-therapeuten ihr Problem nicht werden lösen können, und ich wün-sche ihnen viel Erfolg dabei.

Das eigentliche Problem mit der Angst sitzt woanders, tiefer. Es besteht darin, dass die Welt tatsächlich gefährlich ist. Lebensgefähr-lich. Und dass wir alle Angst haben. Völlig zu Recht. Und dass uns davor weder eine Psychotherapie schützt noch ein Erfolgsratgeber. Noch nicht einmal der Alkohol, Glückspillen oder Drogen. Die ma-chen alles nur noch schlimmer.

Angst ist keine Krankheit, und daher kann man sie auch nicht hei-len. Sie ist auch kein Fehler oder eine Charakterschwäche, die wir irgendwann überwinden werden. Die bestürzende Wahrheit ist: Wir alle tragen Angst in uns, und zwar bis zum Lebensende. Wir werden Schmerzen fürchten, Unfälle und Verstümmelungen. Wir werden Angst haben, dass unser Partner stirbt und dass unsere Kinder nicht die Schule schaffen und in der Gosse landen. Wir werden Nächte damit verbringen, über nicht abgezahlte Kredite nachzudenken und über Steuervorauszahlungen. Wir werden uns fürchten vor Kriegen und Krisen, vor Inflation und Haarausfall, vor Fußpilz und Mund-geruch.

Aber es ist noch schlimmer: Wir werden nicht nur über ernst-hafte, reale Gefahren nachgrübeln, sondern auch über imaginäre, zukünftige, eingebildete. Wir werden über ungelegten Eiern brüten und uns einen Kopf machen um Dinge, die nie eintreffen. Und am meisten werden wir bei alledem und hinter alledem den Tod fürch-ten, denn wir wissen: Vor ihm gibt es keine Rettung, keine Gnade.

Ich sehe, Sie wissen, wovon ich spreche. Doch warten Sie noch et-was, bevor Sie komplett resignieren. Noch ist nicht aller Tage Abend. Noch haben unsere Ängste, die Riesen in unserem Inneren, nicht gewonnen. Denn wir haben nicht nur unsere Angst, sondern auch unseren Mut. Leider steigt dieser nicht einfach so von selbst in uns empor wie in schlechten Romanen. Im Gegenteil: Gerade, wenn wir ihn am dringendsten brauchen, ist er wieder mal nicht da. Hat sich verdrückt.

Wie bekommen wir unseren Mut zu fassen? Wie ringen wir unsere Ängste nieder? Was tut David, um seine Angst zu besiegen? Um diese Frage zu beantworten, kommen wir nicht darum herum, uns die Angst zunächst genauer anzuschauen.

Haben Sie in Ihrem Leben schon mal auf dem Dreimeterbrett im Schwimmbad gestanden, ohne sich entschließen zu können, hinunter zu springen? Vermutlich sind dabei Dramen in Ihnen vorgegangen, gegen die Shakespeare ein Puppentheater ist. Immer wieder haben Sie sich ermutigt, sich innerlich angeschoben und zugeredet, dass der drohende Abgrund vor Ihnen doch gar nicht so schlimm ist. Dass Ihre Freunde das schließlich alle schon längst geschafft haben und dass es nur darum geht, diesen einen, kleinen Schritt zu tun … den Schritt nach vorn, zum Rand des Sprungbrettes. Jetzt, genau in diesem Moment. Eigentlich doch ganz einfach. Nur ein Schritt.

Doch da war noch etwas anderes, Mächtigeres, Lähmenderes. Ihre Angst. Sie bestand darauf, dass hier eine Gefahr ist, die Sie nicht einfach beiseiteschieben können. Die Ihnen nach dem Leben trachtet. Schließlich kann es sein, dass Ihr Körper auf die Fliesen aufschlägt und dass Sie dann gelähmt sind für immer. Nein, das ist Unsinn. Das Wasser wird den Sturz abfangen. Diese Angst kommt nur, weil ich das hier noch nie gemacht habe. Wenn ich erst … Und so weiter.

Wissen Sie, was ich glaube? An diesem Tag sind Sie am Ende nicht gesprungen. Irgendwann sind Sie umgekehrt und die Leiter wieder hinuntergeklettert. Und Sie haben sich elend dabei gefühlt, zerschlagen und gedemütigt. Gedemütigt durch ihre Angst.

Angst kann nicht nur sehr intensiv sein, sondern auch höchst kreativ. Nicht umsonst sind ängstliche, zögernde, zweifelnde Menschen als Figuren fesselnder als mutige Helden. Hamlet interessiert uns gerade deshalb, weil er, obwohl er König ist (ihm also alle Güter der Welt zur Verfügung stehen), ununterbrochen zweifelt, zögert und hadert. Er stellt nicht nur die Welt in Frage, die Menschen um sich herum, die Macht, die ihm gegeben ist, und sogar sich selbst, sondern er übt auch politische Fundamentalkritik, klagt über Liebeskummer und landet am Ende bei Selbstmordgedanken: »Denn wer ertrüg der Zeiten Spott und Geißel, des Mächtigen Druck, des Stolzen Mißhandlungen, Verschmähter Liebe Pein, des Rechtes Aufschub, den Übermut der Ämter und die Schmach, die Unwert schweigendem Verdienst erweist, wenn er sich selbst in Ruhstand setzen könnte mit einer Nadel bloß?«[24]

Das ist hohe Literatur – und nichts als ein Porträt lähmender Angst, die zur Neurose geworden ist, zur chronischen Zweifelsucht. Unter literarischer Perspektive ist der Ängstliche also viel interessanter als der Mutige. Ist der Mutige nicht sogar ein bisschen dumm, etwas schlicht in seinem Denken? All die Gefahren um ihn herum scheinen ihn nicht zu interessieren. Offenbar hat er gar keine Phantasie, sich das doch durchaus mögliche Scheitern auszumalen. Platt und langweilig handelt er einfach!

Doch schauen wir einen Augenblick in ihn hinein. Der Mutige kennt Angst durchaus. Er ist ihr mehr als einmal begegnet. Doch er hat kühl analysiert, dass sie ihm wenig nützt. Dass sie ein denkbar schlechter Berater ist. Es ist, als wäre da immer jemand neben ihm, der hysterisch auf ihn einredet und ihn dabei völlig kirre macht.

Einen solchen Begleiter, so ein nervöses Hemd, kann er nicht gebrauchen. Daher hat er beschlossen, den ungebetenen Gast zu überlisten. Er weiß, wenn er erst zu Wort kommt, wenn er erst ansetzt zur großen Rede des Zauderns, wird er immer redseliger und eloquenter, und es wird immer sinnloser, ihm zu widersprechen. Auf alles hat er eine brillante, oft die eigenartigsten Schlüsse und Hintergründe miteinander verknüpfende Antwort. Er kramt halb vergessene Geschichten hervor, brüstet sich mit seinem Wissen über Gott und die Welt und legt sogar dar, dass hochintelligente Menschen, Genies wie Shakespeare, ihn, seine Beredsamkeit, wortreich gepriesen haben. Also kann er doch nur recht haben. Also ist es offenbar vernünftig, ihm zu folgen. Es zeugt nicht nur von Voraussicht, sondern von überlegener Intelligenz, ja von Bildung und Weitblick.

Diesen ganzen hochtrabenden Unsinn kennt der Mutige. Lange hat auch er versucht, mit seiner Angst zu diskutieren. Er hat Einwände gemacht, Widerworte gegeben, sein ganzes Wissen und Können aufgeboten, um diesen quasselnden, hochgebildeten, aber irgendwie fahrigen Widersacher zum Verstummen zu bringen. Irgendwann dann hat er begriffen: Diesen Kampf kann er nicht gewinnen. Es hat keinen Sinn zu diskutieren. Der einzige Weg ist es, nicht zuzuhören, einfach wegzugehen. Nein, viel besser: Die Angst gar nicht erst zu Wort kommen zu lassen. Und wann kommt sie zu Wort? Ganz einfach: Wenn sie Zeit dazu hat.

Diese strategische Überlegung ist zentral. Sie beinhaltet nämlich, sich vorher, bevor die Angst da ist, klarzumachen, was vermutlich passieren wird. Das ist gar nicht so schwer, denn was uns Angst einjagt, wissen wir sehr gut. Wir wissen genau, wann wir unseren ungebetenen Gast zu erwarten haben, was ihn lockt und anzieht: unbekannte Situationen und Orte. Fremde Menschen. Prüfungen. Die Herausforderung, auf Menschen zuzugehen. Oder Fahrstühle. Oder große Hunde. Oder Spritzen. Oder der Bohrer beim Zahnarzt ... Hier, auf dem endlosen Feld der Furcht, hat jeder seine Lieblingsängste. Das Gute ist, dass wir sie recht gut kennen, denn längst sind sie unerwünschte Begleiter geworden.

Auch der Mutige kennt sie. Auch David wusste, dass Goliath ihm Angst machen würde, große Angst sogar. Aber er hat im Vorfeld, während all seiner Überlegungen, die den Kampf in Gedanken vorweggenommen haben, seine Angst in Erwägung gezogen. Er hat es akzeptiert, dass sie eintreffen und ihn sogar einen Moment lang zögern lassen wird. Doch er hat auch beschlossen, dass es damit dann gut sein muss. Die Angst wird auftauchen wie ein Statist, dessen Teilnahme an dem Schauspiel man nicht verhindern kann, weil er nun mal zum Ensemble gehört. Aber dieser Auftritt wird kurz sein, sehr kurz, weil David ihn einfach durchbrechen wird – durch sein Handeln, sein Tun. Die Angst kann er sich nicht verbieten, aber er kann beschließen, sie nicht in sich wachsen zu lassen.

Diese Strategie ist sehr mächtig und das Geheimnis des Mutes. Ihr Kern ist: ein abwägendes, kühles Denken und der feste Entschluss, beizeiten Grenzen zu ziehen. Nein zu sagen. Jemanden entschlossen abzuweisen, der uns nicht wohlgesonnen ist. Dieser Entschluss hat sehr wenig mit Gefühlen zu tun. Eher mit Willenskraft, mit der Besinnung auf die Kräfte unseres Verstandes. Irgendwann muss Schluss sein mit dem Kindergarten. Wir machen das nicht mehr mit. Wir hören diesem nervösen Hemd nicht mehr zu, sondern tun schnell und entschlossen das, was wir uns vorgenommen haben.

Obwohl dieser Weg im Prinzip einfach ist und wir ihn im Grunde sogar gut kennen (schließlich haben wir alle schon einmal mutig gehandelt), tun sich viele Menschen schwer, ihn zu gehen. Viele sind regelrecht verliebt in ihre Angst. Sie schätzen ihre Beredsamkeit und Phantasie, sie sind es gewohnt, hochgeistige Gespräche mit ihr zu führen. Wäre es nicht ein gewaltiger Verlust, dies alles zu verlieren? Wären sie ohne ihre Angst nicht plötzlich sehr allein? Und, noch schlimmer, wären sie dann nicht plötzlich gezwungen, zu handeln und Verantwortung für das zu übernehmen, was sie tun?

Diesen Überlegungen kann man entgegensetzen, dass es produktivere Formen gibt, seine Kreativität auszuleben. Auch Handeln kann kreativ sein, nicht nur Zögern. Auch Taten können vielschichtig sein, farbig und genial. Worauf wollen Sie später zurückblicken, wenn Ihr Leben sich dem Ende nähert? Wollen Sie dann tatsächlich die faden Ergüsse Ihrer Angst präsentieren? Wäre es nicht besser, auf etwas verweisen zu können, was Sie getan, was Sie hervorgebracht haben? Diese Hervorbringungen müssen keine materiellen Werte sein oder Heldentaten. Es können auch Gedanken sein, geistige Produkte. Bernhard Moestl schrieb mir in einer Mail zu diesem

Punkt: »Bedenkt, dass Ihr zwar Lebenszeit gegen Geld tauschen könnt, sich dieser Tausch aber nie mehr rückgängig machen lässt. Lebt Euer Leben so, dass Ihr am Ende glücklich darauf zurückschauen könnt und nichts bereuen müsst.«[25]

Wir haben gesehen, wie wir Mut fassen können. Hinter ihm steckt keine Magie und kein pathetisches Gefühl, sondern er ist eine Tugend, die mit der Kraft unseres Verstandes und Willens zu tun hat. Daher ist er auch weder begleitet von euphorischen Empfindungen noch steigt er in uns empor wie in schlechten Romanen. Nein, wir wappnen uns mit ihm wie mit einem Schild, hinter dem die Angst nicht zu Wort kommt. Und dann besiegen wir den Riesen. Einfach so. Ohne groß darüber nachzudenken.

Verbrauchertipp Nr. 10: Das Geschäft mit der Angst

Sie haben es sicher schon selbst erlebt: Versicherungsvertreter sind Meister darin, Ängste zu schüren. Spätestens nach dem zweiten Schluck Kaffee verfinstern sich ihre Mienen und sie beschwören wortreich Katastrophenszenarien herauf: Haben Sie schon einmal darüber nachgedacht, was passiert, wenn …? Sind Sie sicher, dass …? Haben Sie auch für den Fall vorgesorgt, dass …? Nein, haben Sie natürlich nicht – und sofort bekommen Sie ein schlechtes Gewissen und unterschreiben irgendeine Police. Doch ist das klug?

• Lehnen Sie es grundsätzlich ab, sich die Beschäftigung mit dem Thema Risikoabsicherung aufdrängen zu lassen – vor allem an der Tür oder gar auf der Straße. Stimmt, das Thema ist wichtig. Aber: Wo in Ihrem Leben Risiken sind und wie Sie damit umgehen wollen, entscheiden allein Sie selbst, und zwar wann und wo Sie es für richtig halten.

- Fühlen Sie sich bei einem Gespräch mit einem Versicherungsvertreter unter Druck gesetzt oder unwohl? Dann bestehen Sie darauf, eine Nacht darüber zu schlafen oder erbitten sich Bedenkzeit. Machen Sie sich klar: Wenn das Angebot so toll ist, wird es das auch noch morgen sein – und wenn nicht, haben Sie einen Fehler vermieden.
- Wird Ihr Gesprächspartner jetzt aggressiv oder erhöht er den Druck? Das beste Zeichen, ihn in die Wüste zu schicken!

Praxisbeispiel:
Der Kampf gegen den Autogoliath

Wer die Angst in sich bekämpft, kann gegen sehr mächtige Gegner kämpfen. Er kann sich Herausforderungen stellen, die andere für tollkühn halten. Das folgende Beispiel zeigt, wie meine Kanzlei gegen einen sehr mächtigen Gegner kämpft: den VW-Konzern (Umsatz 2017: 11,4 Milliarden Euro[26]).

Nun will ich nicht so tun, als wäre das für mich oder meine Mitarbeiter ein psychologisches Problem, das uns Tag und Nacht umtreibt. Klagen kann man gegen jeden, auch gegen den Staat. Doch in diesem Fall hat man versucht, mich auf eine Weise einzuschüchtern, die ich selbst früher kaum für möglich gehalten hätte. Ich bekam telefonische Drohungen, wie man sie eher aus Thrillern kennt (Namen nenne ich hier bewusst nicht), und auch die Mandanten, die wir vertraten und vertreten, werden von ihrem Gegner, dessen Kunden sie schließlich sind, nicht gerade entgegenkommend behandelt, um es vorsichtig auszudrücken. Doch von Anfang an. Wie ging es los?

»Ich bin bestürzt über das, was in den vergangenen Tagen geschehen ist. Vor allem bin ich fassungslos, dass Verfehlungen dieser Tragweite im Volkswagen-Konzern möglich waren. Als Vorstandsvorsitzender übernehme ich die Verantwortung für die bekanntgewordenen Unregelmäßigkeiten bei Dieselmotoren und habe daher den Aufsichtsrat gebeten, mit mir eine Vereinbarung zur Beendigung meiner Funktion als Vorstandsvorsitzender ... zu treffen. Ich tue dies im Interesse des Unternehmens, obwohl ich mir keines Fehlverhaltens bewusst bin. Volkswagen braucht einen Neuanfang – auch personell. Mit meinem Rücktritt mache ich den Weg dafür frei.«[27]

Erinnern Sie sich? Mit diesen Worten trat der VW-Vorstandsvorsitzende Martin Winterkorn am 23. September 2015 zurück. Er zog damit die Konsequenzen aus einem knapp eine Woche zuvor öffentlich bekanntgemachtem Vorgang, nach dem Volkswagen eine illegale Abschalteinrichtung in die Motorsteuerung seiner Dieselfahrzeuge eingebaut hatte, um US-amerikanische Abgasnormen zu umgehen. Eine vorläufige Bilanz dessen, was danach geschah, zog ein Jahr später ein anderer: »Während die Chinesen an Innovationen tüftelten und ... staatliche Vorgaben für den Ausstieg aus dem Verbrennungsmotor vorbereiteten, bastelten einige deutsche Autobauer an innovativer Manipulationssoftware und setzten sich mit aller Kraft dafür ein, die staatlichen Umwelt-Vorgaben zu verwässern.«

Dieses Zitat stammt nicht etwa von Jürgen Trittin oder von einem Umweltverband, sondern von Bundespräsident a. D. Prof. Dr. Horst Köhler, Dezember 2016.[28]

Keine Angst, ich erzähle jetzt nicht noch einmal den ganzen Dieselskandal nach. Darüber gibt es inzwischen ganze Bücher[29], und vermutlich haben Sie die Berichterstattung in den Medien ohnehin verfolgt und sind von dem Thema inzwischen übersättigt. Zur Erinnerung nur noch einmal die wichtigsten Fakten:

- Aufgedeckt wurde der Betrug durch eine Notice of Violation der US-Umweltbehörde Environmental Protection Agency (EPA); öffentlich wurde der Vorgang am 18. September 2015.

- Kern des Betrugs ist eine Software in der Motorsteuerung, die selbstständig an bestimmten Werten erkennt, dass ein Fahrzeug sich auf einem Prüfstand befindet. Dann wird die Abgasaufbereitung so optimiert, dass möglichst wenig Stickoxide (NOx) entstehen. Im normalen Fahrbetrieb hingegen werden Teile der Abgaskontrollanlage außer Betrieb gesetzt, sodass die NOx-Emissionen erheblich höhere Werte erreichen.[30]

- Nach der Volkswagen AG wurde die betreffende Schummelsoftware weltweit in rund 11 Millionen Fahrzeuge der Motorenreihe VW EA189 eingebaut. In den USA ist daneben auch die Nachfolgereihe VW EA288 betroffen.[31] In Deutschland wurde die Betrugssoftware in 2.460.876 Fahrzeuge von VW, Audi, Seat und Skoda eingebaut.[32]

- Am 15. Oktober 2015 lehnte das Kraftfahrtbundesamt die von VW angebotene freiwillige Reparatur ab und ordnete den Rückruf von 2,4 Millionen VWs in Deutschland an. Die Fahrzeuge dürfen allerdings weiterhin gefahren werden.

- Im Rahmen der Rückrufaktion für VW EA189-Motoren mit 1,2-, 1,6- und 2,0 Liter Hubraum wird das Motorsteuergerät umprogrammiert. Bei 1,6-Liter-Dieselmotoren wird zusätzlich ein sogenannter Strömungstransformator nachgerüstet. Das nur wenige Euro teure Bauteil soll das Problem der zu hohen Abgaswerte beheben. Die Wirksamkeit dieser Maßnahmen ist allerdings stark umstritten.[33]

- Im April 2017 verurteilte ein US-Gericht in Detroit den VW-Konzern zu einer Strafe von 2,8 Milliarden Dollar (2,6 Milliarden Euro).[34]

- Für den Rückruf und die Nachbesserung manipulierter VW-Modelle bei US-Kunden hat VW bereits 11,2 Milliarden Dollar gezahlt.[35]

Gelegentlich wird noch immer diskutiert, ob das, was Volkswagen gemacht hat, nun Betrug an den Verbrauchern war oder nicht. Kann es wirklich strafbar sein, eine unsichtbare Software zu installieren? Als Anwalt kann ich an dieser Stelle nur das Strafgesetzbuch

§ 263 StGB zitieren, das über den Tatbestand »Betrug« Auskunft gibt: »(1) Wer in der Absicht, sich oder einem Dritten einen rechtswidrigen Vermögensvorteil zu verschaffen, das Vermögen eines anderen dadurch beschädigt, dass er durch Vorspiegelung falscher oder durch Entstellung oder Unterdrückung wahrer Tatsachen einen Irrtum erregt oder unterhält, wird mit Freiheitsstrafe bis zu fünf Jahren oder mit Geldstrafe bestraft. (2) Der Versuch ist strafbar.«[36]

Mehr ist dazu im Grunde nicht zu sagen, obwohl es im Zivilrecht den Begriff »Betrug« so nicht gibt – allerdings den analogen der »arglistigen Täuschung.« Für mich persönlich ist klar, dass Volkswagen betrogen hat – und dass den Verbrauchern angemessener Schadensersatz zusteht, nicht nur ein billiges Softwareupdate, dessen Wirksamkeit umstritten ist. Und selbst wenn die Umrüstung technisch funktionieren sollte, bleibt ein empfindlicher Mangel bestehen, den VW technisch gar nicht kompensieren kann: der erhebliche Wertefall der Fahrzeuge. Der Markt für Dieselautos ist eingebrochen; auf dem Gebrauchtwagenmarkt werden selbst hochpreisige Oberklasselimousinen von Premiumherstellern inzwischen verramscht. Im Zusammenhang mit den inzwischen in einigen Städten verhängten Fahrverboten (Stand: Juli 2018) sprechen wir meiner Meinung nach sogar von einer Enteignung. Denn durch sie werden Verbraucher daran gehindert, eine von ihnen erworbene Sache so zu nutzen, wie sie es zum Zeitpunkt des Kaufs erwarten durften.

Schnell wurde klar, dass auch unsere Kanzlei mit dem Dieselskandal zu tun haben würde, denn wenn man sich im Bereich Verbraucherschutz engagiert, kommt man um das Thema nicht herum. Geschädigte Verbraucher in den USA befinden sich, gemessen an deutschen, hier übrigens in einer sehr viel komfortableren Situation: Sie können sich einer Sammelklage anschließen. Die Zahl der Prozesse wird dadurch deutlich reduziert. In Deutschland muss jeder Verbraucher einzeln vor Gericht ziehen – etwas, das uns, die Anwälte, natürlich gut beschäftigt, sodass man von mir schlecht erwarten kann, diesen Umstand wortreich zu beklagen. Dennoch: Aus Sicht des Verbrauchers müsste ich mich der Forderung nach der Möglichkeit einer Sammelklage eigentlich anschließen. Die inzwischen eingeführte »Musterfeststellungsklage« ist in diesem Zusammenhang eine Farce: Zwar können geschädigte Verbraucher sich gegen ein geringes Entgelt der Klage eines Verbands anschließen und dabei Recht bekommen – ihren individuellen Schaden aber bekommen sie nur erstattet, wenn sie danach individuell noch einmal klagen.

Aus taktischen Gründen zogen viele Geschädigte es übrigens vor, nicht gleich den mächtigen VW-Konzern, sondern die Autohäuser zu verklagen, bei denen sie ihre Wagen gekauft hatten. Der Hintergrund: Die Beweiskette bis hin zum Konzern ist deutlich anspruchsvoller, ihm Betrug nachzuweisen schwierig – die Ermittlungsakten der Staatsanwaltschaft gegen VW stehen uns ja nicht zur Verfügung.

Gegen die Händler verliefen viele Prozesse erfolgreich, was zugegebenermaßen dazu führte, dass einige von ihnen Insolvenz anmelden mussten. Einer der Hintergründe: Neben der Belastung durch die gerichtlich verfügte Rückabwicklung der Käufe wurden sie zu den vom Konzern angeordneten kostenlosen Softwareupdates verpflichtet und konnten ihre Werkstätten während dieser Zeit nicht wirtschaftlich betreiben. Dass der kleine Händler hier für den großen Konzern zur Verantwortung gezogen wurde, bedauere ich persönlich, aber juristisch blieb den Geschädigten oft gar kein anderer Weg.

Entschieden wird in jedem Fall einzeln auf dem Amtsgericht, und dabei bin ich je nach Region auf eine eigenartige Verteilung gestoßen: Je weiter südlich das betroffene Gericht sich befindet, umso eher ist der Richter offenbar geneigt, den Geschädigten, also den VW-Fahrern, Recht zu geben. Je näher es aber bei Niedersachsen oder gar bei Wolfsburg liegt, umso eher entscheidet es zugunsten des Konzerns oder des Autohauses.

Eine Deutung dieser pikanten Statistik überlasse ich Ihnen. In jedem Fall zeigt sie, dass auch gerichtliche Entscheidungen immer mit den Personen zu tun haben, die sie treffen – und dass es die von vielen so ersehnte Objektivität im Sinne allumfassender Gerechtigkeit leider nicht gibt. Einige der Landgerichte schrieben tatsächlich in ihr Urteil, dass VW »betrogen« habe, aber insgesamt blieb die Rechtsprechung in diesem Bereich volatil, also uneinheitlich. Erst wenn es einmal eine höchstrichterliche Entscheidung geben sollte, könnte noch einmal eine größere Prozesswelle anrollen. Doch VW spielt geschickt auf Zeit – die Verjährungsfrist für einfachen Betrug beträgt nur drei Jahre, und die sind bald um.

Von Anfang an war es die Politik des Konzerns, immer nur das zuzugeben, was nachgewiesen wurde – eine Salamitaktik, die aus seiner Sicht letztlich erfolgreich war. Man muss es ganz klar sagen: Die wortreichen Entschuldigungen Martin Winterkorns und seines Nachfolgers vor der Presse waren heiße Luft. Die reale Haltung von VW gegenüber seinen Kunden war das genaue Gegenteil. Es gab keinerlei Entgegenkommen, keine Kulanz. Der Ton der Briefe an unsere Kanzlei und an die enttäuschten Kunden war im Gegenteil kühl und herablassend, im Einzelfall sogar unverschämt. Doch es ist eigenartig: Ein nennenswerter Imageschaden ist nicht eingetreten. VW fährt wieder satte Gewinne ein (in diesem Jahr: 8 Milliarden Euro) und die Leute kaufen weiterhin eifrig Golfs, Polos, Touaregs und Beetles. Liegt es vielleicht daran, dass der legendäre Käfer, Sinnbild des deutschen Wirtschaftswunders und Symbol für Mobilität, sich so tief in unser kollektives Unterbewusstsein eingebrannt hat, dass ein schnöder Dieselskandal dagegen verblasst? Oder ist der Hintergrund, dass die Automobilindustrie in Deutschland eine so wichtige Schlüsselindustrie ist, dass im Grunde niemand ernsthaft ihren Niedergang wünschen kann? Dass das Land Niedersachsen bekanntlich Anteilseigner bei VW ist, ist dabei nur einer der vielen Aspekte. Ein anderer ist die Zulieferindustrie: Natürlich hängen Zehntausende von Arbeitsplätzen und Existenzen direkt an VW.

Dennoch steht die Automobilindustrie international unter Druck, und vielleicht ist der Dieselskandal nur ein Symbol dafür. Immer neue Skandale kommen zum Vorschein, etwa das sogenannte Lkw-Kartell, über das in der Presse relativ wenig berichtet wurde. Nach Hinweisen von MAN wurde bekannt, dass die größten in Deutschland tätigen Lkw-Hersteller (Daimler, MAN, Volvo, Iveco, DAF) von 1997 bis 2011 ein Kartell gebildet und geheime Preisabsprachen durchgeführt hatten. Auf diese Weise wurden gegenüber den Kunden überhöhte Preise durchgesetzt. Die entsprechenden Preisabsprachen betrafen vor allem mittelschwere (mehr als 7,5 Tonnen, teilweise auch ab 6 Tonnen) und schwere Lkws (mehr als 12 Tonnen).[37]

Im Sommer 2016 verhängte die EU-Kommission dafür ein Bußgeld von fast 3 Milliarden Euro gegen die Kartellmitglieder. Jeder Käufer aus dem Zeitraum der Preisabsprachen hat daneben einen Schadensersatzanspruch von etwa 15 Prozent des ursprünglichen Kaufpreises – bei einem Lkw für 80.000 Euro sind das immerhin 12.000 Euro. Rechnet man hoch, dass eine Spedition vielleicht 50 Lkws unterhält und die Wagenflotte ja auch immer ausgetauscht werden muss (wir sprechen immerhin von 14 Jahren), hat sie während dieser Zeit vielleicht 200 Fahrzeuge betrieben und kann also einen Schadenersatz von 2,4 Millionen Euro geltend machen.

Inzwischen fordern 3.200 Firmen Schadensersatz von den Herstellern des Lkw-Kartells.[38] Neben der Deutschen Bahn werden sogar die Bundeswehr und mehr als 40 weitere Firmen beim Landgericht München Klage einreichen – unter ihnen Flughafenbetreiber sowie Handels- und Logistikfirmen, wie die *ZEIT* berichtete.[39] Doch die entsprechenden Ermittlungen werden noch Jahre dauern und während dieser Zeit ist das Thema in der Öffentlichkeit vermutlich kaum präsent.

Welche Bilanz wird man einmal aus diesem Skandal und dem Dieselskandal ziehen, wie wird man ihn im Abstand von 20 oder 30 Jahren bewerten? Vermutlich deutet Horst Köhlers Auffassung (vgl.

oben) in die richtige Richtung. Was wir derzeit erleben – und was vor dem Hintergrund des Klimawandels unvermeidlich scheint –, ist ein Kulturbruch, die Ablösung des Verbrennungsmotors durch neue Technologien, wie auch immer diese am Ende aussehen mögen. VW hat versucht, diesen Kulturbruch hinauszuzögern, indem einem Motorkonzept Eigenschaften zugesprochen – vielleicht sollte man sagen: angedichtet – wurden, die es so einfach nicht erfüllen kann. Man kann in der Betrugssoftware in den Dieselmotoren also so etwas sehen wie eine Negation der Realität, eine Flucht in die Lüge.

Doch wie wir wissen, ist ein solches Konzept langfristig nie nachhaltig. Jeder Betrug fliegt irgendwann auf, jede Lüge wird irgendwann enttarnt. Warum war VW dennoch überzeugt, mit dem Betrug durchzukommen? Was trieb Ingenieure und Aufsichtsräte in den Wahn, ihre Tricksereien – an denen sehr viele Menschen beteiligt gewesen sein müssen – vor der Öffentlichkeit verbergen zu können?

Ich denke, sie fühlten sich einfach zu sicher. Sie waren zu überzeugt von ihrer Unangreifbarkeit, ihrer sicheren Panzerung, ihren überlegenen Waffen. Sie waren der Autogoliath.

Verbrauchertipp Nr. 11: Wie umgehen mit dem Diesel?

Sind Sie persönlich betroffen vom Dieselskandal? Haben Sie damals guten Gewissens einen Diesel gekauft, um spritschonend zu fahren und vielleicht sogar etwas für die Umwelt zu tun? Unsere Kanzlei prüft gern für Sie, ob und welche Schadensersatzansprüche Sie haben und ob eine Klage gegen Ihren Händler oder gegen VW erfolgversprechend ist. In diesem Zusammenhang noch ein paar Tipps:

- Warten Sie nicht zu lange. Wie gesagt: Die Verjährungsfristen laufen bald ab.

- Hoffen Sie nicht (mehr) darauf, dass VW Sie freiwillig entschädigt. Ohne gerichtlichen Weg, ohne Klage werden Sie kein Geld sehen.
- Verweigern Sie sich den vorgeschriebenen Updates. Der Hintergrund: Ein Update zu machen, stellt eine Beweisvereitlung dar. Wenn Sie VW verklagen, müssen Sie in dem Prozess beweisen, dass Ihr Auto vom Abgasskandal betroffen ist – also einen höheren Schadstoffausstoß hat als beim Verkauf angegeben.
- Haben Sie Ihren Diesel geleast? Dann gibt es vielleicht eine elegante Lösung, Ihr Fahrzeug loszuwerden: den Widerruf. Ähnlich wie in Kredit- oder Versicherungsverträgen sind in vielen Leasingverträgen die Widerrufsbelehrungen fehlerhaft oder unvollständig. Die Folge: Die Widerrufsfrist hat nie zu laufen begonnen, und Sie können Ihren Vertrag jederzeit widerrufen – und bekommen Ihr gesamtes Geld zurück.
- Spielen Sie (immer noch) mit dem Gedanken, einen Diesel zu kaufen, weil die Preise für Gebrauchtwagen gerade im Keller sind? Achtung: Unabhängig vom Dieselskandal lohnt sich ein Diesel nur für Vielfahrer. Und: Nur neue Diesel-Pkw mit der Euro-6-Abgasnorm sind nicht von Fahrverboten in den Innenstädten betroffen.

DAVID-PRINZIP NR. 4

SPANNE DIE SCHLEUDER WEIT

>*Stelle dich geistig auf die Stürme des Lebens ein. Auch wenn du in einem Bereich arbeitest, den du liebst, werden ... Herausforderungen und ... Katastrophen auf dich zukommen. Das ist so sicher wie das Amen in der Kirche. ... Trotzdem kann man sich mental auf die meisten Probleme vorbereiten und den Masterplan bereits in der Schublade haben.«*
> JULIEN D. BACKHAUS (MEDIENUNTERNEHMER, VERLEGER UND LOBBYIST)

Bevor David sich dem Riesen nähert und den Kampf beginnt, denkt er nach. Er wägt genau ab, über welche Kräfte und Fähigkeiten er verfügt und welche Goliath zur Verfügung stehen. Er stellt sich den Kampfplatz vor, die Beschaffenheit des Bodens, die Bewaffnung des Gegners. Und er macht sich klar, wodurch er selbst gefährdet ist, was ihn bedroht, wo seine eigenen Schwächen liegen.

David geht aber noch weiter. Er bleibt nicht stehen bei einer Abwägung der äußeren Bedingungen, sondern er spielt in Gedanken durch, was vermutlich geschehen wird, wie der Kampf mit dem Riesen aussehen wird. Dabei überlegt er nicht nur, wie Goliath handeln wird, sondern auch wann und warum. Er versetzt sich tief in seinen Gegner hinein, in sein Denken. Und am Ende stellt er sogar in Rechnung, dass Goliath selbst über all diese Dinge kaum mit der gleichen Gründlichkeit nachdenken wird. Warum? Weil er gar nicht mit einem Angriff durch David rechnet. Weil dieser ein so unbedeutender Gegner ist, dass es nicht lohnt, sich mit ihm zu beschäftigen. Und das ist Davids Vorteil.

Die Art und Weise, wie David zu diesem Zeitpunkt denkt, nennen wir strategisches Denken.

Viele Menschen halten strategisches Denken für etwas, was es nur beim Militär oder im Krieg gibt – oder beim Schach. Doch wir alle denken strategisch, freilich auf unterschiedlichem Niveau. Manche Menschen denken weit im Voraus, andere nur von jetzt bis Mittag. Doch ein gewisses Maß an Vorausschau haben wir alle. Sonst könnten wir nicht Auto fahren oder den nächsten Urlaub planen. Doch Vorausschau ist noch nicht strategisches Denken.

Ähnlich wie beim Thema klares Denken (*David-Prinzip* Nr. 1) gibt es auch hier nicht wenig Zeitgenossen, die nie einen Gedanken daran verschwenden, ob und inwieweit ihr Denken strategisch ist. Und ob strategisches Denken ihnen nutzen könnte. Solche Menschen denken in der Regel nicht sehr weit im Voraus. Sie setzen sich keine Ziele und haben keinen Plan. Oft kommen sie damit dennoch irgendwie durchs Leben, aber nennenswerte Erfolge oder gar Siege werden sie kaum erringen, denn der Verzicht auf strategisches Denken beinhaltet nicht nur, dem anderen Vorteile zu geben. Sondern auch, die eigenen Kräfte nicht zielgerichtet einzusetzen, sie zu verschwenden.

Schauen wir uns strategisches Denken einmal genauer an. Es mag verschiedene Ausprägungen haben und sich unterschiedlicher Techniken bedienen, aber es umfasst immer folgende Punkte:

- genaue Zielformulierung
- Sammeln von Informationen und Analyse der Lage
- gedankliches Durchspielen möglicher Handlungsstrategien
- Wahl einer Handlungsstrategie

Zielformulierung

Dass die Formulierung genauer Ziele notwendig ist, um Erfolg zu haben, ist klar. Wer nicht weiß, wohin er gehen will, kann seinen Weg nicht planen. Wir haben bereits gesehen, dass es auf dem Weg dorthin oft bestimmte Teilziele gibt, über die wir uns dem Endziel nähern. Wie dieses aussieht, hat viel damit zu tun, wer wir sind und woran wir glauben (*David-Prinzip* Nr. 2). Beim strategischen Denken ist es erforderlich, dass wir unser Ziel nicht abstrakt formulieren, sondern konkret. Tief in der Wirklichkeit verankert. Was heißt das?

Es heißt, dass Sie sich zum Beispiel nicht abstrakt und mehr oder weniger diffus das Ziel setzen, irgendwann reich zu werden. Sondern dass Sie sagen: Mein Ziel ist es, in zehn Jahren eine Million Euro zu besitzen.

Dieses Ziel ist klar in der Zeit verankert, und seine Höhe ist messbar. Auch David hat ein klares Ziel: Er will Goliath töten. Er nimmt sich nicht vor, ihm oder den Philistern einen Denkzettel zu verpassen oder es ihm mal so richtig zu zeigen, sondern sein Ziel ist ganz klar der Tod des Gegners. Punkt.

Wir merken uns: Strategische Ziele sind klar formuliert und zeitlich und örtlich fest in der Wirklichkeit verankert. Wozu sie dienen, ist übrigens völlig ohne Belang, und diese Kühle in Bezug auf den Sinn, den Zweck, ist es auch, was viele Menschen am strategischen Denken abstößt. Es ist leider wahr: Strategisches Denken kann niederen, sogar unmenschlichen Zielen dienstbar gemacht werden. Doch strategisches Denken ist nur ein Werkzeug. Wir können es für gute oder schlechte Zwecke einsetzen. Doch die besten Ziele nützen uns nichts, wenn wir keine Strategie haben. Wenn wir planlos und ohne Weitsicht handeln.

Sammeln von Informationen und Analyse der Lage

Nach Festsetzung des Ziels kommt das Sammeln von Informationen. Haben Sie sich je gefragt, warum viele Staaten einen so gewaltigen Apparat an Nachrichtendiensten unterhalten? Warum ganze Heere von Agenten damit beschäftigt sind, Informationen zusammenzutragen? Und warum dabei sogar der Tod von Menschen billigend in Kauf genommen wird?

Weil Wissen Macht ist. Weil es nichts Wertvolleres gibt als Informationen. Weil es einen Krieg entscheiden kann, wenn wir wissen, über welche Waffen, welches Material der Gegner verfügt und wo er es versteckt hält. Und natürlich auch, was er nicht hat. Wo seine Schwäche liegt. Welche Waffen er gar nicht hat, obwohl er ihren Besitz mit erheblichem Aufwand vortäuscht. Da werden meisterhaft gefertigte Attrappen von Atomraketen auf militärischen Paraden herumgefahren und kunstvoll Panzer aus Pappe gebaut.[40] Und da werden tatsächlich vorhandene Waffen so geschickt getarnt und versteckt, dass niemand ohne entsprechendes Wissen sie finden kann.

Nun sind unsere Lebensziele in der Regel nicht militärisch und wir kämpfen weder mit Gewehren noch mit Panzern. Doch aus militärischen Strategien können wir einiges lernen – etwa, dass das Sammeln von Information unabdingbar ist für den Erfolg. Wussten Sie es? Vor dem Angriff auf Berlin besaßen die Sowjets ein präzises Modell der Stadt, in dem Höhenzüge und Täler, Flussläufe und Bebauungen äußerst genau nachgebildet waren – noch heute kann man dieses bizarre Objekt im Deutsch-Russischen Museum Berlin-Karlshorst besichtigen.[41]

Ein solches Modell des Feldes, in dem wir siegen wollen, benötigen auch wir. Allerdings muss es nicht unbedingt ein physisches Modell sein. Haben Sie vor, eine Firma aufzubauen, die, sagen wir, hochfeste Seile produziert? Dann wird es Teil Ihrer strategischen Überlegungen sein, sich eine möglichst präzise Vorstellung von dem entsprechenden Markt zu machen. Sie werden recherchieren, wer bereits Seile verkauft und in welcher Qualität, woher und zu welchem Preis Sie Rohstoffe beziehen können, wer Maschinen anbietet, mit denen Seile hergestellt werden können, und nicht zuletzt natürlich, wer mögliche Abnehmer sind. Alle diese Informationen sammeln Sie zielgerichtet, und Stück für Stück entsteht daraus ein immer präziseres Modell der Wirklichkeit.

Auf diese Weise gesammelte Informationen sind nicht einfach nur abstraktes Wissen. Sie sind ein Zugriff auf die Wirklichkeit, eine Art Angriff, zu dem sogar eine gewisse Portion Aggressivität gehört. Nicht umsonst empfinden wir es als perfide, wenn wir erfahren, dass jemand unser Telefon abgehört hat. Kühl betrachtet, hat er nur Wissen gesammelt. Warum beunruhigt es uns dennoch zutiefst? Rein physisch ist kein Angriff erfolgt. Weder wurden wir verletzt noch wurde uns etwas weggenommen. Doch wer uns abhört, sammelt Wissen, und dabei erfährt er viel über unsere Schwächen, unsere Geheimnisse, unsere wunden Punkte und verletzlichen Stellen. Mit anderen Worten: Er gewinnt Macht über uns.

Natürlich will ich hier niemanden zu ungesetzlichen Abhöraktionen verleiten – es gibt genug legale Wege, sich Wissen anzueignen. Da es unendlich viele verschiedene Ziele gibt, die mit strategischem Denken erreicht werden sollen, ist es schwer, für den Punkt Informationsbeschaffung allgemeingültige Empfehlungen zu geben. Ein paar Gemeinsamkeiten gibt es aber:

- Wir sammeln Informationen nicht unspezifisch, sondern zielgerichtet. Nur das, was mit unserem Ziel zusammenhängt, interessiert uns.
- Wir nutzen unterschiedliche Quellen und Zugänge, etwa Bibliotheken und Archive, digitale Informationen, aber auch Interviews, Befragungen oder Begehungen. Dabei achten wir auf ein strukturiertes Vorgehen – vor allem, wenn mehrere Personen beteiligt sind.

- Wir bedienen uns unterschiedlicher Formen der Aufzeichnung (Texte, Bilder, Tabellen, Grafiken, Filmmaterial ...).
- Wir schreiten vom Allgemeinen zum Spezifischen voran. Am Anfang stehen allgemeine Informationen, später wird das Wissen immer weiter verfeinert.
- Wir ordnen das Wissen nach Inhalten und bereiten es so auf, dass ein leichter Zugriff möglich ist – zum Beispiel durch Vereinheitlichung. Früher hätte man Karteikarten oder Ordner verwendet, heute können wir digitale Möglichkeiten nutzen, etwa Datenbanken.
- Wir sortieren unwichtiges und redundantes Wissen aus.

In der Regel ist es hilfreich, für diese Arbeit einen bestimmten Zeitraum festzulegen, da sonst die Gefahr besteht, sich in dem Anhäufen von Informationen zu verlieren.

Nach dem Sammeln beginnt die Auswertung, die Analyse. Im Kern besteht sie darin, das Material so anzuordnen und zu gewichten, dass es uns ein möglichst präzises Modell der Wirklichkeit liefert. Gehen wir dabei geschickt vor, beantwortet das Material uns bereits einige Fragen und verschafft uns ein wirklichkeitsgetreues Bild unserer Lage. Es zeigt, wo wir stehen, was uns umgibt und worauf wir achten müssen.

Zugegeben: Diese Darstellung war etwas abstrakt und passt vor allem zu Zielen, die technisch oder wissenschaftlich sind. Bei weicheren Zielen mag unser Vorgehen anders strukturiert sein – etwa, wenn es unser Ziel ist, ein bestimmtes Produkt oder eine Dienstleistung zu verkaufen.

Bei der Analyse unserer Lage geht es aber nicht nur darum, Wissen über unser Umfeld zu sammeln, sondern auch über uns – und, wenn unser Ziel in der Niederwerfung eines Gegners besteht, über ihn.

Vor allem der erste Punkt mag zunächst eigenartig klingen, denn die meisten Menschen gehen davon aus, sich gut zu kennen. Sie glauben zu wissen, wo ihre Schwächen und Stärken liegen, was sie können und was nicht. Doch oft sind wir hier in tiefen Irrtümern befangen – nicht zuletzt durch Eitelkeit und durch Schmeicheleien anderer.

Fangen wir bei einfachen physischen Daten an: Vermutlich wissen Sie, wie groß Sie sind und was Sie wiegen. Aber wann wurde zum letzten Mal gemessen, wie schnell Sie 100 Meter laufen können? Wissen Sie, wie viel Kilo Sie stemmen können? Wie lange Sie durchhalten, wenn Sie keine Nahrung bekommen? Kein Wasser? Eigentlich sind das Grundlagen, denn ohne Körper kein Geist – doch schon diese einfachen Fragen können die meisten von uns nicht beantworten, und wenn es gar um geistige Leistungen und Kompetenzen geht, um Wissen und Bildung, leben wir fast alle in dem Irrglauben, weit überdurchschnittlich zu sein, halbe Genies.

Diese Vorstellung ist schmeichelhaft und auch nicht weiter schlimm – aber unter strategischen Gesichtspunkten kann sie zum Problem werden. Wer sein Schulenglisch nämlich für perfekt hält und dann im Vorstellungsgespräch scheitert, macht eine bittere Erfahrung. Wer eine Firma aufbauen will, aber einfachste Grundlagen der Buchführung nicht beherrscht, gefährdet seinen wirtschaftlichen Erfolg. Wer glaubt, schon irgendwie im Bauch zu fühlen, was seine Kunden wollen, ohne sie danach zu fragen, produziert am Markt vorbei – so wie Carl Friedrich Wilhelm Borgward (1890-1963), der technisch perfekte Autos baute. Nur leider wollte sie keiner kaufen, denn die Sitzhöhe der Modelle war nur für einen berechnet – für Borgward selbst. Alle anderen haben sich den Kopf gestoßen.

Strategische Informationen sammeln bedeutet auch, Informationen über sich selbst zu sammeln – auch und gerade über die eigenen Schwächen. Nur so stellen wir sicher, weniger angreifbar zu werden. Nur so entgehen wir dem Fehler, den Goliath macht, der seine Stirn ungeschützt dem Feind darbietet.

Leider ist die Beschäftigung mit eigenen Defiziten und die Gewinnung eines realistischen Bildes der eigenen Person oder der eigenen

Firma eine Aufgabe, die viele scheuen wie der Teufel das Weihwasser. Der Grund ist einfach: Wir fürchten, gekränkt zu werden. In unserer Eitelkeit verletzt, in unserem makellosen Selbstbild. Folgende Techniken helfen, den Widerstand zu überwinden:

- Bitten Sie jemanden, dem Sie vertrauen (Partner, Freund), Ihnen schonungslos zu sagen, wo er Ihre Schwächen sieht, ihre Defizite, Ihre blinden Stellen. Achtung: Diese Übung verlangt von beiden Seiten Respekt!
- Werden Sie angegriffen? Dann achten Sie darauf, wohin Ihr Gegner zielt! Oft zielt er auf Ihren wunden Punkt – weil er hier Erfolg wittert.
- Merken Sie, dass Sie über bestimmte Dinge oder Punkte in Ihrem Plan nie genauer nachdenken wollen? Dass da etwas ist, was Sie scheuen? Sehen Sie genau hin, denn genau auf diesen Punkt kommt es vermutlich an.
- Achten Sie auf Ihre Angst. Wo ist sie am größten? Welche Art des Scheiterns fürchten Sie? Wo Ihre Angst am größten ist, da sind Sie vermutlich auch am ehesten angreifbar.
- Achten Sie auf alles, was Sie vergessen, unterdrücken, beiseiteschieben. Wenden Sie sich gerade dem zu, was Ihnen Widerwillen, Angst oder Ekel bereitet. Hier liegt der Schlüssel zu Ihrer ungeschützten Stirn!

Gedankliches Durchspielen möglicher Handlungsstrategien

Endlich ist es soweit: Wir haben Wissen gesammelt, wir kennen unser Ziel. Jetzt ist es soweit, die Zukunft gedanklich vorwegzunehmen. So wie David, als er seinen Sieg gegen Goliath plante. Damit beginnt das eigentliche strategische Denken, das kunstvolle Abwägen von Möglichkeiten, Handlungsalternativen, Szenarien.

Ich weiß aus Erfahrung: Vielen Menschen ist ein solches Denken fremd. Sie halten es für Luxus, für Spinnerei. Und ganz unrecht haben Sie nicht: Strategisches Denken hat tatsächlich etwas mit Phantasie zu tun, auf jeden Fall mit einem gut ausgeprägten Vorstellungsvermögen und auch mit Empathie, mit Einfühlung. Nur geht es dabei nicht, wie bei der Schaffung eines Kunstwerks, darum, Neues zu erfinden, eine Geschichte oder ein Bild. Sondern darum, im Geist die Zukunft möglichst präzise vorwegzunehmen. Was wird passieren? Wie wird der Gegner agieren? Was werden Sie dabei fühlen, und was wird Ihre Reaktion darauf sein? Und wie wird er dann wieder reagieren? Wir sehen schon: Nicht umsonst haben wir so viele Informationen gesammelt. Denn um einschätzen zu können, wie Menschen reagieren, müssen wir sie genau kennen.

Ich zum Beispiel denke, wenn ich eine Verhandlungsstrategie vor Gericht plane, sehr genau darüber nach, wie die gegnerische Seite vermutlich agieren wird. Ich versetze mich in sie hinein und überlege: Was würdest du an deren Stelle machen? Wo würdest du ansetzen? Und an welcher Stelle würdest du dich in mich, also den Gegner hineinversetzen? Und mit welchem Ergebnis?

Machen Sie gedanklich einmal die Probe: Stellen Sie sich vor, Sie konfrontieren Ihren besten Freund mit der Bitte, Ihnen 5.000 Euro zu leihen. Vermutlich werden Sie seine Reaktion, mehr oder weniger voraussagen können: Er wird viele Fragen stellen, ein großes Brimborium machen und Ihnen dann, wenn er sieht, dass es Ihnen ernst ist, dass Sie tatsächlich verzweifelt sind und keine Alternative haben, das Geld wahrscheinlich leihen – er ist schließlich Ihr Freund.

Das Verhalten dieses Menschen, den Sie gut kennen, ist für Sie gut vorhersehbar. Doch wie wäre es, wenn Sie einen Kollegen darum bitten würden? Oder Ihren Chef? Oder Ihre Bank? Hier werden die Vorhersagen schon schwieriger, denn hier kennen Sie Ihr Gegenüber viel weniger.

Strategisches Denken umfasst aber nicht nur, einen einzigen Schritt in Gedanken vorwegzunehmen. Das ist mehr oder weniger Vorausschau. Es bedeutet, mehrere Handlungsalternativen durchzuspielen, und zwar in mehreren Schritten. Ganze Szenarien, die sich, je weiter man denkt, in immer weitere Optionen verästeln. Und hier steigen die meisten aus. So etwas mag für Firmen von Interesse sein, für militärische Operationen, doch für Sie selbst? Privat? Viel zu viel Aufwand. Viel zu viele ungelegte Eier. Spielerei. Doch schauen wir genauer hin: Wie groß ist der Aufwand wirklich? Ein paar Stunden vielleicht, ein paar Tage. Und was können Sie am Ende gewinnen? Den Erfolg, das Erreichen Ihres großen Ziels. Ist das nicht mehr als genug?

David hat strategisch gedacht. Schauen wir uns einmal genauer an, wie: Am Anfang stand eine gründliche Analyse seiner Stärken und Schwächen. Schnell musste er sich eingestehen, dass er, David, zwar wendig war, flink und auch keineswegs schwach, dass er Goliath, dem Schlächter, aber an Kraft unterlegen war. Dazu genügte es, sich vorzustellen, mit erhobenem Schwert auf ihn zuzustürmen und zu versuchen, seine Rüstung zu durchbohren. Was würde bei dieser Strategie geschehen? Vermutlich würde sein kleines Schwert an dem Panzer abbrechen, und inzwischen würde Goliath ihn mit seinen eisenharten Pranken in die Luft heben und zerreißen. Eine Chance hätte er bei dieser Strategie nur, wenn er ebenso groß wäre wie der Riese. Aber wie sollte er das erreichen? Auf Stelzen laufen? Nein, damit wäre er zwar ebenso groß, aber würde sich viel zu unsicher bewegen. Diese Idee konnte David relativ schnell verwerfen, denn sie war unrealistisch.

Als Nächstes spielte er die Möglichkeit durch, sich zu panzern. Sich mit einer so massiven Rüstung zu umgeben, dass alle Angriffe des Riesen an ihm abprallen würden. Was würde geschehen? Nach anfänglicher Verwunderung über das Aussehen seines Gegners würde Goliath alles Mögliche mit ihm anstellen. Er würde auf den Panzer der Rüstung einschlagen (vergeblich), würde versuchen, sie zu zerquetschen (vergeblich), und am Ende würde er den gepanzerten David wahrscheinlich in die Luft werfen oder aus Wut wie eine Kugel herumrollen. David würde all dies möglicherweise überleben, vorausgesetzt, die Rüstung wäre massiv genug, doch ein Sieg wäre das nicht. Diese rein auf Verteidigung hin orientierte Strategie würde zwar sein Überleben sichern, aber nicht den Tod des Gegners – und damit wäre auch sie ungeeignet.

Merken Sie etwas? Das strategische Denken ist anstrengend, denn es mündet immer wieder in Fehlwege, in Sackgassen. Das ist frustrierend und ermüdend. Doch wir müssen unseren inneren Widerstand überwinden und immer weiterdenken, bis wir am Ende Erfolg haben.

Wie wir wissen, hat David noch sehr lange nachgedacht – bis zur Erschöpfung, zur Verzweiflung. Und dann fiel ihm der einzig rettende Weg ein, wie von selbst. Gott half ihm – oder seine Intuition, diese Frage wollen wir hier offen lassen.

In der Realität sind solche Eingebungen zwar möglich, aber nicht die Regel. Die Regel ist es eher, dass man nach langwierigem Abwägen verschiedener Optionen am Ende eine nüchterne, vernünftige Auswahl trifft.

Wahl einer Handlungsstrategie

Diese Auswahl ist eine wichtige Entscheidung. Sie beinhaltet nicht nur, dass wir einer Strategie den Vorzug geben, sondern auch, dass wir zu ihr stehen. Wir bauen sie aus, wir verfeinern sie, wir passen sie immer mehr der Realität an, und wir denken sie immer weiter.

Noch einmal zurück zu David: Konnte er damit rechnen, Goliath mit einem einzigen Schuss seiner Schleuder zu töten? Er mag darauf gehofft haben, aber fest darauf setzen durfte er nicht.

Dass David, als Goliath zwar stürzt, aber noch am Leben ist, sofort auf ihn zustürmt und ihn mit dessen Schwert tötet, deutet darauf hin, dass David auch über diese Wendung nachgedacht hat, denn er handelt sofort, ohne nachzudenken. Er hat nicht nur einen Schritt bedacht, sondern zwei oder drei. Und vermutlich hat er sogar bedacht, dass ihm dann, nach dem Sieg, sein eigenes Heer folgen und die Philister niederwerfen würde.

Was wäre geschehen, wenn David nicht nachgedacht oder im Nachdenken irgendwo aufgehört hätte, weil es zu langweilig war, zu anstrengend? Die Frage beantwortet sich selbst.

Wir sehen: Das strategische Denken ist eine mächtige Waffe. Und von Vorteil ist, dass viele Gegner das nicht einmal wissen oder sich nie mit ihrer Macht beschäftigen. Sie halten strategisches Denken für zu aufwendig, zu anstrengend, für müßig. Und natürlich müssen wir uns immer vergegenwärtigen, wofür wir es einsetzen. Echtes strategisches Denken lohnt sich nur, wenn das Ziel wichtig, wenn der Gewinn hoch ist. Es auf Kleinigkeiten anzuwenden, wäre Verschwendung. Doch wenn es um das Große und Ganze geht, um unser Endziel, darf uns keine Mühsal, keine Denkarbeit zu groß sein.

Verbrauchertipp Nr. 12: Strategisch denken als Verbraucher

In der Rolle des Verbrauchers denken wir in der Regel alles andere als strategisch. Worum es uns geht, ist im Gegenteil eher schnelle, umweglose Befriedigung unserer Wünsche – schließlich bezahlen wir dafür mit gutem Geld! Doch manchmal kann es sinnvoll sein, auch als Verbraucher ein Stück weit strategisch vorzugehen:

- Sind Sie verliebt in ein bestimmtes Gerät oder Modell? Vielleicht lohnt es sich, noch etwas zu warten: Bei einem bevorstehenden Modellwechsel (Kfz, Unterhaltungselektronik) können Sie in der Regel zu einem deutlich günstigeren Preis zugreifen.

- Wer beim Design (Möbel, Kleidung, Auto) eher auf klassische, ruhige Formen setzt, riskiert weniger, dass das, was er gekauft hat, schnell optisch veraltet oder an Wert verliert.
- Kaufen Sie als Verbraucher antizyklisch: Sonnenbrille, Cabrio und Strandkorb sind im Winter oft billiger als im Sommer, während Heizöl im Sommer günstiger ist.
- Lernen Sie zu handeln. Gerade bei höherpreisigen Produkten (Auto, Unterhaltungselektronik, Reisen) sind meist erhebliche Rabatte oder Nachlässe möglich.
- Prüfen Sie, ob gegenüber einem Leasingvertrag (oft versteckte Kosten) ein Kredit bei Ihrer Hausbank nicht günstiger ist.

Praxisbeispiel: Strategisches Denken

Nachfolgend eine kleine Anekdote, die zeigt, wie erfolgreich und zugleich einfach strategisches Denken sein kann, obwohl sein Ergebnis oft wirkt wie ein Wunder.

Als Kind habe ich immer gern *Stadt, Land, Fluss* gespielt. Wenn Sie dieses Spiel nicht kennen: Es geht dabei darum, zu einem zufällig gewählten Buchstaben des Alphabets eine Stadt, ein Land und einen Fluss aufzuschreiben – oder zusätzlich noch ein Tier, einen Namen oder eine Automarke, je nach Lust und Laune. Wem am meisten einfällt, der bekommt am meisten Punkte und gewinnt. Ich muss gestehen: Ich war in diesem Spiel nie sehr gut, weil ich mich weder für Geografie noch für die Tierwelt je nennenswert interessiert habe, höchstens für Automarken, aber das reichte nicht. Meine Freunde haben mich immer besiegt, weil sie viel mehr Flüsse, Städte und Länder kannten.

Irgendwann dann hat das ständige Verlieren mich so geärgert, dass ich mich entschlossen habe, das Problem strategisch anzugehen. Über Städte, Länder und Flüsse also nicht dann nachzudenken, wenn es schon zu spät ist, nämlich während des Spiels, sondern vorher. Ganz in Ruhe. Sie werden erraten, was ich getan habe: Einfach ein Lexikon nehmen, zu jedem Buchstaben eine Liste von Begriffen anlegen und diese dann stur auswendig lernen.

Ich muss kaum erzählen, dass ich *Stadt, Land, Fluss* danach immer haushoch gewonnen habe – und dass es bald keiner mehr mit mir spielen wollte. Natürlich erregten meine neuen Fähigkeiten am Anfang Überraschung. Es war wie ein Wunder, dass mir plötzlich so viel einfiel. Dass ich zu »A« nicht nur blitzschnell Augsburg, Aschaffenburg und Aachen aufschreiben konnte, sondern auch Arnstadt, Ahrweiler und Annaberg-Buchholz.

Das Beispiel zeigt, dass es mit relativ einfachen Methoden möglich ist, dem Gegner immer einen Schritt voraus zu sein. Man muss einfach nur vorher nachdenken – bevor es zum Showdown kommt. Dann, wenn die anderen noch gemütlich Eis essen, fernsehen oder gerade andere Spiele treiben. Wenn ihnen *Stadt, Land, Fluss* also herzlich egal ist. Dann, genau dann ist der richtige Zeitpunkt, um über die Städte und die Länder und die Flüsse sehr genau nachzudenken.

Ein – etwas komplexeres – Beispiel aus meiner anwaltlichen Praxis, wie ich strategisch denke und arbeite: Als ich zum ersten Mal von dem sich abzeichnenden Lkw-Skandal hörte (vgl. oben), befand ich mich gerade im Sommerurlaub. Ich las über den Ticker im Handy, dass die EU-Kommission entschieden hatte, sämtliche Lkw-Hersteller wegen illegaler Preisabsprachen zu Bußgeldern zu verurteilen. Dabei ließ mich vor allem der folgende Satz aufhorchen: »Jeder Käufer oder Leasingnehmer dieses Zeitraums hat dem Grunde nach Schadensersatzanspruch.« Sofort dachte ich: Daraus kannst du ein Businessmodell machen! Denn es war mir sofort klar, dass es um gewaltige Streitwerte ging.

Doch wie sollte ich an die Geschädigten herankommen, an die Speditionen? Spontan entschied ich mich, zwei Callcenter damit zu beauftragen, die circa 10.000 Speditionen einfach anzurufen – und organisierte diese Aktion noch vom Urlaub aus. Eine große Hürde war ein entsprechendes Gutachten, denn zunächst standen Kosten von 150.000 bis 200.000 Euro dafür im Raum – entschieden zu viel. Durch einen Deal mit einem örtlichen Gutachter gelang es mir schließlich, diese Leistung deutlich günstiger zu bekommen, indem ich ihm anbot, ihm andere Fälle aus meiner Kanzlei zuzuführen.

Doch es türmten sich noch weitere Hürden auf: Schnell wurde deutlich, dass die Speditionen mich nur auf Erfolgsbasis bezahlen wollten – für meine Kanzlei ein erhebliches finanzielles Risiko. Um es abzumildern, gründete ich zusammen mit externen Investoren eine Projektgesellschaft auf der Basis von 50 : 50. Konkret bedeutete das: Die Gesellschaft bezahlte den Sachverständigen, finanzierte die Prozesse vor und übernahm die Gerichtskosten.

Ein gewisser zeitlicher Druck entstand daraus, dass die Lkw-Käufe bis 2002 bis zum 31.12.2017 verjähren würden und wir sehr viele Klagen zugleich einreichen mussten – würden wir das schaffen? Schließlich bedienten wir uns des Kunstgriffs, uns sämtliche Ansprüche der Geschädigten abtreten zu lassen, sodass wir Mandanten und Kläger zugleich waren. Auf diese Weise mussten wir nur fünf Klagen führen – gegen jeden Lkw-Hersteller eine.

Das Beispiel zeigt, wie komplex strategisches Denken in der anwaltlichen Praxis sein kann und dass es vor allem viel Flexibilität im Durchdenken immer neuer Handlungsoptionen erfordert. Ich habe den gesamten Vorgang hier sehr verkürzt dargestellt – wollte man alle Schritte dieses Prozesses nachzeichnen, könnte man damit ein Buch füllen. Diese Art von strategisch planendem Denken finden wir nicht nur in der anwaltlichen Arbeit, sondern überall dort, wo es darum geht, komplizierte Sachverhalte langfristig zu planen – etwa in Ingenieur- und Architekturbüros, bei Firmengründungen oder bei komplizierten Verwaltungsaufgaben.

DAVID-PRINZIP NR. 5

FINDE DIE SCHWÄCHE DEINES GEGNERS

»Konzentriere dich auf den kybernetisch wirkungsvollsten Punkt oder Engpass, von dem aus du mit dem Einsatz deiner Kräfte bei deinem Gegner die größte Wirkung erzielen kannst.«
LOTHAR SEIWERT (ZEITMANAGEMENT-EXPERTE, U. A. *Die Tiger-Strategie*)

Von allen *David-Prinzipien* ist das Prinzip »Finde die Schwäche deines Gegners« das pragmatischste, direkteste – aber auch das kämpferischste. Um Erfolg zu haben, müssen wir kämpfen. Nicht immer, aber langfristig kommen wir nicht darum herum, uns mit Gegnern zu messen, die uns herausfordern. Was David am Ende zum Sieg führt und was es ihm erlaubt, einen überlegenen Gegner niederzuringen, ist seine Konzentration auf die schwache Stelle Goliaths: seine ungeschützte Stirn. Hier ist er verletzlich, sterblich. Hier schützt ihn sein Panzer nicht, und das Fatale: Goliath ist sich dessen nicht einmal bewusst.

Wir kennen ein ähnliches Narrativ aus einem anderen, deutlich jüngeren Mythos: dem Nibelungenlied. Siegfried, der Held, badet im Blut des erlegten Drachens und wird dadurch unverletzlich. Doch durch Zufall setzt sich das Blatt eines Baumes auf seinen Rücken, und dadurch wird sein Schulterblatt (höchst unrealistischerweise, aber so sind Mythen nun einmal) nicht vom Blut benetzt und bleibt ungeschützt. Und was geschieht? Hagen, sein Widersacher, rammt Siegfried genau an dieser Stelle seinen Dolch in den Rücken und tötet den Helden.[42] Wie wir sehen, zeigt diese Geschichte eine Umkehrung: Nicht der Feind wird hier an seiner verletzlichen Stelle getötet, sondern der Held. Daraus können wir eine wichtige Lehre ziehen:

- Wir können einen Feind niederringen, indem wir uns auf seine verletzliche Stelle konzentrieren.
- Wir müssen unsererseits aber auch darauf achten, unsere eigene verletzliche Stelle zu schützen.

In beiden Fällen kommt es darauf an, diese verletzliche Stelle zunächst zu kennen, sie ausfindig zu machen. Aber wie?

Gerade bei mächtigen Gegnern scheint es oft, als sei etwas Derartiges bei ihnen gar nicht zu finden. Sie wirken, um im Bild zu bleiben, nicht nur schwer bewaffnet, sondern auch rundum gepanzert. Doch nicht nur die Geschichte lehrt, dass es Unbesiegbarkeit nicht gibt, auch wir selbst machen diese Erfahrung immer wieder. Da enden beeindruckende Karrieren plötzlich durch irgendeinen kleinen, dummen Fehler, eine Nachlässigkeit: ein falsches Wort, eine ungeschickte Tat. Jemand hat Menschen vertraut, denen er besser nicht hätte vertrauen sollen (Willy Brandt: Guillaume). Oder jemand beginnt, verblendet durch Macht und Einfluss, irgendwann zu glauben, dass er sich nicht an Gesetze zu halten hätte (Nixon: Watergate / Kohl: Spendenaffäre). Nicht einmal mächtige Weltreiche sind von ewiger Dauer (Rom), und auch Religionen können untergehen (Mayas).

Was auch immer den Sturz verursacht, das Ende herbeiführt: Die Beispiele zeigen, dass es immer einen verletzlichen Punkt gibt. Eine Sollbruchstelle. Einen Punkt, wo Menschen und Institutionen verwundbar sind. Jede Kette ist immer nur so stark wie das schwächste ihrer Glieder. Und jede Burg immer nur so fest wie ihr Tor.

Schwächen des Gegners identifizieren

Einen schwachen Punkt bei einem mächtigen Gegner zu finden, kann zeitraubend sein. David muss lange nachdenken, bis er plötzlich begreift, wo und warum Goliath nicht umfassend geschützt ist. Doch wir sehen sofort, warum diese Mühe sich lohnt: Wenn wir sie kennen, haben wir den Sieg im Grunde schon in der Tasche. Und es ist ein effizienter, eleganter Sieg, ein Sieg mit geringem Krafteinsatz.

Leider ist es nicht ganz leicht, für diesen Punkt – Suche nach der Schwachstelle des Gegners – allgemeingültige Regeln aufzustellen, denn der Gegner kann sehr unterschiedlich sein: eine Person, eine Firma, ein Konzern oder gar der Staat – nämlich, wenn wir gegen ihn klagen, was in unserem Rechtsstaat ja jedem Bürger freisteht. Dass es möglich ist, gegen ihn gerichtlich zu siegen, zeigt bereits die Macht dieses Prinzips, denn offenbar ist sogar der mächtige Staat »verletzlich« – obwohl ein gerichtlicher Sieg ihn natürlich nicht zu Fall bringt, sondern nur dazu führt, dass uns ein bestimmtes Recht zugesprochen wird.

Suchen Sie nach der verletzlichen Stelle Ihres Gegners, nach seiner Achillesferse? Dann können folgende Strategien hilfreich sein:

- Analysieren Sie, wie andere gegen Ihren Gegner gewonnen haben. Achtung: Hat er inzwischen Vorkehrungen getroffen, seine Strategie geändert? Dann können sie die fremde Strategie nicht einfach kopieren – aber vielleicht abwandeln.
- Achten Sie bei einem Menschen darauf, welche Stärken er betont oder wo er besondere Fähigkeiten zu haben glaubt. Oft ist er gerade hier verletzlich. Der Hintergrund: Viele Menschen eignen sich Kompetenzen oder Fertigkeiten gerade in dem Bereich an, in dem sie selbst sich für schwach halten (oder wo sie als Kind gehänselt wurden).
- Analysieren Sie, welche Stellen Ihr Gegner nicht schützt – aus Sorglosigkeit oder weil er sich hier für unbesiegbar hält.

Eigene Schwächen identifizieren

Achtung: Wir sind nicht immer dort verletzlich, wo wir selbst glauben oder wo wir einen Angriff fürchten! Viele sehen beziehungsweise erkennen ihre eigene Achillesferse oft erst dann, wenn der Pfeil in ihr steckt.

- Analysieren Sie in Ruhe Ihre Niederlagen in der Vergangenheit: Was hat Sie zu Fall gebracht? Woran sind Sie gescheitert? Haben Sie an dieser Schwäche gearbeitet oder ist sie noch vorhanden? Ein Beispiel: Sie verlieren Ihren Führerschein, weil Sie unter Alkoholeinfluss gefahren sind. Haben Sie Ihr Alkoholproblem jetzt tatsächlich im Griff? Oder sind Sie der Überzeugung, gar keins zu haben? Achtung: Gerade das kann Sie bei der berüchtigten MPU erneut scheitern zu lassen!
- Wofür werden Sie oft kritisiert, was bringt Sie immer wieder in Schwierigkeiten? Möglicherweise sollten Sie diesem Punkt mehr Aufmerksamkeit schenken.
- Jede Art von Regelverletzung (ob Gesetze, Verordnungen oder moralische Prinzipien) macht sie angreifbar, weil erpressbar. Halten Sie sich also immer an die Gesetze.
- Welche Aspekte lösen bei Ihnen negative Gefühle wie Wut, Hass oder Ekel aus? Auch hier sind Sie verletzlich.

Praxisbeispiel:
Die Achillesferse der Banken

David-Prinzip Nr. 5 kann viel breiter angewandt und verstanden werden, als Sie jetzt vermutlich denken. Nachfolgend ein Beispiel aus meiner beruflichen Praxis, das zeigt, dass Begriffe wie »Schwachstelle« oder »Achillesferse« sehr wohl auch im juristischen Bereich ihre Gültigkeit besitzen. Dabei geht es nicht so sehr um die sprichwörtlichen Gesetzeslücken, sondern um kleine, auf den ersten Blick banal erscheinende Varianten in Vertragstexten. Hätten Sie gedacht, dass an einigen wenigen falschen Worten in einer Klausel Millionen hängen können? Und dass es möglich ist, diese Tatsache systematisch zugunsten des Verbrauchers zu nutzen?

Hintergrund des folgenden Beispiels sind die sogenannten Widerrufsbelehrungen in Darlehensverträgen. Wie Sie vielleicht wissen, schreibt der Gesetzgeber vor, dass der Verbraucher einen Kreditvertrag nach seinem Abschluss innerhalb von vierzehn Tagen ohne Angabe von Gründen kündigen kann – und dass er darüber deutlich und klar belehrt werden muss. Für diese Widerrufsbelehrungen enthält das entsprechende Gesetz Musterwiderrufsbelehrungen, also Beispieltexte.

Nun haben die Rechtsabteilungen der Banken in der Praxis diese Beispieltexte ihren Widerrufsbelehrungen zwar meist zugrunde gelegt, aber in der Regel leicht abgewandelt (natürlich zu ihren Gunsten) – oder so zwischen vielen anderen Punkten versteckt, dass sie dem Verbraucher eben nicht klar ins Auge sprangen. In Kreditverträgen etwa verbarg sich die entsprechende Klausel als Punkt 9 unter 20 anderen Punkten.

Dieser für den Verbraucher unbefriedigenden Situation wurde durch ein Urteil des Bundesgerichtshofs 2013/14 ein Ende gesetzt: Der BGH entschied damals, dass alle Widerrufsbelehrungen, die von den gesetzlichen Musterwiderrufen abweichen, falsch und damit ungültig sind. Die Folge: Der betreffende Vertrag ist zwar nicht ungültig, aber seine Widerrufsfrist hat nie zu laufen begonnen. Mit anderen Worten: Der Verbraucher kann einen solchen Vertrag noch Jahre nach seinem Abschluss kündigen – und zwar ohne jede Angabe von Gründen.

Diese Schwachstelle nun verschaffte vielen Verbrauchern innerhalb eines bestimmten Zeitfensters die Möglichkeit, sich die Entwicklung auf dem Zinsmarkt zunutze zu machen. Bekanntlich betrugen die

Zinsen für Immobilienkredite 2008/09 noch zwischen 4,5 und 5 Prozent, während sie in den Folgejahren deutlich sanken auf schließlich nur noch 1,5 bis 1,7 Prozent (2016). 2009 waren rund drei Viertel der Widerrufsbelehrungen in Kreditverträgen falsch, und zwar quer durch die deutsche Bankenlandschaft: Sparkasse, Volksbank, Commerzbank, Deutsche Bank und so weiter.

Verbrauchern, die einen Kredit aufgenommen hatten, um ein Haus zu bauen, verschaffte diese Lücke den unerwarteten Vorteil, aus ihren teuren Verträgen aussteigen und zu günstigeren Konditionen wieder einsteigen zu können, also umzuschulden. Der Weg dorthin, der Widerruf, führt juristisch gesehen zu einem sogenannten Rückabwicklungsverhältnis, das heißt, die einander gewährten Leistungen sind zurückzugeben.

Ein Beispiel: Jemand hat 300.000 Euro Kredit für ein Haus aufgenommen. Das Rückabwicklungsverhältnis führt hier dazu, dass er verpflichtet ist, der Bank das Geld zurückzuzahlen, während die Bank ihrerseits verpflichtet ist, ihm sämtliche gezahlten Tilgungen und einen Großteil der Zinsen zu erstatten. Zusätzlich erhält er einen sogenannten Nutzungsersatz von 2,5 Prozent, weil die Bank mit seinem Tilgungsgeld ja inzwischen arbeiten konnte.

Natürlich war den Banken diese Schwachstelle nach dem BGH-Urteil bewusst, doch sie versuchten alles, um Kündigungen alter Verträge zu vermeiden, um kein Geld zu verlieren. Verbraucher, die versuchten, nur privat per Brief zu kündigen, wurden einfach ignoriert. Oder sie wurden mit der Drohung eingeschüchtert, nie mehr irgendwo ein Konto eröffnen zu können, auch nicht bei einer anderen Bank – in der Praxis erwies sich dies freilich als leere Drohung. Die Kündigung alter Verträge gelang nur über den gerichtlichen Weg, und auf diese Weise wurden viele der Betroffenen Mandanten bei uns. Eine Zahl zur Orientierung: Während der entsprechenden Jahre hat meine Kanzlei rund 2.000 betroffene Verbraucher vertreten.

Schnell zeichnete sich ab, dass die Banken eine bestimmte Strategie verfolgten: Anfangs ließen sie sich noch auf außergerichtliche Einigungen ein, dann nicht mehr. Jeder, der versuchte, einen alten Vertrag aufgrund der fehlerhaften Widerrufsbelehrung zu kündigen, wurde in den Prozess getrieben. Dahinter steckte folgendes Kalkül: Wie die Banken wussten, hatte nur etwa die Hälfte ihrer Kreditnehmer eine Rechtsschutzversicherung, waren also, was Prozess- und Anwaltskosten anging, nicht so leicht einzuschüchtern. Die andere Hälfte jedoch fürchtete Prozesse gegen die mächtigen Banken, und vermutlich würden etwa 50 Prozent von ihnen abspringen. Um diese Drohkulisse aufrechtzuerhalten, wurden einfach alle in den Prozess getrieben – viel Arbeit für uns, doch sehr viele dieser Prozesse haben wir gewonnen.

Am 10. März 2016 dann schloss der Gesetzgeber die durch das BGH-Urteil geschaffene Lücke durch die sogenannte Wohnimmobilienkreditrichtlinie (Wkr). Eigentlich soll sie den Verbraucherschutz bei der Vergabe von Immobiliendarlehen stärken: Banken müssen Kunden bei der Kreditvergabe künftig nun besser aufklären und die finanzielle Situation eines Darlehensnehmers genauer prüfen als bisher. Doch die Wohnimmobilienkreditrichtlinie begrenzte auch die Möglichkeit des Widerrufs alter Verträge, und zwar zugunsten der Banken: Nach ihr konnten bis zum 10. Juni 2010 abgeschlossene Kreditverträge nur noch bis zum 21. Juni 2016 widerrufen werden.

Diese Frist führte, wie man sich denken kann, zu einem unglaublichen Run auf unsere Kanzlei.

Einen Tag vor Ablauf der Frist bildete sich auf dem Parkplatz vor unserem Büro in Jülich eine lange Schlange von Klienten mit Ordnern unter dem Arm, und wir versuchten fieberhaft, die Anträge abzuarbeiten. Die Widerrufe wurden im Schnellverfahren zugestellt: Wir beschäftigten dazu nicht nur Kuriere, sondern auch unsere Auszubildenden fuhren entsprechende Routen quer durch Deutschland, um die Widerrufe fristgerecht zuzustellen. Genau das versuchten die

Banken zu verhindern, und teilweise kam es zu absurden Szenen: Die Deutsche Bank schaltete konzernweit Ihre Faxgeräte aus, und die ING DiBa in Frankfurt, wo unsere Mitarbeiter die Briefe zustellen wollten, hatte ihren Briefkasten regelrecht verrammelt. Schließlich schoben sie die Briefe einfach unter den Türen durch – und machten Fotos von den künstlich verrammelten Briefkästen.

Vielleicht mehr als alles andere zeigen diese Panikhandlungen der Banken, dass sie hier an einer empfindlichen Stelle, ihrer Achillesferse, getroffen worden waren – und es offenbar mit der Angst zu tun bekamen.

Was hat all dies ausgelöst? Nur ein paar fehlerhafte Worte, ein paar abgewandelte Klauseln in Verträgen. Doch schaut man genauer hin, spiegelt sich in der Entscheidung der Banken, vom Gesetzgeber vorgegebene Mustertexte einfach zu ihrem Vorteil abzuwandeln, nichts als die Arroganz der Macht, die wir oben schon gesehen haben: Gerade weil jemand sich für unbesiegbar hält, glaubt er, sich nicht mehr an Gesetze und Vorschriften halten zu müssen – bis sie ihn am Ende dann einholen.

Übrigens ist unser Engagement gegen die Banken damals durchaus auch kritisiert worden – nicht zuletzt natürlich mit dem Tenor, für uns Anwälte sei dies alles ja ein gutes Geschäft, und wir nähmen es billigend in Kauf, Banken in ihrer Existenz zu gefährden. Ich kann dazu nur sagen, dass unsere Gegner alles andere als wehrlose Opfer waren. Und dass ich mich nicht dafür schäme, vielen Verbrauchern dabei geholfen zu haben, sich ihren Traum vom Eigenheim zu erfüllen.

Das Beispiel zeigt, dass auch der mächtigste Gegner seine Schwachstelle hat – und dass diese völlig unscheinbar sein kann. Es zeigt aber auch, dass man schnell handeln muss, wenn man sie identifiziert hat, denn in der Regel wird er sie, hat er sie selbst erst einmal erkannt, schnell beseitigen. Heute würde keine Bank es mehr wagen, Widerrufe abzuändern oder zwischen anderen Klauseln zu verstecken.

Verbrauchertipp Nr. 13: Immobilienkreditverträge widerrufen

Ist Ihr Immobilienkreditvertrag für Sie ungünstig, etwa in Bezug auf den Zins? Dann gibt es trotz der Wohnimmobilienkreditrichtlinie (in Kraft seit dem 21.03.2016) eventuell noch die Möglichkeit des Widerrufs:

- Darlehensverträge, die nach dem 11.06.2010 abgeschlossen wurden, können auch weiterhin widerrufen werden, sofern bei Vertragsschluss eine fehlerhafte Widerrufsbelehrung vorlag.
- Verträge, die ab dem 11.06.2010 bis zum 21.03.2016 abgeschlossen wurden, haben weiterhin ein »ewiges« Widerrufsrecht. Viele dieser Verträge erfüllen die gesetzlichen Anforderungen nicht oder unvollständig. Banken und Sparkassen nennen in Verträgen aus den Jahren 2010 bis 2013 zum Beispiel nicht explizit die »Aufsichtsbehörde« als Pflichtangabe.
- Verträge, die vor dem 02.11.2002 abgeschlossen wurden, mussten in der Regel noch nicht über ein Widerrufsrecht belehren. Solche Verträge sind dennoch zumeist (falls in der Zwischenzeit nicht verlängert oder eine Umschuldung erfolgte) nach § 489 BGB jederzeit mit einer Frist von maximal sechs Monaten kündbar. Voraussetzung: Die vollständige Auszahlung des Darlehensbetrages liegt mindestens schon zehn Jahre zurück.
- Wenn in einem Immobilienvertrag gar nicht über das Widerrufsrecht belehrt wurde, obwohl es sich um einen belehrungspflichtigen Immobiliendarlehensvertrag handelt, bleibt das Widerrufsrecht weiterhin ewig bestehen.
- Gern prüft meine Kanzlei Ihren Immobilienkreditvertrag kostenlos und unverbindlich – eine erste Prognose erhalten Sie bereits innerhalb von 48 Stunden (https://mingers-kreuzer.de/rechtsgebiete/widerruf-von-darlehen/).

DAVID-PRINZIP NR. 6
ERKENNE DICH SELBST

»Selbsterkenntnis behütet dich vor Eitelkeit.«
Miguel de Cervantes Saavedra (1547–1616)

Nur, wer sich selbst kennt, kennt seinen Weg und damit seine wahren Ziele. Wer sich hingegen selbst nicht kennt, ist stets in Gefahr, falsche, unangemessene Ziele zu verfolgen – solche etwa, die andere ihm vorschreiben oder die seinen wahren Fähigkeiten nicht entsprechen.

Das Thema Selbsterkenntnis ist so alt wie die Menschheit und beschäftigte viele bedeutende Geister. In der Antike war der Gedanke der Selbsterkenntnis eng verbunden mit der Vorstellung, sittlich handeln zu können.[43] Heraklit überliefert uns den – oft auch Thales oder den Sieben Weisen zugeschriebenen – Wahlspruch *Gnothi seauton* (»Erkenne Dich selbst«), der den Eingang des antiken Apollontempels in Delphi schmückte.[44] (Auf der Rückseite des Tempels soll allerdings gestanden haben: »Damit du Gott erkennst«). Allzu fremd klingt diese Aufforderung nicht in unseren Ohren, obwohl wir die Worte vermutlich heute deutlich anders verstehen als vor mehr als 2.000 Jahren.

Praxisbeispiel:
Wie ich mich selbst erkannte

Nur, wer sich selbst kennt, kennt seinen Weg und kann erfolgreich sein. Nur wer um seine Stärken, vor allem aber auch um seine Schwächen, weiß, kann seine Ziele erreichen. Oft sind es gerade die Rückschläge, die Krisen, die uns zeigen, wer wir sind, indem sie uns an Grenzen führen und uns dazu zwingen, uns unserer selbst bewusster zu werden.

Ich selbst erlebte eine solche Krise relativ früh, am Beginn meines Wegs. Damals studierte ich noch Jura in Bonn, betrieb nebenbei aber bereits mein eigenes Unternehmen, das bereits erwähnte juristische Repetitorium. Damit war ich sehr früh erfolgreich – allerdings hatte ich diesen Erfolg auch mit aller Kraft gewollt. Damals bin ich immer sprichwörtlich mit dem Kopf durch die Wand gegangen, wollte mit Gewalt Erfolg haben. Wenn etwas nicht lief, habe ich es erzwungen. Ein bisschen war ich wie das sprichwörtliche HB-Männchen Bruno, das immer »gleich in die Luft« geht, wenn Probleme auftauchen. Doch im Grunde konnte ich es mir gar nicht leisten, immer unter Volldampf zu fahren: Von Haus aus habe ich einen genetischen Herzfehler, mein Vater hatte einen Schlaganfall und mehrere Herzinfarkte gehabt.

An einem Abend im Jahr 2002 fuhren wir mit meiner kleinen Tochter, damals vier, zu ihrer ersten Ballettaufführung. Plötzlich merkte ich an mir einen Lähmungszustand: Ein Arm und ein Bein zitterten. Ich kam sofort ins Krankenhaus: Verdacht auf Schlaganfall.

Eine Woche lag ich in der Klinik. Natürlich macht man sich dann seine Gedanken. Schließlich war ich noch keine 30 und wurde plötzlich gewaltsam mit meiner eigenen Verletzlichkeit, meiner Sterblichkeit konfrontiert. Ich dachte über mein Leben nach: Was ist wirklich wichtig? Worauf reduziert sich das, was du tust, eigentlich? Warum machst du das Ganze überhaupt?

Die Ärzte verschrieben mir Betablocker, doch die Nebenwirkungen waren verheerend: Ich bekam Kreislaufstörungen, war plötzlich antriebsschwach, hatte Probleme hochzukommen.

Dann wurde ich an einen ganzheitlichen Mediziner in Bonn empfohlen, einen Internisten, der unter anderem mit Traditioneller Chinesischer Medizin (TCM) arbeitete. Er setzte die Betablocker sofort ab und sagte zu mir: »Sie gehen jetzt wieder laufen, machen wieder Sport, das tut Ihnen gut. Sie dürfen nur nicht mehr an Ihre Leistungsspitze gehen.« Außerdem schickte er mich zu einem Coach. Anfangs war ich skeptisch, denn aus meiner Sicht hatte ich kein Psycho-Problem und brauchte keinen Seelenklempner.

Doch der Mann überzeugte mich sofort, und das Coaching wurde zu einem regelrechten Game Changer. Ich erkannte mich buchstäblich selbst – und das war der Wendepunkt. Ich lernte, mich auf mich selbst zu besinnen, auf Zeichen meines Körpers zu achten und meine persönlichen Grenzen zu erkennen und zu respektieren. Ich war so begeistert, dass ich danach selbst eine Ausbildung zum Mentaltrainer, zum Stresstherapeuten und zum Coach machte und dabei sehr viel über mich und andere lernte.

Seitdem bin ich viel ruhiger, ausgeglichener und gelassener. Ich reduziere das, was ich tue, auf die Dinge, die ich wirklich will. Dadurch, dass ich mich nicht verzettele, sondern fokussiere, bin ich extrem leistungsfähig und in der Lage, mich in einen maximalen Energiezustand zu versetzen. Ich kann tagelang durcharbeiten, ohne auf dem Zahnfleisch zu gehen. Früher, um einen Vergleich zu bemühen, wollte ich immer mit einem 80-PS-Golf auf der Überholspur fahren. Jetzt fahre ich mit einem 5-Liter-Diesel 180 km/h auf der rechten Spur, ohne es zu merken. Mein Motor ist viel größer, viel leistungsfähiger geworden. Ich wurde mit meiner Schwäche konfrontiert, habe mir selbst Grenzen gesetzt und gerade dadurch zu meiner inneren Stärke gefunden. Probleme mit dem Herzen habe ich seitdem nicht mehr.

Zu meiner neuen Lebenseinstellung gehört nicht nur, dass ich mich seitdem sehr bewusst ernähre und regelmäßig Sport treibe, sondern auch ein Mentaltraining, das ich jeden Morgen absolviere. Dabei arbeite ich viel mit inneren Einstellungen und Glaubenssätzen. Ich weiß sehr genau, wo ich hinwill und setze mir bestimmte Ziele, zum Beispiel unternehmerische Ziele. Ich bin davon überzeugt, dass man Menschen erschaffen, programmieren kann. Dass man das Gehirn auf gewisse Ziele hin ausrichten kann. Ein zentrales Element dabei ist eine Vision, Mission oder Passion, die die Hauptrichtung vorgibt. Zu ihr gehören dann bestimmte Werte, die einen begleiten, und diese werden dann verkörpert beziehungsweise umgesetzt durch Glaubenssätze und Einstellungen. Im Moment habe ich zum Beispiel die Vision, den Anwaltsmarkt zu revolutionieren, die erste komplett digitale Anwaltskanzlei Deutschlands aufzubauen. Dabei gehe ich ganz schematisch und strukturiert vor: Wie müsste ich denken, damit diese Vision Wirklichkeit wird? Was muss ich tun, um sie praktisch umzusetzen?

Sehr inspirierend dabei ist der Erfolgsweg anderer Menschen. Ich schaue mir also an: Welche Einstellungen haben erfolgreiche Menschen, wie denken sie? Dazu lese ich Biografien erfolgreicher Zeitgenossen und versuche, diese zu entschlüsseln: Welches Mindset haben sie, welche Glaubenssätze? Was treibt sie an? Gute Einstellungen schreibe ich auf und eigne sie mir an, indem ich sie trainiere; dabei arbeite ich mit der ständigen Wiederholung bestimmter Affirmationen. Auf diese Weise kann man sich nicht nur auf Ziele hin trainieren, sondern auch das eigene Selbstbewusstsein stärken und Ängste auflösen.

Da Erfolg für mich wie gesagt nicht nur finanzieller und unternehmerischer Erfolg ist, achte ich auch darauf, alle Lebensbereiche im Gleichgewicht zu halten und ihnen gleichermaßen gerecht zu werden. Dazu gehört auch, dass ich meinen Fokus immer bewusst auf den Lebensbereich richte, in dem ich mich gerade befinde. Wenn ich bei meiner Familie bin, bleibt zum Beispiel das Handy aus. Ich lebe also bewusst im Hier und Jetzt, in der Gegenwart.

Hohe Ziele setzen

Dieses Buch ist ein Buch über den Erfolg, und es liegt auf der Hand, dass man nicht erfolgreich sein kann, wenn man nicht weiß, welches Ziel man hat und wer man ist. Denn nur wenn man diese Frage beantworten kann, kann man sich angemessene Ziele setzen.

David kennt sein Ziel sehr genau. Und er weiß genau, wer er ist. Unter anderem kennt er seinen Mut und sein Geschick im Kampf gegen überlegene Feinde – so hat er bereits einen Löwen und einen Bären besiegt.

Ich könnte es mir nun leicht machen und sagen, die Ziele, die wir uns setzen, müssen konkret, realistisch und erreichbar sein – so wie im strategischen Denken. Doch damit würden wir das, was in uns liegt, wozu wir in der Lage sind, nicht respektieren. Wir würden uns selbst verkleinern. Denn der Mensch kann nicht nur realistische und vernünftige Ziele anstreben, sondern auch unrealistische und unvernünftige. Er ist zum Unmöglichen, ja Unvorstellbaren in der Lage. Er kann, wenn er will, zum Mond fliegen, auf die höchsten Gipfel steigen oder in die tiefsten Tiefen der Ozeane tauchen. Er kann die Geheimnisse der Welt enträtseln und dabei Fragen ersinnen, auf die weder er selbst noch irgendjemand anderes eine Antwort findet, bis sie dann doch gefunden wird – nach 100 oder 200 Jahren.

Wir sehen: Die besondere Fähigkeit, sich hohe, sogar utopische Ziele zu setzen, ist uns Menschen angeboren. Auf diesem Weg wurden Dinge geschaffen, die wir bewundern: Kathedralen und Symphonien, tiefsinnige philosophische Systeme und welterklärende mathematische Formeln, und nicht zuletzt natürlich märchenhafte Vermögen und gewaltige Unternehmen.

Doch klar dabei ist auch: Nur wer weit zielt, kann auch weit kommen. Nur wer das Höchste, das Unvorstellbare anstrebt, kann das Hohe erreichen. Auf dem Weg zu kleinen, langweiligen Zielen wird es ihm kaum zufallen. Dass der, der Großes vorhat, auch scheitern kann, muss ich nicht erwähnen. Die Wahrscheinlichkeit ist sogar höher als bei kleineren, einfacheren Zielen, denn es ist sehr schwierig, Außergewöhnliches zu schaffen.

Nun sind wir nicht alle zu Höchstleistungen geboren oder gar zur Schaffung genialer Werke. Für die Mehrheit sind andere, kleinere Ziele viel angemessener: eine Familie gründen, ein Haus bauen, einen Beruf finden, dessen Tätigkeit einen erfüllt.

Das Ziel, das wir verfolgen, muss also angemessen sein. Anders ausgedrückt: Es muss zu uns passen. Es muss etwas mit uns zu tun haben. Es muss die eigenen Fähigkeiten und Möglichkeiten, das, was tief in uns liegt, widerspiegeln. Doch wie finden wir heraus, was wir können?

Ein pragmatischer Weg dorthin ist es, die eigenen Fähigkeiten und Schwächen analysieren zu lassen. Nichts anderes geschieht in einer professionellen Berufsberatung. Durch ausgeklügelte Tests, Interviews und Prüfungen ermittelt ein Profi, wo Ihre persönlichen Stärken liegen. Er stellt Begabungen fest, wie ausgeprägt sie sind und in welchem Gebiet sie liegen. Er untersucht, ob Sie gern mit Menschen zu tun haben und arbeiten, ob Sie also über soziale Kompetenz verfügen. Er prüft in einem Intelligenztest Ihr räumliches Vorstellungsvermögen, Ihr Zahlenverständnis und Ihre Fähigkeit, sprachlich zu denken. Er macht, was Ihre Fähigkeiten, Kompetenzen und Begabungen angeht, also einen Rundumcheck.

Eine solche Beratung kann sehr aufschlussreich sein, denn oft können wir unsere eigenen Begabungen weniger genau einschätzen, als wir glauben. Natürlich haben wir immer gewusst, dass wir ganz gut rechnen können, aber dass wir auch, was das räumliche Vorstellungsvermögen angeht, besonders begabt sind, haben wir nicht gewusst.

Ein solcher Test kann hilfreich sein. Dennoch gibt er keine Antwort auf unsere Frage nach dem Ziel. Zwar mag er darstellen, was wir können, aber nicht, was wir wollen, was wir anstreben. Und auch der ganze Fokus einer solchen Beratung ist einseitig, liegt auf dem Beruflichen. Doch es gibt nicht wenige Menschen, deren Ziel überhaupt nicht auf diesem Feld liegt, sondern die Erfüllung darin finden, Kinder großzuziehen, eine Familie zu gründen. Oder deren Weg es ist, Gott zu dienen und die daher vermutlich in ein Kloster eintreten werden. Ihr Ziel wird von einer solchen Beratung weder erfasst noch gewürdigt.

Ein anderes Problem liegt darin, dass es beeindruckende Karrieren gibt, deren Kern darin begründet liegt, nicht einfach eigene Stärken zu nutzen, ihnen zu folgen, sondern seine Schwächen zu überwinden. Oft waren Spitzensportler in ihrer Kindheit körperlich schwach, unterentwickelt, und dann haben sie ihren gesamten Willen dafür eingesetzt, später dennoch zu siegen. Sie haben fanatisch trainiert und waren am Ende zu Leistungen fähig, die niemand ihnen zugetraut hätte.

Daraus folgt, dass wir nie dem Ausgangspunkt vertrauen dürfen, dem Jetzt, der Gegenwart. Nicht zuletzt besteht das Wesen eines Ziels ja gerade darin, uns von diesem Jetzt wegzuführen, weil wir anderes, Neues, Besseres anstreben. Besitzen wir schon, was wir anzielen, haben wir im Grunde gar kein Ziel, sondern das Ganze ist mehr oder weniger Augenwischerei. Diese Tragik sehen wir gelegentlich bei Sprösslingen aus wohlhabenden Familien: Oft ist ihr Drang nach Geld, der Wunsch nach Besitz, nicht sehr weit entwickelt. Sie träumen gar nicht davon, ein Vermögen aufzubauen. Warum auch? Sie haben es ja schon – oder werden es eines Tages erben.

Wir sehen also, dass weder die Prüfung unserer Talente und Fähigkeiten noch eine Analyse der Ausgangslage ausreicht, uns ein Ziel zu setzen. Wir können Ziele nicht aus abstrakten Erwägungen ableiten wie eine mathematische Gleichung. Ein Ziel können wir nicht suchen, wir können es nur finden. Oder es findet uns.

Natürlich gibt es Menschen, denen sich diese Frage gar nicht stellt. Sie haben ein Ziel – von Anfang an. Sie haben eine beengte, ärmliche Kindheit hinter sich und haben sich früh das Ziel gesetzt, da um jeden Preis rauszukommen. Karriere zu machen, aufzusteigen. Doch auch sie haben dieses Ziel irgendwann gefunden, und als sie es gefunden haben, haben sie zum ersten Mal Licht am Ende des Tunnels gesehen. Sie haben plötzlich gewusst, nein, beschlossen: Da gibt es noch etwas anderes, Besseres. Da will ich hin. Das ist mein Weg, mein Ziel.

An dieser Stelle sehen wir das Emotionale eines echten Ziels. Der Drang, etwas erreichen zu wollen, geht nie vom Verstand aus. Zwar sind wir meist recht geschickt darin, für unsere Ziele rationale Argumente zu finden, sie vernünftig zu begründen. Aber im Grunde steckt immer etwas anderes dahinter. Etwas, das wir nur schwer zugeben können, manchmal nicht einmal vor uns selbst. Etwas, das uns quält oder lockt, uns herausfordert oder zur Raserei bringt. Etwas, das wichtiger ist als alles andere und wofür wir einen hohen Preis zu zahlen bereit sind.

Ich selbst bin heute in der Lage, mir die Triebfeder vieler meiner früheren Ziele einzugestehen: In meiner Kindheit wurde ich von meinem Vater, den ich damals sehr bewundert habe, nie anerkannt. Er hat mich kaum wahrgenommen; erst an meinem 18. Geburtstag, das weiß ich noch genau, hat er zum ersten Mal wirklich mit mir gesprochen, und danach hat sich ein vernünftiges Verhältnis zwischen uns entwickelt. Doch die Demütigung, nicht gesehen, als Person nicht wahrgenommen zu werden, hat mich darin bestärkt, im Leben später umso deutlicher hervorzutreten. Es ihm (und vor allem mir selbst) zu zeigen. Karriere zu machen, erfolgreich zu sein.

Anfangs waren meine Ziele auf diesem Weg dorthin vor allem wirtschaftlich geprägt – nicht zuletzt, weil ich relativ früh Verantwortung für eine Familie übernehmen musste. Auf diesem Weg habe ich mich, nicht zuletzt, was die Resultate angeht, weit von dem entfernt, was ich ursprünglich wollte. Heute muss ich weder meinem Vater noch mir etwas beweisen, und auch meine Ziele sind differenzierter geworden. Ich sehe, wie schon angedeutet, Erfolg nicht mehr rein wirtschaftlich. Dennoch muss ich anerkennen, dass meine Enttäuschung die Triebfeder war, die mir damals mein Ziel gesetzt hat – und dass ich diesem Ziel einiges verdanke.

Aber es gibt auch Ziele, die mit starken Neigungen zu tun haben, mit angeborenen Talenten, die nach Entfaltung und Ausbildung verlangen. Wer zum Beispiel Musiker ist, ist in der Regel dafür »geboren«. Er kann gar nicht anders, als seinem Talent zu folgen. Bei anderen ist da ein tiefer Drang, etwas verstehen, die Welt mit dem Geist durchdringen zu wollen, und sie gehen den Weg der Wissenschaft. Oder das Ziel besteht ganz einfach darin, Sicherheit in Form von bedingungsloser materieller Absicherung zu erlangen. Auch das ist legitim, ist ein Ziel.

Wir liegen hier nicht auf der Couch. Unser Ziel ist es nicht, unsere Ziele und Wünsche bis ins Letzte zu verstehen, sie psychoanalytisch zu zergliedern. Wenn wir einigermaßen normal gestrickt sind, dürfen wir dem, was in uns liegt, wozu es uns treibt, vertrauen. Wir müssen es nicht bis auf den Grund verstehen. Es geht eher darum, auf unsere innere Stimme zu hören, unser tiefes Selbst. Auf unsere Wünsche, unsere Träume. Und uns dabei selbst zu erkennen.

Suchen Sie nach Ihrem Ziel? Sind Sie sich noch nicht ganz sicher, wohin es Sie treibt, welche Ziele Sie sich setzen wollen? Dann können folgende Techniken hilfreich sein:

- Überlegen Sie, worauf Sie einmal zurückblicken wollen, wenn Sie am Ende Ihres Wegs stehen. Wollen Sie stolz sein auf ein gut gefülltes Festgeldkonto – oder wird diese materielle Leistung vielleicht plötzlich schal schmecken?
- Nehmen Sie wahr, wofür andere Sie anerkennen und was Ihnen leichtfällt, was Sie mit Vergnügen tun. Vielleicht liegt hier ein Ziel verborgen? Möglicherweise kochen Sie brillant, sind aber eigentlich Stenotypistin. Was daraus folgt, müssen Sie selbst entscheiden.

- Achten Sie auf Ihren Neid. Was neiden Sie anderen heimlich, vielleicht sogar, ohne es sich einzugestehen? Oft verbergen sich hinter Neid tiefe Wünsche – nicht nur materielle.
- Registrieren Sie Ihren Stolz. Auf was sind Sie stolz? Auf den selbst gebauten Gartenschuppen oder darauf, beim Autohändler einen besonders günstigen Preis ausgehandelt zu haben? Stolz ist ein Indiz für Fähigkeiten, die wir an uns selbst wertschätzen und die es möglicherweise auszubauen lohnt.
- Achten Sie darauf, wen oder was Sie bewundern. Hinter Bewunderung verbirgt sich meist der Wunsch, ähnliche Ziele verfolgen zu dürfen wie der, den man bewundert.
- Stellen Sie sich eine gute Fee vor, bei der Sie nur einen einzigen Wunsch frei hätten. Was würden Sie sich wünschen? Möglicherweise bekommen Sie es – mit etwas Anstrengung – auch im wirklichen Leben!

Haben Sie es gemerkt? Nicht umsonst sprechen diese Fragen Ihre Gefühle an, denn wir haben ja festgestellt, dass Ziele etwas hoch Emotionales, mit Affekten Aufgeladenes sind. Daher sind Gefühle ein guter Wegweiser hin zu Ihren Zielen.

Doch sie können uns auch täuschen. Ich will jetzt nicht moralisch werden und gute von schlechten Zielen unterscheiden (was gut oder schlecht ist, entscheiden vor allem Sie selbst), aber es gibt Ziele, die Ihnen vermutlich nicht guttun. Mit denen Sie sich verirren können oder bei denen die dahinter steckenden Gefühle auf eine bestimmte Weise »nicht echt« sind. Diesen Verdacht sollten Sie in folgenden Fällen haben:

- Ihre Ziele kommen von anderen oder haben nur zum Ziel, andere nachzuahmen, zu kopieren. Idole können sehr hilfreich sein auf unserem Weg – aber sie zu kopieren bringt wenig. Haben Ihre Idole je einen anderen kopiert? Eben. Mit gutem Grund.

- Im Mittelpunkt Ihres Ziels steht vor allem die Vorstellung, jemanden zu bekämpfen oder etwas zu zerstören. Solche aus dem Hass sich nährenden Ziele mögen zunächst mächtig sein, aber Sie werden mit Ihnen nicht glücklich. Nur, wer etwas aufbaut, wer Positives schafft, empfindet wirklich Befriedigung.
- Ihr Ziel ist abstrakt oder so unrealistisch, dass es auf der Hand liegt, dass Sie es nie erreichen können. Nehmen wir etwa an, Sie nehmen sich vor, die Welt zu retten – ein edles Ziel, gewiss. Aber auch eins, mit dem Sie garantiert scheitern werden.
- Ihre Ziele liegen zu weitab von Ihren Fähigkeiten. Wer nur wenig Talent zum Malen hat, sollte nicht ausgerechnet nach dem Museum of Modern Art schielen – oder Videokunst machen.

Verbrauchertipp Nr. 14: Im Dschungel der Selbsterkenntnis

Es ist kein Geheimnis, dass die Suche nach Sinn, nach Selbsterkenntnis, Erleuchtung und Heilung in Deutschland längst zu einem Milliardenmarkt geworden ist. Fachleute beziffern den Jahresumsatz im Bereich Esoterik in Deutschland heute auf über 25 Milliarden Euro.[45] Das heißt natürlich nicht, dass die entsprechenden Angebote schlecht sind – sondern nur, dass Sie auch hier als Verbraucher immer kritisch prüfen sollten, was Sie für Ihr Geld bekommen.

- Achtung: Hinter manchen vermeintlich neutralen Meditations- oder Selbsterfahrungskursen verbergen sich religiöse Sekten auf Stimmenfang.
- Auf der sicheren Seite sind Sie, wenn Sie Angebote der Volkshochschulen, Krankenkassen, Kirchen oder anderer Institutionen nutzen.

- Seien Sie skeptisch vor allem bei überteuerten Workshops (mehrere Hundert Euro) oder bei überzogenen Heilsversprechungen wie Erlösung, Reinigung, Wiedergeburt oder Reinkarnation.
- Achten Sie im Bereich Psychotherapie und Coaching immer auf eine fundierte Qualifikation des Anbieters. Ein »Psychotherapeut (HP)« zum Beispiel hat nur eine Schmalspurausbildung zum Heilpraktiker für Psychotherapie absolviert – und dürfte sich genau genommen nur »Heilpraktiker (Psychotherapie)« nennen.
- Fühlen Sie sich von jemand ungut beeinflusst oder gar manipuliert? Dann steigen Sie sofort aus, distanzieren Sie sich.

VERSCHWENDE DEINE KRAFT NICHT

> »*Kraft, die sich in der Ruhe versichtbart, ist gehaltene Kraft.*«
> FRIEDRICH SCHILLER (1759–1805)

Viele Menschen strampeln sich unglaublich ab. Sie tun alles, um Erfolg zu haben. Sie stehen früh auf, stählen ihren Körper beim Sport, tun im Job alles, was von ihnen verlangt wird (und noch etwas mehr), gehen in Motivations- und Fortbildungsseminare und grüßen den Chef jeden Morgen auf dem Flur in der richtigen Mischung aus Untertänigkeit und Nonchalance.

Dennoch haben sie nie den ganz großen Erfolg, kommen nie ganz nach oben. Oft steckt dahinter ein banaler Fehler: Sie setzen ihre Kraft nicht an der richtigen Stelle, nicht ökonomisch ein. Sie sind da fleißig, wo es niemand sieht. Oder wo es nicht darauf ankommt. Dabei sind sie davon überzeugt, alles richtig zu machen. Nein, nicht richtig, sondern perfekt. In die Perfektionsfalle tappen – immer noch – vor allem Frauen: Immer 100 Prozent geben. Beim Meeting, beim Gespräch mit dem Kunden, bei der Vertragsverhandlung. Aber auch in der Kantine. Auch beim Anruf des Vertreters und beim Smalltalk mit der Putzfrau. Und dabei immer perfekt gestylt.

Dass man sich mit diesem Anspruch früher oder später überfordert, dass man damit Kraft verschwendet, ist eine Binsenweisheit. Und dass andere irgendwie leichter zum Ziel kommen, sehen wir auch – oft mit Neid. Komisch. Die strengt sich ja viel weniger an als ich, wird aber befördert. Sie macht sich gar keinen Kopf, wirkt dabei sogar ganz lässig und entspannt. Bestimmt stecken Beziehungen dahinter, Kungelei. Oder Schlimmeres. Man kennt so was ja …

Nun gibt es bestimmt Karrieren, die auf diese Weise, nun ja, angeschoben werden. Aber langfristig zählt doch etwas anderes. Langfristig kommt es darauf an, seine Kraft zielgerichtet und ökonomisch einzusetzen. Nur genau das zu tun, was zum Erfolg führt. Und das andere einfach zu lassen. Es tapfer zu ignorieren.

Wir sehen sofort, welchen unschätzbaren Vorteil diese Strategie uns verschafft: Wir sparen Kraft und Zeit. Wir nehmen sozusagen die Abkürzung. Wir kommen schneller ans Ziel und sind nicht einmal erschöpft, während andere sich noch mit Nichtigkeiten abstrampeln. Ihre Energie auf Nebenschauplätzen verschwenden.

Verbrauchertipp Nr. 15: Verschwendung vermeiden

Auch in der Rolle des Verbrauchers macht Verschwendung Sie nicht glücklich: Sie zahlen viel und haben im Prinzip nichts davon – außer der fragwürdigen Befriedigung, sich Verschwendung leisten zu können. Hier lauern typische Fallen:

- Der Klassiker: Sie kaufen Dinge, die Sie gar nicht brauchen. Gut, was genau das ist, was Sie brauchen, führt in die Abgründe der Moralphilosophie, aber ein paar Dinge liegen auf der Hand: Kein Mensch braucht fünf Dosenöffner, und auch sechs Fahrräder sind im Singlehaushalt zu viel.
- Sie werfen Lebensmittel weg, weil Sie zu große Mengen einkaufen oder Ihren Verbrauch nicht realistisch planen. Es wird geschätzt, dass in Deutschland pro Jahr über 18 Millionen Tonnen Nahrungsmittel in der Tonne landen.[46]

- Ist bei Ihnen immer sehr gut geheizt? Jede Absenkung der Heiztemperatur in Wohnung oder Haus um nur 1 Grad Celsius spart rund 6 Prozent Heizkosten. In einem Einfamilienhaus von 150 Quadratmetern entspricht das rund 115 Euro Energiekosten bei Gas.

Schauen wir uns an, wie David es macht: Er liefert sich keine ermüdenden Ring- oder Schwertkämpfe mit Goliath – bei denen hätte er ohnehin keine Chance. Während sein Gegner davon überzeugt ist, dass es hier um einen Kampf Mann gegen Mann geht und dabei auf seine Waffen vertraut, seinen undurchdringlichen Panzer, sein mächtiges Schwert, lässt David das alles kalt. Er lässt sich von Goliath nicht die Waffen aufdrängen. Er entscheidet selbst, wie und womit er gegen ihn kämpfen will – und dabei wählt er die Waffe, deren Handhabung am wenigsten Kraft verlangt und ihn, der ja nicht der Stärkste ist, auch nicht ermüdet: die Schleuder. Mit ihr kommt er ohne Umwege und mit geringstem Krafteinsatz ans Ziel.

Freilich ist er darauf angewiesen zu treffen. Das heißt, präzise zu sein. Doch genau darin hat er sich ja geübt. Er handelt nicht nur zielgerichtet und ökonomisch, sondern auch mit größtmöglicher Präzision. Er trifft mit dem ersten Schlag die verwundbare Stelle des Gegners und entscheidet alles innerhalb von einer Sekunde.

Was wäre passiert, wenn David versucht hätte, sich nicht nur in der Handhabung der Schleuder, sondern auch im Schwert- und Ringkampf zu trainieren? Er hätte Zeit und Energie verbraucht ohne nennenswerten Erfolg. Denn gegen den Größenunterschied zwischen ihm und Goliath hätte dies nichts genützt. Statt sich auf die Waffen, die Goliath ihm präsentiert, einzulassen, prüft David vielmehr, welche ihm selbst zur Verfügung stehen – und mit welcher davon er am wenigsten Energie verschwendet.

Framing

> »*Sei ein Rulebreaker. Spiele nicht das Spiel des anderen mit und kämpfe nicht seinen Kampf. Die Erfolgsregel dazu lautet: ›Kämpfe nie mit einem Schwein. Denn ihr werdet beide dreckig, aber das Schwein hat Spaß daran.‹ Spiele also nicht nach den alten Regeln, sondern erfinde neue Regeln und ›Spielfelder‹. Sei überraschend!*«
> STEFFEN KIRCHNER (MOTIVATIONSTRAINER)

Die Wahl der Waffen ist wichtig und hat mit dem zu tun, was in der Psychologie Framing genannt wird. Framing bedeutet nichts anderes, als einen Rahmen zu setzen, Pflöcke einzuschlagen. Die Waffen festzulegen und damit das Spiel.

Goliath ist, obwohl er etwas tumb wirkt, ein Meister dieser Kunst: Er stellt sich einfach hin und sagt, was er erwartet, was zu geschehen hat und wie die Spielregeln aussehen. Womit über diesen Kampf entschieden wird – über die gesamte Schlacht, den Krieg und was er bedeutet.

Mit welchem Recht eigentlich? Mit gar keinem. Die Israeliten könnten Goliaths arrogantes Gerede einfach ignorieren und sich stattdessen auf den echten, den wirklichen Krieg vorbereiten. Doch sie fallen auf die Herausforderung herein. Sie akzeptieren den Frame, den Goliath setzt, obwohl sie selbst ebenso einen hätten setzen oder Goliaths Frame hätten ignorieren können. Es ist so, als ob Ihnen auf dem Schulhof ein Frechdachs eine brennende Zigarette hinhält und sagt: »Zieh mal! Traust dich nicht?«

Eigentlich könnte die Zigarette Ihnen völlig egal sein, wenn Sie gar kein Interesse daran haben, sich mit dem Rauchen auseinanderzusetzen. Dennoch denken Sie darüber nach. Mehr noch: Sie nehmen die Herausforderung an. Sie fallen darauf herein. Der Trick dabei ist, dass sie schon selbst gar nicht mehr glauben, die Zigarette ignorieren zu können. Einfach so zu tun, als wäre sie nicht da. Und warum nicht? Weil Sie nicht als Feigling dastehen wollen vor Ihren Kameraden. Und das heißt: Dass Sie den Rahmen akzeptieren, den der andere Ihnen gesetzt hat.

Framing ist im Grunde einfach. Es ist eine Technik, die sich zunutze macht, dass viele Menschen zögern zu handeln oder es nicht wagen, den ersten Schritt zu tun. Sie warten darauf, dass die anderen das Spiel eröffnen. Doch wer eröffnet, legt auch die Regeln fest, oft subtil, aber nachhaltig.

David akzeptiert Goliaths Frame nicht – jedenfalls nicht vollständig. Es ist wahr: Er könnte das Gerede des Riesen ignorieren. Aber das würde nichts daran ändern, dass die Israeliten, sein Volk, sich Goliaths Frame fügen. David weiß, dass er sie mit Worten nicht davon überzeugen kann, dass Goliath ein aufgeblasener Schwachkopf ist. Er kann es nur durch Taten. Aber er lässt sich nicht die Waffen aufdrängen. Er entscheidet selbst, er setzt einen neuen, anderen Frame. Und damit durchbricht er die scheinbare Unausweichlichkeit jenes Kampfes, den Goliath im Kopf hat. Man könnte auch sagen, David führt diesen Kampf gar nicht. Er führt seinen eigenen und er bekommt seinen eigenen Sieg.

Dieses Prinzip gilt nicht nur auf dem Schlachtfeld, es gilt überall, wo es um Herausforderungen, Kämpfe, Wettbewerb geht. Es ist wahr: Bei bestimmten Wettbewerben kommen wir nicht darum herum, die Regeln zu akzeptieren. Beim Fußball können wir uns nicht mitten im Spiel hinstellen und andere Regeln verlangen. Aber oft haben wir auf den Frame viel mehr Einfluss, als wir annehmen – oder wir könnten ihn haben, aber es kommt uns gar nicht in den Sinn. Die anderen haben ja schon alles entschieden. Wir sind gezwungen, uns an die Regeln zu halten. Wirklich?

Wichtig, ja zentral beim Framing ist das Timing. Wer anfängt, legt die Regeln fest. Wer beginnt, stellt den Rahmen auf. Daraus folgt, dass es klug ist, sich frühzeitig mit der Frage auseinanderzusetzen, welcher Frame uns erwartet. Wenn wir über die Regeln verhandeln, während wir schon auf dem Spielfeld stehen, ist unsere Verhandlungsposition denkbar schlecht, weil alles, was wir jetzt fordern, immer so wirkt, als ginge es uns nur um unseren Vorteil. Oder, noch schlimmer, es klingt wehleidig, als wären wir mit der Härte des Spiels überfordert, als verlangten wir eine Extrawurst.

Anders sieht es aus, wenn wir über die Regeln vor dem Spiel verhandeln. Dann können wir ganz anders argumentieren, den Rahmen viel weiter spannen. Wir können etwa vorbringen, bei unseren Vorschlägen ginge es uns nur um das Wohl aller. Oder um Fairness. Oder darum, mal etwas Neues auszuprobieren, einfach so. Natürlich geht es uns nicht um uns selbst, um unseren Vorteil. Wer käme auf diese Idee?

Ein guter Bekannter von mir ist ein ausgefuchster Stratege beim Scrabble. Er denkt immer mehrere Züge im Voraus. Er überlegt nicht nur, welche Steine ihm gerade zur Verfügung stehen, sondern auch, wozu es führt, wenn das, was er legt, anderen einen Vorteil verschafft – etwa einen dreifachen Wortwert. Er ist aber auch ein Meister des subtilen Framing. Wenn man mit ihm spielt, gibt es ganz eigene, besonders »strenge« Regeln: Wörter dürfen weder grammatikalisch gebeugt noch phantasievoll zusammengesetzt werden. Natürlich argumentiert er, wenn er feierlich diese Regeln verkündet, mit der sprachlichen Reinheit des Spiels und mit der Fairness. Aber in Wahrheit geht es ihm nur darum, den anderen Mitspielern, deren berüchtigte Wortphantasie er kennt, möglichst keinen Vorteil zu verschaffen.

Ich muss wohl nicht extra betonen, dass er meist gewinnt und dass man während des Spiels mit ihm nie über die Regeln diskutieren darf. Eigenartigerweise respektieren alle diesen Spleen. Sie sprechen sogar ehrfürchtig davon, dass er eben »besondere Regeln« habe. Dass er ein glänzender Stratege sei und dass es eine Art Auszeichnung sei, mit ihm spielen zu dürfen. Wie »gut« er spiele, sehe man ja gerade daran, dass er meistens gewinne ...

Dieses Beispiel kann Schmunzeln erregen, aber im Grunde kennen wir die Situation alle. Sie wollen einen Versicherungsvertrag abschließen? Die Versicherung hat schon alles vorbereitet, bis zur letzten Klausel. Sie wollen ein Auto mieten? Schon jetzt steht unverrückbar fest, was es kostet und wie der Wagen versichert ist. Sie wollen ein Haus bauen? Die Fertighausfirma hat die Grundrisse schon in der Schublade (oder auf der Festplatte), und schon jetzt steht fest, wo die Steckdosen eingebaut werden. Sie wollen Mitglied eines Vereins werden? Wir schicken Ihnen gern die Satzung zu. Einfach nur unterschreiben. Einfach nur zustimmen. Einfach den Rahmen, die Regeln, die AGB der anderen akzeptieren.

Wenn diese Aufzählung bei Ihnen ein bisschen Wut erregt – sehr gut! Und Ihre Wut steigt vermutlich noch, wenn ich Ihnen als Anwalt versichere, dass in Deutschland Vertragsfreiheit herrscht. Rein rechtlich ist, wenn Sie auf ein Unternehmen zugehen – sei es eine Institution, eine Bank oder eine Versicherung –, noch gar nichts entschieden. Im Prinzip können Sie frei verhandeln. Sie könnten theoretisch mit einem von Ihnen selbst ausgearbeiteten Vertrag zum Telekommunikationsunternehmen Ihrer Wahl gehen und sagen: Hier, ich will mit euch ins Geschäft kommen. Ich will einen Handyvertrag, und das hier ist mein Vorschlag. Mein erstes Angebot. Überlegt es euch.

Zugegeben: In der Regel wird das nicht klappen. Große Firmen können es sich leisten, die Spielregeln festzulegen, den Vertrag, die AGB. Entweder Sie unterschreiben oder auf Wiedersehen. Verhandeln? Wo kämen wir denn da hin!

Doch Ihr Spielraum ist oft viel größer, als Sie glauben. Und der größte Fehler wäre es, alles sofort zu akzeptieren. Immer gleich zu unterschreiben. Blind den Rahmen zu akzeptieren, den andere ihnen vorsetzen. Bei einem Kreditvertrag etwa gibt es immer Spielraum. Das erste Angebot der Bank ist stets das schlechteste. Auch den Fernseher bekommen Sie im Elektrogroßhandel Ihrer Wahl vermutlich viel billiger, wenn Sie nur fragen, ob man da nicht was machen kann.

Doch das Thema Framing ist noch breiter. Es betrifft nicht nur geschäftliche Verträge und militärische Kämpfe, sondern auch Beziehungen. Gerade zu Beginn einer Beziehung werden – subtil und oft ohne Worte – Spielregeln gesetzt, Pflöcke eingeschlagen: Wer wartet auf wen? Wer versucht, sich dem anderen annehmlich zu machen und wie? Wer legt fest, wohin wir gehen, was wir kaufen, wohin wir reisen? Und nicht zuletzt: Wer zahlt? Aber auch: Wer gibt zuerst nach, wer verzeiht, wer schmollt? Und wie lange ist Schmollen erlaubt?

Nun ist eine Beziehung kein Kampf, und um Erfolg in Beziehungen geht es in diesem Buch nur bedingt – nicht zuletzt, weil man Erfolg in diesem Bereich nur schwer messen kann.

Zurück zum Framing – einer Methode, deren Mechanismen wir in zweierlei Hinsicht berücksichtigen müssen: einerseits, wie wir mit fremden Frames umgehen. Und andererseits, ob und wie wir selbst Frames setzen. Für fremde Frames gilt:

- Sensibilisieren Sie sich dafür, fremde Frames wahrzunehmen. Wo formuliert jemand stillschweigend Regeln? Wo drängt er Ihnen seine Waffen auf? Achtung: Oft werden Frames betont bürokratisch formuliert. Achten Sie auf Begriffe wie Regeln, Gebühren, Bedingungen, Normen, Leitlinien, Satzungen.
- Stellen Sie Frames vor dem Spiel in Frage. Sagen Sie: Das akzeptiere ich so nicht ... Auf dieser Basis kommen wir nicht zusammen ... Ich biete Ihnen stattdessen xy an.
- Achten Sie im privaten Bereich auf Formulierungen, die die Zukunft stillschweigend vorwegnehmen: »Später können wir dann« ... »Nachher haben wir ja« ... »Lass uns doch« ...

Und so setzen Sie selbst erfolgreich Frames:

- Ein Vorteil besteht darin, dass viele Menschen es im Vorfeld scheuen, über Regeln nachzudenken. Es macht Mühe und außerdem wird man später noch immer sehen. Machen Sie sich diese Trägheit zunutze!
- Setzen Sie Frames mit Nachdruck, aber ohne Feierlichkeit. Treten Sie dabei sicher auf und ruhig: »Wir haben für unser Gespräch eine Stunde.«
- Argumentieren Sie nicht, wenn Sie Frames setzen. Erwecken Sie niemals den Eindruck, sich rechtfertigen zu müssen. Sagen Sie einfach: »Dann bekomme ich dafür ... Euro.«
- Beschließen Sie vorher, was Sie wollen, welches Ihre Bedingungen sind. Setzen Sie sich innerlich zum Beispiel Limits, wenn es um Geldverhandlungen geht.

Die Waffen selbst wählen

Wir sehen: Wer Frames setzt, spart Kraft. Er muss sich nicht an Bedingungen aufreiben, die andere ihm setzen, und er kann den Weg zum Erfolg abkürzen. Machen Sie es also wie David – entscheiden Sie selbst, wie und womit Sie kämpfen. Wählen Sie Ihre Waffen – und nehmen Sie dabei die, die Sie am besten beherrschen! Ein paar Beispiele: Wer sich besonders gut schriftlich ausdrücken kann, rhetorisch aber eine Niete ist, kommt mit einem Brief oft weiter als mit einem Anruf. Wer hingegen gut auf Menschen zuzugehen vermag und ein Gespür für ihre Absichten und Schwächen hat, sollte immer persönlich verhandeln, das direkte Gespräch suchen.

Praxisbeispiel:
Klagen oder nicht?

Eine Frage, vor der viele stehen, ist, ob sie eine juristische Auseinandersetzung suchen sollen. Auch eine Klage ist eine Waffe – und die Frage, ob man sie wählen sollte, ist vielschichtig. Ich selbst rate als Anwalt keineswegs immer zu einer gerichtlichen Auseinandersetzung. Vordergründig könnte man glauben, dass ein Anwalt immer den Prozess sucht, weil er mit ihm Geld verdient. Doch ein guter Anwalt lebt langfristig vom Vertrauen seiner Mandanten, und dieses Vertrauen verspielt man schnell, wenn man sie in aussichtslose Prozesse hineintreibt. So etwas spricht sich schnell herum. Daher gibt es immer wieder Fälle, wo ich von einer Klage guten Gewissens abrate.

Feste Regeln für diese Frage lassen sich nicht formulieren, höchstens Anhaltspunkte. Für den juristischen Weg sprechen zum Beispiel folgende Argumente:

- Sie haben eine Rechtsschutzversicherung.
- Die Rechtslage ist klar und eindeutig oder, bei unentschiedeneren Fällen, die Entscheidungspraxis der Gerichte ist Ihnen günstig.
- Sie sind Beklagter. Hier steht es Ihnen nicht frei, die juristische Auseinandersetzung abzulehnen.

Gegen das Einschlagen des Rechtswegs hingegen können folgende Konstellationen sprechen:

- Das, was Sie mit einer Klage wollen, ist private Genugtuung oder Rache. Ein derartiger emotionaler Hintergrund spricht eher gegen den Rechtsweg, denn das, was Sie suchen, werden Sie so nicht bekommen. Vielmehr besteht die Gefahr, sich in jahrelangen gegenseitigen Klagen zu verlieren und damit Lebenszeit zu verschwenden.

- Die Rechtslage spricht klar gegen Sie oder die Entscheidungspraxis der Gerichte ist ungünstig.

Die Waffen beherrschen

Als David vor Goliath tritt, beherrscht er seine Waffe, die Schleuder, perfekt. Er trifft ein winziges Ziel aus großer Entfernung beim ersten Mal.

Eine derartige Fähigkeit erwirbt man nicht einfach so, sie ist das Ergebnis ausdauernden Trainings. David hat trainiert wie ein Spitzensportler vor der Olympiade. Er hat die Schleuder Hunderte, Tausende Male geworfen und sich in der Fertigkeit, diese Waffe zu führen, immer weiter verbessert, bis er schließlich zum Meister geworden ist.

Und diese Mühe war nicht überflüssig, nein, sie war notwendig. Sie war eine Bedingung seines Erfolgs. Jemand mag für das, was er tut, begabt sein – so lange er das, was er kann, nicht systematisch trainiert und alles aus sich herausholt, werden andere besser sein. Kein Spitzensportler erringt den Sieg ohne hartes Training. Kein Solopianist sitzt auf der Bühne, ohne das Klavierspiel jahrelang geübt zu haben.

Um diese Mühen kommen wir also nicht herum, wenn wir Erfolg haben wollen. Wir alle müssen unser Metier kennen, müssen in dem, was wir tun wollen, einfach gut sein. Ich etwa kann es mir nicht leisten, Gesetze oder Urteile einfach nicht zu kennen. Ich muss nicht nur die Grundlagen kennen, also das BGB, das StGB und die Strafprozessordnung, sondern auch die Urteile des Bundesgerichtshofes oder die örtliche Entscheidungspraxis der Amtsgerichte. Ich muss juristisch immer auf dem Laufenden sein.

Die Aneignung professionellen Wissens (oder körperlicher Fitness, beim Profisportler) erfordert Geduld, Fleiß und Hartnäckigkeit. Abkürzungen gibt es dabei im Prinzip nicht. Doch man kann auch hier Kraft verschwenden, wenn man Grundregeln missachtet oder in bestimmte Fallen tappt. Schauen wir uns einmal an, welche Fehler auf diesem Feld recht verbreitet sind:

- Man lernt oder übt nicht zielgerichtet, nicht fokussiert auf eine Prüfung oder einen Wettkampf hin, sondern man hat den Anspruch umfassender, weitläufiger Bildung. Nun ist Allgemeinbildung sicher höchst erstrebenswert, aber unrealistische Ansprüche kosten Zeit und Kraft. Verzichten Sie also auf Nebenwege.
- Man trainiert etwas, das man später nicht brauchen wird oder eignet sich überflüssige Kompetenzen an. Brauchen Sie wirklich Altgriechisch? Ist es wirklich notwendig, alles über die Bergstämme von Burma zu wissen, wenn Sie eigentlich nur in den Schuldienst wollen?
- Man überfordert sich schon während des Trainings und gefährdet dabei seine Gesundheit – als Sportler mit Muskelzerrungen, als Geisteskämpfer mit Migräne.

Die Falle Selbstüberforderung

Viele Menschen sind ehrgeizig und arbeiten hart, kommen aber dennoch nicht zum Erfolg oder können ihn nicht genießen, weil sie sich überfordern. Sie überschreiten ständig über ihre eigenen Grenzen, gönnen sich nie eine Pause oder Belohnung und gefährden ihre Gesundheit. Das Ergebnis: Burnout, Zusammenbruch. Diese Menschen setzen ihre Kräfte nicht ökonomisch ein, sondern wenden sie gegen sich selbst. Hinter solchen selbstzerstörerischen Verhaltensmustern steckt oft ein wenig ausgeprägtes Selbstwertgefühl, was dann oft in unrealistischen Zielen und in einer verzerrten Wahrnehmung der Wirklichkeit mündet:

- Ich muss immer mehr leisten als andere. Ich bin nie gut genug.
- Ich habe keine Pause verdient.
- Ich bin nur etwas wert, wenn ich viel leiste.
- Meine Gesundheit ist unwichtig. Es geht um Höheres.
- Ich muss mich für andere opfern / sie retten.
- Es geht um Wichtigeres als darum, wie ich mich fühle.

Deutlich sehen wir, dass sich hier jemand selbst unter Druck setzt, sich überfordert: Er schätzt sich selbst, seine Bedürfnisse, seine Gefühle, nicht wert. Er ignoriert sie. Stattdessen richtet er den Fokus auf übermenschliche Erfolge, auf unerreichbare Ziele.

Klares Handeln

Oben haben wir schon viel über die Klarheit im Denken gehört. Doch es gibt auch eine Klarheit im Handeln, die mit Ökonomie zu tun hat. Nur, wer klar handelt, setzt seine Kraft richtig ein. Nur wer richtig zuschlägt, ringt den Gegner nieder. Und auch hier begegnen wir wieder dem eigenartigen Phänomen, dass im Grunde fast niemand über dieses Problem nachdenkt oder nachdenken will. Klarheit im Handeln? Was soll das sein? Mach ich doch schon. Wo bin ich denn unklar? Was mach ich denn falsch?

Nähern wir uns der Frage wieder über die Gegenfrage, den Umweg: Was zeichnet unklares Handeln aus? Was verhindert es, keinen Erfolg zu haben? Hier kennen wir die einschlägigen Fallen eigentlich alle recht genau:

- Unser Handeln ist nicht geprägt von Strategien oder Zielen, sondern von *Wünschen*: Wenn ich das und das tue, *muss* der andere doch so und so reagieren. Dann *muss* er doch zustimmen. Dann *muss* er mich doch anerkennen. Dann *muss* er mich doch lieben. Nein, er muss nicht!

- Unser Handeln ist ungeplant und unüberlegt, euphemistisch gesagt: spontan. Wir tun einfach etwas. Irgendetwas. Nur, um nicht untätig zu sein. Und dann mal weitersehen.
- Unser Handeln berücksichtigt nicht die Anforderungen der Realität. Es ist nicht praxisgerecht, weil wir zu faul sind, uns bestimmte Fähigkeiten anzueignen oder Abläufe zu lernen. Wir wollen zwar Walzer tanzen, treten unserer Partnerin oder unserem Partner aber ständig auf den Fuß.
- Unser Handeln ist eigentlich gar kein Handeln, sondern ein Symbol, ein Aufschrei, ein Heischen nach Aufmerksamkeit. Natürlich können wir mit so etwas erfolgreich sein – Kinder beherrschen diese Strategie meisterhaft. Bei Erwachsenen allerdings kann diese Art des »Handelns« schnell ins Gegenteil umschlagen.
- Wir handeln nicht, zögern oder tun zu wenig. Wir brechen ab, kehren auf halbem Weg um.
- Wir tun oder versuchen mehrere Dinge auf einmal, ohne uns für eine Strategie zu entscheiden.
- Wir handeln nicht, sondern reden nur davon.
- Wir handeln zum falschen Zeitpunkt.

Die Liste ließe sich beliebig fortsetzen, denn es ist erstaunlicherweise fast die Ausnahme, dass wir klar handeln – so wie auch klares Denken die Ausnahme ist. Noch deutlicher wird es, wenn wir statt »klar« oder »unklar« »richtig« oder »falsch« sagen. Dann wird mit einem Schlag deutlich, dass falsches, unklares Handeln viel Energie kostet und uns unserem Ziel keinen Schritt näherbringt. Dass jeder Umweg nur Energie verschwendet. Und dass klares Handeln der einfachste Weg ist, Ziele zu erreichen.

Das mag eine schlichte Erkenntnis sein, denn natürlich wollen wir im Grunde alle das Richtige tun. Niemand von uns will Umwege gehen. Keiner hat das Ziel, Kraft zu verschwenden.

Doch die Realität sieht anders aus. Viele Menschen halten Unklarheit für eine Art Höflichkeit. Sie haben sich jahrelang darin geübt, Wünsche oder Ziele nur vernebelt, mit umschreibenden Worten zum Ausdruck zu bringen. Sie reden immer um den heißen Brei herum. Sie sagen nie wirklich, was sie wollen, und sie handeln nie so klar, dass sie es bekommen. Und warum? Weil sie sich vor der eigenen Courage fürchten. Weil sie nicht den Mut haben, zu ihren Wünschen, ihren Zielen zu stehen.

Klar handeln bedeutet, klar zu sagen, was man will. Und zu tun, was man sich vorgenommen hat. Jetzt, nicht irgendwann. Wollen Sie Jiu Jitsu lernen? Dann schleichen Sie nicht tagelang um das Sportstudio herum, sondern gehen Sie hinein und melden Sie sich an.

Derartige Beispiele lassen sich leicht verschärfen: Reden Sie mit Ihrem Chef nicht stundenlang über sein Golfhandicap oder den letzten Karibikurlaub, sondern fordern Sie Ihre längst überfällige Gehaltserhöhung ein (wie, steht in einschlägigen Ratgebern). Sagen Sie Ihrer Frau offen, dass Sie sie zu dick finden, wenn ihr Übergewicht sie stört. Erklären Sie Ihrem Sohn unumwunden, dass Sie seine Xbox konfiszieren werden, wenn er in diesem Sommer nicht versetzt wird. Erklären Sie dem Kellner im Restaurant freundlich, aber mit klaren Worten, dass die Languste versalzen ist und dass Sie Ersatz wünschen. Fordern Sie im Hotel das Zimmer mit Meerblick, das Ihnen laut Buchung zusteht. Stellen Sie dem säumigen Zahler ein Ultimatum.

Wir sehen: Klares Handeln hat viel mit Selbstbehauptung zu tun. Damit, zu seinen Wünschen zu stehen. Eigentlich das Einfachste von der Welt. Doch eigenartigerweise haben viele Menschen vor nichts mehr Angst. Sie sind der Überzeugung, dass Ihre Wünsche unwichtig sind oder nichts zählen. Dass andere hingegen ein Recht auf Bevorzugung haben. Und dass sie sich immer hinten anstellen und unterordnen müssen. Oft hegen sie auch die Vorstellung, dass Klarheit aggressiv sei oder unverschämt. Oder dass es notwendig sei, klare Worte in einem lauten, wütenden Ton vorzubringen.

Doch diese Vorstellung ist falsch. Klare, offene Worte wirken von selbst. Sie müssen weder durch aggressive Gesten verstärkt werden noch sollte man sie emotional einfärben. Sagen Sie einfach klar und ruhig, was Sie wollen, was Ihnen zusteht – und Sie werden überrascht sein, wie oft sie es bekommen.

Präzises Handeln

Fast noch schwieriger als klares Handeln ist es, präzise zu handeln. Sind klar und präzise nicht dasselbe? Nein, Klarheit bedeutet, mit seinen Absichten, seinen Wünschen nicht hinter dem Berg zu halten. Zu dem zu stehen, was man tut. Präzision im Handeln hingegen bedeutet, genau zu handeln. Dort anzusetzen, wo mit dem kleinsten Aufwand die größte Wirkung erzielt wird. Das richtige Werkzeug zu nehmen, nicht irgendeines. Im richtigen Moment zuzuschlagen.

Die Macht der Präzision sehen wir nicht nur, wenn Davids winziger Stein genau die Mitte von Goliaths Stirn trifft. Wir können ihre Macht auch dort sehen, wo jemand seine Worte sehr genau setzt – zum Guten oder zum Schlechten. Dichter wissen genau um die Macht der Sprache. Sie verbringen ihr Leben damit, Worte so genau zu setzen wie möglich – und damit Wirkungen zu erzielen, die ans Wunderbare grenzen. Ein Gedicht trifft uns mitten ins Herz. Es berührt uns, indem es zum Ausdruck bringt, was wir fühlen.

Nun ist unsere Zeit profan gestimmt, und viele werden bestreiten, dass Lyrik eine nennenswerte Wirkung erzielen kann. Doch es gibt eine Dichtung für den Hausgebrauch, die künstlerisch viel weniger wertvoll ist, mit ihren Mitteln aber ebenso machtvolle Wirkungen erzielt: die Werbung. Warum eigentlich werden gute Texter so hoch bezahlt? Warum gibt eine Firma gewaltige Beträge aus für einen einzigen Slogan? Weil sie um die Macht genau gesetzter Worte weiß. Ein Slogan, der sich bei uns im Unterbewusstsein verankert, ist immer einfach. Jedes Kind kann darauf kommen: Freude am Fahren (BMW). Wohnst Du noch oder lebst Du schon? (Ikea). Da weiß man, was man hat (Persil). Wir haben verstanden (Opel).

Niemand wird behaupten, dass diese Worte Kunst sind oder gar Lyrik. Doch irgendetwas an ihnen berührt uns, setzt sich in uns fest, wird zum Ohrwurm. Warum? Sie sind genau gesetzt. Sie zielen präzise auf ein Bedürfnis, eine Sehnsucht, einen Wunsch.

Leider ist die Macht der Worte auch negativen Zwecken nutzbar zu machen, kann uns verführen zum Hass gegen andere oder uns verwirren. Nicht zuletzt können Worte tief verletzen. Woher kommt es, dass wir bestimmte negative Äußerungen einfach nicht vergessen können? Dass sie in uns nachhallen und uns quälen, sogar noch nach Jahren? Sie haben uns getroffen, weil sie präzise auf einen wunden Punkt gezielt haben. Dorthin, wo wir selbst mit uns unzufrieden sind. Wo wir um unsere Schwächen wissen.

Nun will ich niemanden dazu anstiften, andere zu verletzen. Es geht mir nur darum, wann und warum Worte – eigentlich flüchtige Gebilde ohne messbares Gewicht – sein können wie eine Waffe: wenn sie genau sind. Unser Thema ist aber nicht so sehr das genaue Reden, sondern genaues Handeln. Schauen wir uns auch hier zunächst an, wann unser Handeln ungenau ist:

• Wir tun etwas, aber tun es ohne Ernst, ohne Nachdruck. Wir bringen einer Frau einen Blumenstrauß mit, aber denken nicht darüber nach, welche Blumen sie liebt.
• Wir tun etwas schludrig, weil es uns im Grunde nicht interessiert. Wir messen beim Kochen die Zutaten nicht richtig ab oder nehmen statt Koriander Kümmel. Wir arbeiten ungenau. Das Ergeb-

nis ist, dass weder wir noch andere unser Produkt schätzen. Und dass wir nicht gerade stolz darauf sein können.
- Wir konzentrieren uns nicht. Wir tauchen nicht wirklich ein in das, was wir tun. Es ist nicht das Wichtigste auf der Welt für uns. Das Resultat? Mittelmäßigkeit, Langeweile, Frustration.

Genau zu handeln bedeutet, sich zu konzentrieren. Das, was man tut, ernst zu nehmen. Sich die größte Mühe zu geben. Diese Art der Zuwendung, der uneingeschränkten Aufmerksamkeit einer Sache gegenüber, führt dazu, dass wir in eine Handlung eintauchen, mit ihr verschmelzen. Dass wir am Ende nichts mehr außerhalb von ihr wahrnehmen, wie in einem Rausch.

Diese Art der höchsten Konzentration ist charakteristisch für alle kreativen Tätigkeiten, für künstlerische Arbeit oder die Beherrschung eines Instruments. Aber es gibt sie auch in der Meditation oder im Flow des Arbeitens. Ich selbst erfahre sie sogar bei der juristischen Arbeit, obwohl viele denken würden, dass sie sich bei einer derart nüchternen Tätigkeit kaum einstellen kann. Sie ist befriedigend, weil sie uns mit Sinn erfüllt und uns wegführt von den Zweifeln, Sorgen und ungenauen Gedanken des Alltags. Hier sind wir ganz wir selbst.

Diese Art von Konzentration können wir in abgewandelter Form in allen Tätigkeiten finden: Wenn wir einem Mandanten oder Kunden aufmerksam zuhören. Wenn wir einen Schriftsatz verfassen, einen Brief schreiben. Wenn wir ein Boot steuern. Wenn wir ein Gericht kochen. Wenn wir etwas Schwieriges reparieren. Alle diese Tätigkeiten verlangen Konzentration und verlangen, dass wir genau sind.

Diese Genauigkeit ist lernbar. Sie stellt sich in der Regel nicht von selbst ein, sondern entsteht durch Übung, durch Erfahrung, durch Training. Am Anfang geht es nur darum, alles halbwegs richtig zu machen. Wir machen noch Fehler. Doch mit zunehmender Erfahrung wird unser Handeln immer präziser, müheloser. Und am Ende dann steht die Meisterschaft. Wer etwas gut kann, agiert mühelos.

Geübte Tänzer bewegen sich scheinbar ohne Anstrengung. Wenn ein brillanter Pianist Mozart spielt, perlen die Töne wie von selbst dahin. Dabei ist Mozart wirklich schwer.

Das Geheimnis des Gelingens

Wir haben gesehen, dass nur genaues Handeln, beharrliche Übung zur Meisterschaft führt. Doch ist alles wirklich nur Fleiß? Gewiss, der Pianist beherrscht sein Handwerk. Er hat die Noten gelernt, den Fingersatz, die Harmonielehre. Er hat sein Gehör gebildet und seine Hände trainiert. Er hat tage- und wochenlang Etüden gespielt.

Doch das, was er kann, ist auf einmal mehr als die Summe all dieser Teile, von kleinen Anstrengungen und mühevollen Schritten. Was ist es, wodurch er mit schlafwandlerischer Genauigkeit die Tasten trifft, die Tempi genau in der richtigen Mischung aus Notentreue und Verzögerung[47] setzt? Und wie entsteht bei alledem, was er tut, am Ende die Kunst, ihre Macht?

Über dieses Geheimnis sind schon viele Bücher geschrieben worden, und ganz wird man es wohl nie enträtseln. Hier, in diesem Buch, geht es uns auch nicht darum, künstlerische Meisterschaft zu erringen, sondern »nur« um Erfolg im Leben – wie auch immer dieser aussehen mag. Dennoch können wir von der Kunst gerade in dem Bereich, wo es um letzte Genauigkeit geht, einiges lernen.

Ein Buch, das dieses alte Geheimnis zu enträtseln versucht und in dem ich immer wieder mit Interesse lese, ist *Zen in der Kunst des Bogenschießens* von Eugen Herrigel.[48] Es gilt als Einführung in den Zen-Buddhismus, ist aber eigentlich eine Untersuchung der Bedingungen des Gelingens – wobei für dieses Gelingen, das Erreichen des Ziels, die Kunst steht, mit dem Bogen ein Ziel zu treffen.

Nun könnte man annehmen, dass diese Fertigkeit vor allem Körperbeherrschung, also technisches Können verlangt. Dass es darum geht, einen sicheren Stand zu finden, den Bogen fest zu halten, genau zu zielen und so weiter. Das Buch diskutiert alle diese Hintergründe auch eingehend, kommt aber – in Form des Dialogs – zu dem überraschenden Schluss, dass es um all das im Grunde gar nicht geht. Dass der Pfeil ins Ziel trifft, hat mit sportlichen Fähigkeiten, mit Kraft, mit Geschicklichkeit, mit einem genauen Auge, gar nichts zu tun. Nicht wir treffen, sondern der Pfeil. Es geht nicht um das Zielen, sondern das Loslassen. Nicht um die Konzentration des Willens, sondern darum, ihn auszuschalten. Die Dinge geschehen zu lassen zum richtigen Zeitpunkt.

Man kann diesen Ansatz für esoterisch halten oder für irrational, aber was hier gemeint ist, wissen wir im Grunde alle. Irgendwann haben wir uns genug angestrengt. Irgendwann liegt es nicht mehr in unserer Hand. Wer jetzt noch mehr tut oder zögert, verliert. Es geht nicht mehr darum, Energie einzusetzen. Sondern darum, ihr Raum zu geben, sich zu entfalten.

Diese Erkenntnis hat mit der Demut zu tun, dass ein Sieg in dieser Welt im Letzten nicht in unserer Hand liegt. Dass es noch andere, höhere Mächte gibt, die mit entscheiden: Gott vielleicht, das Schicksal oder das Karma. Es hat aber auch mit dem Vertrauen in uns selbst zu tun. Wir können den Dingen guten Gewissens ihren Lauf lassen, denn wir haben alles bedacht, alles getan. Die Weichen sind gestellt. Jetzt ist es an der Zeit abzuwarten.

Diesen Punkt zu begreifen, ist genaues Handeln.

PFLEGE DEINE ACHTSAMKEIT

»Achtsamkeit ist ein aufmerksames Beobachten, ein Gewahrsein, das völlig frei von Motiven oder Wünschen ist, ein Beobachten ohne jegliche Interpretation oder Verzerrung.«
JIDDU KRISHNAMURTI (INDISCHER PHILOSOPH, 1895–1986)

Dieses *David-Prinzip* mag in einem Erfolgsratgeber zunächst eigenartig klingen: Die eigene Achtsamkeit pflegen, ist das nicht Verweichlichung, die am Ende zum Erfolg untüchtig macht? Die dazu führt, dass wir nur noch Nabelschau betreiben, uns mit uns selbst beschäftigen? Die uns von unseren Zielen wegführt?

Wie wichtig dieser Punkt ist, wird uns bewusst, wenn wir uns noch einmal die Macht der Gefühle vergegenwärtigen. Wie wir oben gesehen haben, sind sie nicht nur dazu in der Lage, unser Leben komplett umzuwandeln, sondern sie sind auch die Triebfeder hinter unseren Zielen und Wünschen. Wer seine eigenen Gefühle – und die der anderen – ignoriert, verdrängt oder ständig in eine bestimmte Richtung zu biegen versucht, befreit sich nicht von ihnen, sondern wird ihr Knecht. Denn dann kommen sie verzerrt wieder zum Vorschein – in Form von Neurosen, von psychosomatischen Beschwerden.

Viele Menschen wissen jahrelang nicht, was sie quält. Sie glauben, an Herzbeschwerden, Asthma oder Migräne zu leiden – dabei leiden sie in Wahrheit an einer Verletzung, einer schweren Kränkung, die ihr inneres Gleichgewicht gestört hat. Und das Schlimmste: Sie sind sich dieser Kränkung nicht einmal bewusst.

Wir sehen also: Es ist vernünftig und gesund, die eigenen Gefühle zuzulassen und anzunehmen. Ja, mehr noch: Uns in ihrer Wahrnehmung zu üben und zu verfeinern – und dabei sowohl uns selbst als auch die anderen immer besser kennenzulernen. Die Pflege der Achtsamkeit, von der hier die Rede ist, hat dabei zwei Bewegungsrichtungen:

* Verfeinerung der Wahrnehmung eigener Gefühle
* Verfeinerung der Wahrnehmung fremder Gefühle (Empathie)

Der erste Aspekt hilft, uns selbst besser zu verstehen, Ziele zu formulieren und uns unserer Wünsche und Fähigkeiten bewusster zu werden.

Der zweite Aspekt richtet sich darauf, andere besser zu verstehen – nicht zuletzt, um Ziele ihnen gegenüber durchzusetzen, sie zu beeinflussen. Doch das ist nur ein Aspekt. Wir werden noch sehen, dass Empathie, die nur darauf gerichtet ist, andere zu manipulieren, die sich also zu instrumentieren versucht, keine ganz echte Empathie ist und nicht sehr weit reicht. Es ist dabei ähnlich wie mit dem Glauben: Wer nur glauben will, um sich damit eine Art Erfolgsverstärker zu verschaffen, glaubt im Grunde gar nicht.

Verfeinerung der Wahrnehmung eigener Gefühle

Das Ziel, die Wahrnehmung der eigenen Gefühle zu verfeinern, klingt zunächst etwas abstrakt. Die meisten Menschen spüren einfach etwas, das in ihnen emporsteigt. Immer ist es in einer bestimmten Weise eingefärbt, denn Gefühle sind nie neutral. Sie enthalten, wie wir schon gesehen haben, ein Urteil über uns oder andere oder die Dinge. Über die Situation, in der wir uns gerade befinden. Etwa: *Irgendetwas stimmt hier nicht. Ich fühle mich gar nicht wohl bei der*

Sache. Oder: *Wie toll sie heute aussieht, wie schön und klug sie ist. Ich will immer in ihrer Nähe sein.* Oder: *Macht er wirklich gut. Er hat viel dazu gelernt. Kein Wunder, wir haben ja auch viel zusammen geübt.*

Bei diesen Sentenzen (die bewusst sprachlich schlicht gehalten sind) habe ich einen Schritt übersprungen: Ich habe die Gefühle bereits in Worte gefasst. Auch wir tun das, es ist eine Art Reflex, um unsere Gefühle mit unserem Denken in Kontakt zu bringen, sie zu übersetzen. Dieser Reflex ist wichtig, denn er ist der erste Schritt, uns ihrer bewusst zu werden, sie zu reflektieren. Und dann zu sehen, was sie uns zu sagen haben. Etwa, ob sie vernünftig sind oder nicht. Oder ob wir ihnen folgen wollen oder nicht.

Wie wir alle wissen, gibt es Gefühle, die zwar mächtig sind, denen wir aber keine Macht einräumen. Jemand, der von einem Polizisten herablassend behandelt wird, überlegt es sich zweimal, ob er die Wut, die dabei in ihm aufsteigt, zum Ausdruck bringt. Ob er den Beamten also anschreit oder gar ihm gegenüber handgreiflich wird. Hier ist es vernünftig, Gefühle zu unterdrücken und dann später, vielleicht auf dem Sportplatz, herauszulassen. Ich selbst muss mich zum Beispiel vor Gericht beherrschen, wenn der gegnerische Anwalt versucht, mich zu provozieren – und damit zu Fehlern zu verleiten, die ihm nützen. Und auch, ob ein Mandant mir persönlich sympathisch ist, ignoriere ich, denn darum geht es in meinem Job nicht. Es geht darum, ihn, seine Interessen, so gut wie möglich zu vertreten. Er muss nicht mein Freund sein oder werden.

Eigentlich sollte man glauben, dass die Sprache der Gefühle umso deutlicher und klarer ist, je intensiver sie zu uns dringen. Dass wir sie umso leichter in Worte übersetzen können, je stärker sie uns berühren. Doch eigenartigerweise ist das Gegenteil der Fall: Gerade wenn sie sehr stark sind, gelingt uns das nicht. Dann werden wir von ihnen überwältigt. Dann überschwemmen sie uns – und fühlen sich dabei entweder bedrohlich an oder überwältigen uns mit Euphorie. Das Denken hört auf. Wir ergeben uns dem Gefühl. Erst später, wenn es abgeebbt ist, können wir es in Worte fassen, es reflektieren.

Noch einmal zurück zu den kleinen Denksequenzen. Wir alle wissen aus Erfahrung, dass wir viel sprachlich denken, in Begriffen und Zusammenhängen. Dabei nutzen wir die Sprache als Werkzeug, um die Wirklichkeit zu verstehen. Auf diese Weise wendet das Denken sich auch unseren Gefühlen zu. Es betrachtet sie wie etwas, das von außen kommt und was der Einordnung, der Klärung bedarf.

Ich betone diese Frage so, weil es bei diesem Prozess sehr unterschiedliche Niveaus der Klärung gibt. Und weil es im Zusammenhang mit dem, was wir hier Verfeinerung der Wahrnehmung eigener Gefühle nennen, darum geht, diese Klärung zu verbessern. Viele Menschen bleiben bei dem Niveau stehen, das wir oben sehen: Sie übersetzen das, was in ihnen emporsteigt, in Alltagssprache und geben sich damit zufrieden. Alles geklärt. Alles abgehakt. Weiter. Das Nächste.

In vielen Situationen ist diese Ungenauigkeit den eigenen Gefühlen gegenüber sinnvoll, sogar notwendig. Sie ist, ähnlich wie bei der Filterung äußerer Wahrnehmungen, ein Hilfsmittel, um unser Denken nicht mit Nebensächlichkeiten zu überfrachten. Es macht keinen Sinn, lange über Gefühle nachzudenken, die irgendein Mensch in uns weckt, der kurz durch unser Leben stürzt und den wir nie wieder sehen werden.[49]

Doch es gibt auch Situationen, in denen wir in der Wahrnehmung unserer Gefühle so genau sein sollten wie möglich. Etwa in einer Prüfung. Oder in einem Gespräch mit der Partnerin oder dem Partner. Oder in einer Verhandlung, von der einiges abhängt. Wer hier immer alles mehr oder weniger achtlos wegschiebt, was seine Gefühle ihm sagen wollen, riskiert, eine wichtige Erkenntnisquelle zu vernachlässigen: seine Intuition.

Wie sieht es konkret aus, die Wahrnehmung der eigenen Gefühle zu vertiefen? Wie gehen wir dabei vor?

Nehmen wir zunächst eine der Sentenzen von oben: *Wie toll sie heute aussieht. Wie schön und klug sie ist. Ich will immer in ihrer Nähe sein.*

Was empfinden wir hier eigentlich? Wie können wir dieses Gefühl in Worte fassen? Offenbar ist es Verliebtheit. Ein Mann (oder eine Frau) ist gerade dabei, sich in jemanden zu vergucken. Wir alle kennen diesen Moment: Da ist eine Geste, ein Blick, eine anmutige Bewegung, und wir sind hingerissen. Wir beten diesen Menschen an. Wir bewundern ihn grenzenlos. Und da dieses Gefühl so schön ist, geht daraus sogleich der Wunsch hervor, es anzuhalten, festzuhalten. Und wie? Indem wir immer mit diesem Menschen zusammen sind. Indem wir seine Nähe suchen. Tag und Nacht.

Die Person oben ist sich all dieser Zusammenhänge nicht bewusst und will auch gar nicht über sie nachdenken. Sie ist von ihren Gefühlen überwältigt und genießt sie einfach nur. Möglicherweise kommt ihr das Wort »Verliebtheit« in den Sinn, aber im Grunde hält sie es für flach. Das, was sie fühlt, ist ja viel größer. Es ist mit Worten im Grunde nicht zu fassen. Wozu Worte?

Hier sehen wir, dass intensive Gefühle danach streben, sich uneingeschränkt zur Geltung zu bringen. Sie dulden neben sich kein Wort, keinen Gedanken. Sie wollen uns besetzen. Sie sind eifersüchtig auf alles und jeden, was sich ihnen nicht unterwirft. Was ihnen nicht uneingeschränkt zuhört. Oder was sie gar in Frage zu stellen versucht.

Natürlich ist es nur eine Allegorie, wenn ich Gefühle hier auf diese Weise personifiziere. Aber sie kann hilfreich sein, Gefühle – und damit uns selbst – zu verstehen. Denn wenn wir die kindische »Eifersucht« der Gefühle kennen, können wir mit ihnen besser umgehen. Wir werden dann nicht mehr von ihnen überwältigt. Wir nehmen, was wir fühlen, nicht mehr unwidersprochen hin. Es ist ein bisschen so wie mit der Angst: Wir haben festgestellt, dass sie kein sehr guter Ratgeber ist, sondern ein nervöses Hemd. Und dass es oft sinnvoll ist, sie gar nicht erst groß zu Wort kommen zu lassen.

Glücklicherweise stehen wir nicht nur vor der Aufgabe, uns mit dem Gefühl der Angst auseinanderzusetzen, sondern im Zusammenhang mit dem Thema Erfolg gibt es auch einfacher gestrickte Gefühle, die Aufmerksamkeit verlangen: Neid etwa, Ehrgeiz oder Stolz. Wie wir schon gesehen haben, können sie uns dabei helfen, uns unserer geheimen Wünsche bewusst zu werden und uns Ziele zu setzen. Aber auch negative Gefühle wie Unzufriedenheit, Langeweile oder Ekel können Signale sein, dass wir auf einem falschen Weg sind. Wer sich anhaltend von dem, was er tut, abgestoßen fühlt, wer bei seiner Arbeit keine Befriedigung oder Stolz mehr empfindet, sollte darüber nachdenken, ob er mit seinem Beruf oder seinem Job noch zufrieden ist.

Empathie

Wie halten Sie es mit den Gefühlen anderer? Gehen sie Ihnen nah oder sind sie Ihnen, wenn Sie ehrlich sind, mehr oder weniger egal? Das will ich doch nicht hoffen!

Spaß beiseite: Niemandem können die Gefühle anderer gleichgültig sein, denn wir alle sind soziale Wesen und darauf angewiesen, andere zu verstehen und von ihnen verstanden zu werden. Daher ist es ein Irrtum anzunehmen, die Gefühle anderer seien uns gleichgültig. Sie sind es nicht – selbst, wenn wir das Gegenteil glauben. Nur klinische Psychopathen sind tatsächlich unfähig zur Empathie, also zu Einfühlung in andere, und das nicht sehr ermutigende Ergebnis (Gefängnis oder Psychiatrie) kennen wir. Die Fähigkeit, uns in andere einzufühlen, uns in sie zu versetzen und die Welt einen Augenblick mit ihren Augen zu sehen, besitzen wir alle. Es bildet sich sehr früh und ist uns angeboren.

Praxisbeispiel:
In den Richter einfühlen

Vermutlich überrascht es Sie jetzt, wenn ich sage, dass ich meinen Mitarbeitern bei der Abfassung von Schriftsätzen dringend dazu rate, sich in den, der sie lesen wird, einzufühlen – nämlich in den Richter.

Dieser Rat ist alles andere als Gefühlsduselei, sondern reiner Pragmatismus. Schließlich soll und wird dieser Richter über unser Anliegen entscheiden. Unser Schriftsatz ist also so lesefreundlich wie möglich, was bei anwaltlichen Schriftsätzen keineswegs die Regel ist. Der Text ist klar aufgebaut und gegliedert. Der Kern kommt vorn und wird hinten wiederholt. Es gibt einen Rand für schriftliche Bemerkungen. Die Sätze sind kurz und einfach. Argumente werden leichtgängig präsentiert, und ich vermeide es, den Richter zum Blättern zu zwingen, indem ich das Wichtigste direkt im Text zitiere, statt ständig auf umfangreiche Anlagen zu verweisen.

All diese Maßnahmen versuchen, den Schriftsatz aus der Perspektive des Richters zu sehen, mich in ihn einzufühlen. Was will er? Er will möglichst wenig Arbeit, will das Papier schnell durcharbeiten. Er will nachvollziehbare Begründungen, Fakten. Wozu er vermutlich keine Lust hat, sind Ironie, Sarkasmus oder Provokationen, mit denen der Anwalt sich hervortut. »Scharf« zu schreiben, wie manche Anwälte es tun, um Mandanten (oder sich selbst) zu beeindrucken, ist ebenso eine Sackgasse wie selbstverliebte, auf Konfrontation gebürstete Auftritte vor Gericht. Meine Erfahrung zeigt: In über 90 Prozent der Fälle ist ein vernünftiges Gespräch zielführender.

Dazu gehört übrigens auch, eine vernünftige Gesprächsatmosphäre zu schaffen. Bei einem Gerichtstermin komme ich in der Regel etwas früher und grüße Richter, Staatsanwalt und Kollegen mit Handschlag – keineswegs der übliche Standard. Meist versuche ich sogar etwas Smalltalk, um eine persönliche Ebene zu erzeugen.

Empathie im Alltag

Sie kennen es sicher: In der Nähe eines in Tränen aufgelösten Kindes ist es unmöglich, gleichgültig zu bleiben. Seine Trauer geht uns so nah, dass sie auf uns überspringt. Das Weinen »steckt an«. Und das Interessante: Wir müssen nicht einmal den Grund für die Traurigkeit wissen. Wir fühlen einfach intensiv, dass sie da ist. Wir fühlen mit dem anderen.

Wenn wir diese Ansteckung nicht esoterisch verstehen, als das Hinüberfließen einer telepathischen Gefühlskraft (solche Theorien gibt es), bleibt zur Erklärung dessen, warum wir plötzlich traurig sind, nur die Einfühlung. Also unsere Fähigkeit, Fremdes in uns selbst zu fühlen, indem wir uns in den anderen hineinversetzen. Doch wie gelingt uns das? Auf welche Weise ist es uns möglich, das zu fühlen, was der andere fühlt?

Betrachten wir das Ganze kühl, stehen uns als Information über die Gefühle des anderen nur das zur Verfügung, was er ausdrückt. Wie drücken wir Gefühle aus? Wir drücken sie aus durch:

- Gestik
- Mimik
- Sprache
- Handlungen

Nichts anderes haben wir, um die Gefühle anderer zu deuten. In Wahrheit können wir nicht wirklich in sie hineinsehen. Wir sind keine Hellseher. Dennoch ist das Deuten und Wahrnehmen fremder Gefühle in der Empathie keine Kaffeesatzleserei. Empathie ist präzise und zuverlässig. Wir dürfen ihr vertrauen.

Oft geschieht Einfühlung spontan. Wir planen Empathie nicht, sondern sie ist einfach da. Wir fühlen mit und können das Mitgefühl nicht unterdrücken. Doch wir können die Empathie schulen, sie bewusst wahrnehmen und gezielt einsetzen. In vielen beruflichen Situationen sind wir sogar darauf angewiesen.

Ein Anwalt, der nicht in der Lage ist, sich in seinen Mandanten hineinzuversetzen, also nachzuvollziehen, welche Ziele und Wünsche er hat, ist kein guter Anwalt. Ich rate meinen Kollegen immer, im Erstgespräch mindestens 80 Prozent zuzuhören und nur 20 Prozent selbst zu reden. Das Ergebnis: Der Mandant fühlt sich ernst genommen, er wird emotional dort abgeholt, wo er steht. Welche Wünsche, Erwartungen, vielleicht Ängste hat er? Wie sieht er seine Situation? Erst wenn diese Basis da ist, kann (und muss) das Problem juristisch abgehandelt werden.

Ein Chef, der die Gefühle seiner Mitarbeiter missversteht oder ignoriert, mag durch Zwang und Druck Erfolg erzwingen, aber eine zeitgemäße Mitarbeiterführung ist das nicht. Und auch im privaten Bereich, im Umgang mit dem Partner, mit Freunden oder der Familie, sind wir erfolgreicher, wenn wir unsere Empathie schulen und auf die Gefühle anderer achten. Abgesehen vom moralischen Aspekt des Mitgefühls verschafft uns das sogar handfeste Vorteile:

- Wir können sehen (spüren), ob die Ziele und Absichten anderer mit unseren übereinstimmen oder nicht. Ob es also überhaupt notwendig ist, sie zu beeinflussen.
- Wir können sehen (spüren), ob jemand uns feindlich gesonnen ist oder freundlich.
- Wir können etwas über uns selbst lernen, indem wir betrachten, wie wir uns in den Gefühlen des anderen spiegeln.

Der letzte Aspekt ist etwas kompliziert und nicht ganz frei von Fallstricken. Viele Menschen neigen dazu, ihn überzubewerten. Sie sehen in den Gefühlen der anderen immer nur sich selbst. Sie beziehen, wie man umgangssprachlich sagt, alles immer auf sich und dringen dabei nie zu den Gefühlen anderer vor. Diese falsche oder halbe Empathie ist die Quelle zahlreicher Missverständnisse.

Ein Beispiel: Ein Richter behandelt mich herablassend, ja feindselig. Seine ganze Haltung drückt aus, dass er genervt ist und mich im Grunde zum Teufel wünscht. Ich könnte diese Wahrnehmung seiner Gefühle (ausgedrückt durch Gestik, Mimik et cetera, vgl. oben) nun auf mich persönlich beziehen: Habe ich etwas falsch gemacht? Passt ihm meine Nase, meine Stimme, mein Outfit nicht? Bin ich, noch zugespitzter gesprochen, nicht so, wie ich sein sollte?

Vermutlich sind diese Gedanken ein Irrweg. Wahrscheinlich ist die Laune des Richters durch etwas ganz anderes im Keller: Stress mit der Frau, Ärger mit dem Finanzamt, ein Kratzer im neuen Auto. Doch selbst wenn der unwahrscheinliche Fall bestehen sollte, dass ich selbst es bin, der ihn stört, muss ich das ignorieren, denn es ist längst zu spät, irgendetwas zu ändern. Ich muss nur darauf achten, selbst immer auf der Sachebene zu bleiben und mich durch seine Laune nicht aus dem Konzept bringen zu lassen.

Nun gibt es aber auch den anderen, komplizierteren Fall, dass das, was ein anderer ausdrückt, sehr wohl mit uns zu tun hat. Die Wut unserer Freundin, die eine Tasse gegen die Wand wirft, richtet sich tatsächlich direkt auf uns, unser Verhalten. Hier können wir uns nicht einfach abwenden und sagen, dass uns das nichts angeht. Wir sind gezwungen (besser: werden gezwungen), uns ihre Perspektive zu vergegenwärtigen. Im Grunde ist das sogar das Ziel des Wutanfalls: Wut enthält die nachdrückliche Aufforderung zur Empathie.

Es gibt also Situationen, wo fremde Gefühle uns wenig betreffen (Richter) und wo sie einiges mit uns zu tun haben (Freundin). Was wir dann mit dem machen, was unsere Einfühlung uns mitteilt, ist der nächste Schritt. Doch wir werden ihn in jedem Fall kaum angemessen planen können, wenn unsere Empathie ungenau war. Wenn wir etwas wahrnehmen, was gar nicht da ist. Oder wenn wir alles, was wir wahrnehmen, nur blind auf uns beziehen.

Daraus folgt, dass es in unserem eigenen Interesse liegt, dass unsere Empathie genau ist und dass wir sie schulen. Ob dies im Kern möglich ist, wird übrigens immer wieder bezweifelt, denn offenbar ist sie auch ein Stück weit ein Talent. Es gibt Menschen, deren Fähigkeiten in diesem Bereich ans Hellseherische grenzen, und andere, deren empathisches Empfinden trotz aller Bemühungen immer stumpf bleibt, die sich nie wirklich in andere hineinversetzen können. Interessanterweise ist auch ihr eigenes Gefühlsleben in der Regel eher flach, und hier sehen wir, was den Kern der Fähigkeit zur Einfühlung ausmacht: Im Grunde ist sie die Fähigkeit, Gefühle überhaupt zu empfinden. Denn selbst im Rahmen der Empathie fühlen wir im Grunde nicht, was der andere fühlt. Wir fühlen es nur nach.

Die Empathie schulen

Wir schulen wir unsere Empathie? Wie werden wir genauer darin, die Gefühle anderer wahrzunehmen, sie zu deuten und zu entschlüsseln? Wir können dabei drei wichtige Aspekte unterscheiden:

- Schulung unseres Beobachtungsvermögens
- Schulung unserer empathischen Gefühle
- Schulung von Techniken des Zuhörens

Beobachtungsvermögen

Wir alle besitzen die Fähigkeit, andere Menschen zu beobachten. Doch sie ist höchst unterschiedlich ausgeprägt. Manche sind Meister darin, andere sehr genau wahrzunehmen, fremde Handlungen und fremde Mimik zu deuten und zu verstehen. Sie können vorher genau voraussagen, wann im Café gegenüber gleich jemand aufstehen wird oder wann ein Streit kurz davor ist zu eskalieren. Es mag ein Klischee sein, dass Frauen hier besser sind als Männer, aber ganz falsch ist es nicht, dass es hier höchst unterschiedliche Talente gibt – und dass unsere Partnerin oft deutlich genauer weiß, was am Nebentisch oder eine Etage tiefer gerade vor sich geht.

Andere beobachten ihre Umwelt ungenauer oder gar nicht – entweder, weil ihr Interesse an anderen Menschen geringer ausgeprägt ist oder weil der Fokus ihres Denkens eher nach innen gerichtet ist.

Das Beobachten unserer Umwelt, anderer Menschen, ist kein Hexenwerk. Man kann es lernen. Die folgende Übung kann dabei hilfreich sein:

- Üben Sie auf einem neutralen Feld, nicht im Büro oder auf der Familienfeier – etwa im Café oder in einem öffentlichen Gebäude.
- Fokussieren Sie sich auf einen Menschen. Gehen Sie dabei zunächst so vor wie ein Detektiv, der neutrale Informationen sammelt: Alter, Kleidung, Aussehen, Körperhaltung ...
- Gehen Sie dann dazu über, seine Gestik und Mimik zu beobachten. Sitzt er gelöst da oder verkrampft? Ist sein Gesichtsausdruck heiter, gelangweilt oder ängstlich? Sind seine Bewegungen hektisch oder ruhig? Vermeidet er es, andere anzusehen oder lässt er seine Blicke durch den Raum schweifen?
- Je genauer Sie sich auf den Fremden fokussieren, umso wahrscheinlicher ist es, dass es Ihnen gelingt, sich in ihn einzufühlen. Sie spüren dies zunächst daran, dass Sie Ihre Neutralität verlieren, dass der andere Ihnen nicht mehr gleichgültig ist. Wenn das, was er fühlt, Ihnen nahe ist, fühlen Sie Sympathie, wenn es Ihnen fremd ist, fühlen Sie Ablehnung oder Widerwillen.
- Achtung: Diese Wertungen sind noch keine echte Empathie, sondern nur der Spiegel dessen, wie Sie selbst zu diesem Menschen stehen. Wer hier stehenbleibt, erfährt zwar manches, aber noch nicht sehr viel.

- Versuchen Sie auf der nächsten Stufe von sich selbst – von Ihren Absichten, Meinungen und Vorurteilen – zurückzutreten. Lassen Sie Ihr Ego einmal beiseite, stellen Sie es gedanklich in die Ecke. Wie geht es diesem Menschen dort tatsächlich? Was denkt er, was fühlt er, in welcher Situation ist er gerade? Und wie würden Sie sich fühlen, wenn Sie dort wären? Wie würden Sie handeln, denken?

Wer diese Übung immer mal wieder macht, wird feststellen, dass seine Beobachtungen mit der Zeit vielschichtiger und genauer werden. Und dass es ihm irgendwann gelingt, sehr schnell, ohne den Umweg einzelner Stufen, zur Empathie vorzudringen: Er ist in der Lage, einen Menschen aus der Ferne zu sehen und sofort dessen Gefühle zu verstehen, sie also selbst zu fühlen.

Empathie

Innerhalb dieser kleinen Übung haben wir bereits gesehen, was es bedeutet, empathische Gefühle zu schulen: Es ist im Kern die Fähigkeit, von den eigenen Gefühlen abzusehen und sich denen eines anderen zu öffnen.

Viele Menschen haben mit diesem Punkt Probleme. Sie haben Angst, bei einer zu großen Fokussierung auf andere sich selbst und die eigenen Ziele und Wünsche aus den Augen zu verlieren und zum Spielball fremder Gefühle zu werden. Doch in der Empathie geben wir uns nicht auf, im Gegenteil: Je genauer sie ist, umso besser lernen wir uns selbst kennen. Denn vergessen wir nicht: Alles, was wir fühlen, fühlen wir immer selbst. Das ist übrigens auch der Grund, warum manche Menschen eine so große Scheu haben, sich in die Gedankenwelt von Gewaltverbrechern oder Psychopathen zu versetzen: Sie fürchten sich davor, ihren eigenen dunklen Begierden zu begegnen – während andere, die Thriller konsumieren, genau das zu genießen scheinen. Wer ist hier eigentlich empathischer?

Die Frage führt, wie wir sehen, zu der nicht unwichtigen Frage, ob Empathie nun eine Tugend ist oder nicht. Allerdings ist es möglich, sie zu missbrauchen: Psychopathen besitzen oft, so befremdlich es klingt, eine hohe Fähigkeit zur Empathie – aber sie nutzen sie nur, um andere zu demütigen und zu quälen. Ihre Gedanken kreisen darum, auf welche perfide Weise man anderen möglichst große Schmerzen zufügen kann.

Dieser kleine Exkurs zeigt, dass Empathie (obwohl das Wort »Mitfühlen« zunächst uneingeschränkt positiv klingt) keine moralische Tugend ist. Sie ist nur eine Fähigkeit, ein Werkzeug. Was wir damit tun, ob wir es zum Guten einsetzen oder zum Bösen, bleibt uns überlassen.

Zuhören

Das Werkzeug der Empathie wird eingesetzt in der Psychotherapie und im Coaching. Hier dient die Empathie dazu, den Patienten oder Klienten möglichst genau zu verstehen. Seine Gefühle nachzuvollziehen und dann anzuschauen, was sie bedeuten und was aus ihnen abgeleitet werden kann.

Dabei geht man zielgerichtet vor: Man versucht, eine Situation zu schaffen, in der der Mensch vor einem sich öffnet. Dazu schafft man nicht nur eine geschützte Situation, ein Setting (geschlossener Raum, Schweigepflicht, fester Zeitrahmen), sondern benutzt auch Techniken der Ermutigung und Bekräftigung, die Interesse ausdrücken, die also zeigen, dass man zur Empathie bereit ist: Man spiegelt, was der Klient sagt, mit eigenen Worten und signalisiert durch kleine Gesten (Nicken, Lächeln), dass man aufmerksam zuhört. Man selbst, das eigene Ich, private Wünsche, treten dabei zurück.

Dieses Setting – typisch für die klassische non-direktive oder Personenzentrierte Gesprächstherapie nach Rogers[50] – schafft eine Situation, in der Empathie auf bestmögliche Weise gelingt: eine ideale Zuhör- und Gesprächssituation.

Nun werden nur die wenigsten von uns die Absicht haben, zu coachen oder zu therapieren, aber wenn es um Empathie geht, können wir daraus einiges lernen:

- Empathie lässt sich durch bestimmte Gesprächssituationen (geschützter Raum, Techniken des Zuhörens) herbeiführen und verstärken.
- Im Umkehrschluss folgt, dass Empathie uns in einer chaotischen Umgebung, bei Zeitmangel oder mangelnder Konzentration, nur schwer möglich ist.
- Um zu verstehen, was in anderen vorgeht, können wir sie bekräftigen und ermutigen, sich zu öffnen.
- Wir können therapeutische Techniken wie Bestätigung, Spiegeln und neutrales Zuhören nutzen, um fremde Gefühle so genau zu entschlüsseln wie möglich.

Selbstbeherrschung

Dieses Kapitel beschäftigte sich mit der Pflege unserer Achtsamkeit. Wir haben gesehen, dass damit zweierlei gemeint ist: die Pflege der Wahrnehmung unserer eigenen Gefühle und die der anderen. Pflege der Achtsamkeit bedeutet aber keineswegs, uns unseren Gefühlen blind auszusetzen, uns von ihnen überwältigen zu lassen. Zum Schluss daher noch ein paar Worte zu dem Thema, wie wir Gefühle, die uns nicht guttun, gegen die unser Verstand Einwendungen erhebt, beherrschen können.

Selbstbeherrschung galt vor allem früher als oft mit Männlichkeit assoziierte Tugend, und noch heute steht sie, vor allem im asiatischen Raum, in hohem Ansehen, während sie im Westen etwas in Verruf geraten ist. Doch es ist durchaus klug, seine Gefühle nicht nur wahrzunehmen, sondern auch ihr Herr zu bleiben. Der Regisseur. Der also, der festlegt, wer seinen Auftritt wann bekommt und wer nicht. Wem wir uneingeschränkt zuhören, weil das, was er zu sagen hat, wichtig ist. Und wen wir irgendwann unterbrechen und höflich von der Bühne bitten, weil er uns nichts Neues mehr zu sagen hat.

Oben haben wir gesehen, dass wir zum Beispiel unserer Angst nicht uneingeschränkte »Redefreiheit« zubilligen sollten. Und dass auch die Auftritte von Eitelkeit und Hass mit Vorsicht zu genießen sind. Hier müssen und können wir ein ernstes Wort mit ihnen reden.

Doch ganz so einfach ist das nicht, denn wir bekommen Widerworte. Gefühle sind hartnäckig. Sie lassen sich nicht so einfach das Wort verbieten. Daher ein paar Strategien, die helfen können, Herr im eigenen Haus zu bleiben:

- Meiden Sie Substanzen, die Gefühle verstärken oder verzerren (Drogen, Alkohol, Psychopharmaka). Vertrauen Sie darauf, dass das, was sie empfinden, genug ist. Wenn Sie intensive Erfahrungen suchen, hören Sie Wagner oder machen Sie Bungeejumping.
- Haben Sie einen Angehörigen verloren oder sind Sie betroffen von einer Trennung? Schieben Sie die Trauer nicht immer weg – lassen Sie sie zu und drücken Sie sie aus, etwa durch Rituale. Je intensiver Sie trauern, umso schneller wird die Trauer vergehen.
- Eigenartigerweise wiegen uns alle intensiven Gefühle in der Illusion, ewig da zu sein. Doch so groß die Macht eines Gefühls auch sein mag: Es wird irgendwann verschwinden. Ganz bestimmt.
- Quälen Sie sich damit, ein negatives Gefühl auf jeden Fall loswerden zu wollen, es zum Verschwinden bringen zu wollen? Dann lassen Sie einen Moment davon ab. Gönnen Sie sich eine Pause.

- Hegen Sie einem Menschen gegenüber Hass? Dann machen Sie sich klar, dass dieses Gefühl vor allem Sie selbst quält, nicht ihn.
- Wenn Sie gläubig sind (oder es werden wollen): Geben Sie Gott die Chance, Ihnen zu helfen. Ein Tipp: Er kann es nicht, wenn Sie ihm ständig ins Handwerk pfuschen.

Praxisbeispiel: Gefühle vor Gericht

Viele Menschen glauben, dass die Sphäre des Rechts und der Gesetze mit Gefühlen nicht das Geringste zu tun hat. Dass es sich hier um eine Art abstraktes Formelwerk handelt, dessen Anwendung ausschließlich logisches Denken und Vernunft verlangt. Doch das ist nicht nur in der Praxis ein Irrtum, sondern auch auf theoretischer Ebene, nämlich im Zusammenhang mit der Herkunft und Entstehung unserer Gesetze. Dass unser Bürgerliches Gesetzbuch (BGB) sich historisch in weiten Teilen vom antiken römischen Recht ableitet (ein berühmter Lehrer des römischen Rechts, Bernhard Windscheid, war führendes Mitglied der 1. BGB-Kommission[51]), ist vielen bekannt, aber darum geht es hier nicht. Es geht eher darum, dass Gesetze ja gerade entstanden sind, um das menschliche Zusammenleben zu ordnen und zu lenken – und dass dieses Zusammenleben ohne Gefühle nun einmal nicht vorstellbar ist.

Vor allem das Strafrecht spiegelt die Abgründe menschlicher Affekte wider, etwa in historischen Begriffen wie »Verbrechen aus Leidenschaft« oder »Ehrverbrechen«. Inzwischen wird dieser Bereich sogar wissenschaftlich erforscht: Das Berliner Max-Planck-Institut für Bildungsforschung analysiert in dem Forschungsprojekt »Gefühle im deutschen Strafrecht 1794–1945« welche »Bedeutung Emotionen in den Augen derjenigen zukamen, die in Deutschland zwischen 1794 und 1945 Gesetze entwarfen und zur Anwendung brachten«[52] – auf die Ergebnisse darf man gespannt sein.

Doch Gefühle und Empathie spielen im juristischen Bereich auch ganz praktisch eine Rolle. Ein Anwalt, der sich nicht ein Stück weit in die Interessen der Mandanten einfühlen kann, die er vertreten will, hat wie gesagt ein Handicap. Wohlgemerkt: einfühlen, nicht ununterbrochen mitfühlen! Denn das wäre ebenso wenig angemessen wie ein Arzt, der sich vornehmen wollte, sich die Schmerzen seiner Patienten zu eigen zu machen. Als Anwalt muss man diese Ebene zwar wahrnehmen, muss aber immer professionelle Distanz zu ihr wahren und das im Blick behalten, worum es letztlich geht: den juristischen Vorgang, die Rahmenbedingungen und Anforderungen der Gesetze. Wünsche und Absichten sind hier fehl am Platz. Vor Gericht zählen nur beweisbare Fakten.

Doch auch Richter sind nur Menschen und damit befangen (oder sagen wir: beeinflussbar) durch Vorurteile und Eindrücke. Ich habe es immer wieder erlebt, wie hier Stimmungen umschlugen oder scheinbar unwichtige Einzelheiten das Gesamtbild beeinflussten. Einmal hatte ich einen sehr kräftig gebauten Bodybuilder zu verteidigen, der wegen Körperverletzung angeklagt war. In eigenartiger Naivität (oder in dem für dieses Milieu typischen Stolz auf den hart erarbeiteten Körper) erschien er im Muskelshirt auf dem Gang des Gerichtsgebäudes.

Es kostete mich einige Mühe, ihn zu überreden, ein Sakko überzuziehen – und noch mehr Mühe, noch schnell ein passendes herbeizuschaffen! Soweit ich mich erinnere, wurde er freigesprochen, wobei der Anteil, den das Sakko daran hatte, natürlich nur schwer einzuschätzen ist. Doch ich bin davon überzeugt (und habe es oft genug erlebt), dass vor Gericht nicht nur Fakten und Beweise zählen, sondern auch der Auftritt, der Habitus, das Bild.

Verbrauchertipp Nr. 16: Vor Gericht

Sind Sie vor Gericht als Zeuge geladen oder als Angeklagter? Die folgenden Fehler sollten Sie auf jeden Fall vermeiden, unabhängig davon, worum es konkret geht:

- Es kann nicht genug davor gewarnt werden, im Gerichtssaal mit nachlässiger oder gar provokanter Kleidung zu erscheinen. Männer sollten zumindest ein Sakko tragen, Frauen Business-Kleidung. Vernachlässigen Sie auch die Körperpflege nicht. Vermeiden Sie auffälligen Schmuck oder übertriebene Eleganz. Das Gericht ist weder ein Ballsaal noch ein Nachtclub.
- Kommen Sie nicht zu spät und vergessen Sie Ihren Personalausweis oder Reisepass nicht.
- Beantworten Sie alle Fragen ruhig und sachlich. Vermeiden Sie Ironie, Späße oder doppeldeutige Anspielungen. Fragen Sie nach, wenn Sie etwas nicht verstanden haben. Sprechen Sie nach Möglichkeit weder Dialekt noch einen Jargon. Schimpfwörter und Kraftausdrücke sind tabu.
- Reden Sie den Richter nicht mit »Euer Ehren« oder »Herr Richter« an – »Euer Ehren« gibt es nur in amerikanischen Filmen (»Your honour«)! Sagen Sie einfach »Herr Vorsitzender.«
- Erscheinen Sie keinesfalls angetrunken oder unter Drogeneinfluss vor dem Gericht. Sollten Sie krankheitsbedingt Medikamente nehmen, weisen Sie vorsorglich darauf hin.

SAMMLE EIN HEER HINTER DIR

> »*Um eine Schlacht zu gewinnen, ist es nötig, dem Heer*
> *Vertrauen zu sich selbst und auf den Feldherrn einzuflößen.*«
> NICCOLÓ MACHIAVELLI (1469–1527)

Als David Goliath besiegt hatte, kippte die Stimmung. Plötzlich glaubten die Israeliten, die schon aufgegeben hatten, wieder an ihren Sieg und stürmten voran. Jetzt folgten sie David und zusammen mit ihm besiegten sie die Philister. Allein hätte das David nie geschafft. Er konnte zwar symbolisch Goliath besiegen, aber einen Krieg konnte er allein nicht führen – er brauchte Kämpfer, die ihm folgten, Mitstreiter und Gefährten. Er musste ein Heer hinter sich sammeln.

Mehr als bei den anderen *David-Prinzipien* scheint es auf den ersten Blick schwierig, das Prinzip *Sammle ein Heer hinter dir* auf unser heutiges Leben anzuwenden. Schließlich haben nur die wenigsten von uns die Absicht, eine politische oder militärische Karriere zu machen. Wir sind alles andere als Heerführer oder Generäle. Doch vergessen wir nicht, dass die Begriffe »Menge« und »Öffentlichkeit« sich in den letzten Jahren nachhaltig gewandelt haben. Heute, im digitalen Zeitalter, ist es jedem von uns möglich, sehr viele Menschen in kurzer Zeit zu erreichen, mit ihnen zu kommunizieren und sie – wenn auch nicht im wörtlichen Sinne – »hinter sich zu sammeln« wie ein Heer. Wie das möglich ist, werden wir noch sehen.

Dieses Buch ist keine Hymne auf die Teamarbeit. Dieser Weg kann erfolgreich sein, aber um ihn soll es hier nicht gehen. In diesem Buch geht es um David. Am Anfang steht er allein. Er ist nicht nur der klassische Einzelkämpfer, sondern auch ein Außenseiter. Niemand hilft ihm, nicht einmal ein Freund oder seine Brüder. Sie lehnen ihn ab. Doch am Ende folgt das Heer ihm nach. Am Ende sammelt David sein Volk hinter sich zu einem überwältigenden Sieg.

Was können wir daraus lernen? Dass der Starke am mächtigsten allein ist? Dass es letztlich nur auf ihn ankommt, den Vordenker? Und dass nur besondere Menschen, Menschen wie David, die unerschütterlich an sich selbst glauben, befähigt sind zum Erfolg?

Dieses Konzept wäre etwa elitär. Es sähe in David einen von Gott auserwählten Führer, einen weitsichtigen Strategen, der über allem stünde. Einen jener sprichwörtlichen Überflieger, die es immer wieder gibt und die mit gewöhnlichen Menschen nichts zu tun zu haben scheinen.

Doch so einfach ist es nicht. Die Geschichte ist vielschichtiger. David mag am Ende zwar allein handeln, aber er steht von Anfang an in einem Netz komplizierter Beziehungen. Er hat Förderer und Neider. Und was er tut, tut er nicht nur für sich selbst (obwohl auch die Aussicht auf Fame ihn antreiben mag), er tut es für sein Volk. Für die Gemeinschaft. Eine Gemeinschaft, die ihn zunächst ablehnt, deren Ziele er sich aber dennoch zu eigen macht. Er denkt weiter als die anderen, aber keineswegs gegen sie. Er zieht sich nicht zurück in den Schmollwinkel, um Ressentiments zu pflegen, sondern denkt für die anderen – und ihnen voraus.

Diese Haltung wirkt auf den ersten Blick altruistisch, als hätte David gar keine eigenen Interessen. Als ginge es ihm nur darum, etwas für die anderen zu tun. Für sie sein Leben aufs Spiel zu setzen. Sich zu opfern. Doch auch er selbst gewinnt mit seiner Strategie am Ende: Er wird zum Held und gewinnt die Tochter des Königs.

Wenn wir genauer hinschauen, sehen wir aber noch einen anderen Aspekt. Obwohl David seine Strategie autonom entwickelt und am Ende allein handelt, rechnet er immer mit dem Heer hinter sich. Er bezieht dessen Kraft mit ein, macht sie sich zunutze. Und wie? Indem er die Interessen dieses Heeres, seines Volkes also, vertritt. Damit hat er, anders kann es nicht sein, plötzlich eine riesige Menge an Fürsprechern, an Unterstützern.

Wir kennen dieses Prinzip aus der Politik: Alle Bestrebungen von Politikern, sich öffentlich zu profilieren, sind darauf hin gerichtet, sich die Interessen der Mehrheit (oder wenigstens einer starken Minderheit) zu eigen zu machen. So zu tun, als wären es die eigenen. Davon also zu sprechen, unter welchen Missständen alle leiden, wer dafür die Verantwortung trägt und wie man sie beseitigen kann. Durch diese Haltung wird der Politiker zum Anwalt der Menge und erhält am Ende ihre Unterstützung.

Was würde geschehen, wenn er auf den Schritt verzichtete, sich diese Interessen zu eigen zu machen, sie zu ahnen, zu spüren, aufzunehmen und zu formulieren? Wenn er sich einfach nur hinstellen und sagen würde: Hier bin ich, folgt mir nach, ich will die Macht?

Ganz einfach: Gar nichts. Niemand wäre bereit, ihm zu folgen. Dieses Gesetz birgt, wie wir beiläufig sehen, auch ein Paradoxon in sich: Ein Politiker kann unmöglich ehrlich sein, obwohl genau das alle von ihm fordern – und obwohl alle seine Bemühungen darauf gerichtet sind, so zu wirken. Ehrlichkeit würde bedeuten, die wahren eigenen Interessen offenzulegen, das Interesse an der Macht. Doch genau das würde ihm niemand verzeihen.

Die einzige Ausnahme davon scheinen Diktatoren zu sein oder Könige, denen die Krone durch Erbfolge zufällt. Doch selbst die absolutistischsten Herrscher können die Interessen ihres Volks nicht dauerhaft ignorieren, wenn sie keine Revolution riskieren wollen. Zwar mag man eine Weile autonom regieren und das Volk durch Unterdrückung auf Linie halten können. Doch einerseits ist diese Strategie nicht nachhaltig, und andererseits ist es viel wirksamer, nach Bewunderung und Sympathie zu streben statt nach Hass und

Angst. Hitler war nicht nur ein erbarmungsloser Unterdrücker und Massenmörder, sondern auch ein geschickter Demagoge und begnadeter Redner. Er verstand es, die unbewussten Sehnsüchte und Wünsche der Menschen seiner Zeit in Worte zu fassen. Seine Rhetorik war ausgefeilt und er studierte seine kämpferischen Gesten sogar mit Hilfe von Fotografien ein. Dabei appellierte er vor allem an niedere Instinkte wie Neid und Hass. Er mag die Juden tatsächlich gehasst und verachtet haben, aber fast ebenso groß war seine heimliche Verachtung für die Menschen, die er mit seinen von Ressentiments und Vorurteilen gespickten Reden hinter sich sammelte.

An dieser Stelle stößt diese Strategie uns ab, denn sie richtet sich auf negative, zerstörerische Zwecke und wirkt zynisch. Jemand kann sich die Interessen der Menge aber auch zu eigen machen und dabei positive, menschenfreundliche Ziele verfolgen, Menschen wie Mahatma Gandhi etwa oder Martin Luther King. Auch sie wurden dadurch zu Führern, dass sie unausgesprochene Sehnsüchte der Menschen in Worte fassten und Anhänger hinter sich sammelten. Anders als Hitler appellierten sie jedoch an höhere moralische Werte, beschworen in ihren Reden Menschlichkeit, Liebe und Toleranz.

Das Prinzip, ein »Heer« (also viele Menschen, eine Menge) hinter sich zu sammeln, ist zunächst völlig neutral. Jeder kann es sich zunutze machen, aber er sollte sehr genau überlegen, mit welchen Mitteln und zu welchem Ziel.

Bevor wir nun die Mechanismen dieses Prinzips und seine Hintergründe genauer untersuchen, ein paar Worte zu den persönlichen Voraussetzungen, die man mitbringen sollte, wenn man es anwenden will.

Es liegt auf der Hand, dass jemand, der sich immer unterordnet und stets tut, was andere von ihm verlangen, der immer nur darauf wartet, Anweisungen zu empfangen, für dieses Prinzip ungeeignet ist. Aber auch jemand, der nur ungern im Mittelpunkt steht, der zwar selbstständig zu denken vermag, aber einen gewissen Widerwillen gegen Auftritte, Reden und Öffentlichkeit hat, sollte nicht versuchen, mit diesem Prinzip erfolgreich zu sein, denn es wird ihn zu viel Kraft kosten. Er wird dabei immer angestrengt wirken und niemals wirklich echt.

Wir alle kennen Menschen, denen die Rolle des Anführers durch Zufall oder äußere Umstände zufällt, die aber im Grunde zu schüchtern sind, Reden zu halten und Menschen zu überzeugen. Ein Freund von mir hatte auf dem Gymnasium eine Rektorin mit diesem Problem. Sie war eine hervorragende Fachlehrerin, aber die Rolle der Chefin überforderte sie komplett. Sie versteckte sich den ganzen Tag ängstlich in ihrem Büro und ließ öffentliche Auftritte und Reden grundsätzlich von ihrem Stellvertreter absolvieren. Niemand respektierte sie; als Führerin war sie zu einer lächerlichen Figur geworden, während sie als Lehrerin von allen anerkannt worden war.

Schauen wir uns an, welche Eigenschaften und Talente nahelegen, dass jemand Führungsverantwortung übernehmen kann: Neben einer hohen Fähigkeit zur Empathie, einem starken Selbstbewusstsein und fachlicher Solidität sollte er auch über einen gewissen Hang zum Narzissmus verfügen. Er sollte es anstreben und genießen, im Mittelpunkt zu stehen, in der Menge zu baden und mit ihr auf eine bestimmte Weise zu kommunizieren.

Oft verbindet dieser Drang sich mit einer angeborenen Präsenz. Gute Schauspieler haben sie, aber auch charismatische Politiker. Wenn ein solcher Mensch den Raum betritt, füllt er ihn mit seiner Energie, obwohl er noch kein Wort gesagt hat. Schreibt man wörtlich mit, was er sagt, ist es oft sogar banal – Allgemeinplätze und Floskeln. Doch wie er es sagt, verschafft ihm Aufmerksamkeit und überzeugt alle, hier einen besonderen Menschen vor sich zu haben – jemanden, dem man folgen kann und vielleicht sogar sollte. Zumindest ihm zuhören, und meist ist dieses Zuhören ein Genuss. Endlich sagt mal jemand, was ich denke. Endlich spricht jemand aus, was der Kern der Sache ist. Worum es geht und was zu tun ist, um die Probleme zu lösen. Gut, dass ich das nicht selbst muss. Könnte ich schon, wenn ich wollte. Aber ich muss ja nicht, Gott sei Dank!

Wenn wir hier kurz die Perspektive wechseln, sehen wir, dass ein Großteil der Menschen, im Grunde die Mehrheit, charismatische Menschen nicht nur wertschätzt und anerkennt, sondern bewundert, ja vergöttert. Viele wollen geführt werde. Viele wollen jemand folgen. Sie wollen gar nicht selbst überlegen, was gut für sie ist. Sie wollen es von jemand anderem, einem Klügeren, Weiseren hören. Sie wollen auch nicht selbst entscheiden, sie wollen Anweisungen empfangen. Sie wollen sich unterordnen – manchmal zu jedem Preis und manchmal zu ihrem eigenen Nachteil.

Man kann auf diese Neigung der Mehrheit, Anführern zu folgen, sich unterzuordnen, zynisch hinabblicken. Man kann aber auch einfach akzeptieren, dass sie vorhanden ist – und dass es sinnvoll ist, die Menschen wenigstens gut zu führen, wenn sie denn unbedingt geführt werden wollen, dass es sinnvoll ist, für sie Verantwortung zu übernehmen, und wichtig, die Führungsrolle, die man anstrebt und irgendwann dann vielleicht auch ausfüllt, nicht zu missbrauchen.

Mir selbst ist die Rolle des Führers, des Chefs und Unternehmers, nicht unbedingt angeboren. Doch was mich schon als Kind und Jugendlicher auszeichnete, war ein ausgeprägter Widerwille, mich unterzuordnen. Ich hatte dazu nicht die geringste Lust, zumal ich die Menschen, die von mir Gehorsam verlangten, nicht respektieren konnte. Man kann darin eine Stärke sehen oder eine Schwäche – jedenfalls führte diese Eigenschaft dazu, dass ich in der 8. Klasse einmal von der Schule geflogen bin und dass ich mich später nicht dazu in der Lage fühlte, meinen Wehrdienst abzuleisten. Es war für mich unvorstellbar, mich schinden und demütigen zu lassen, wie es in der Grundausbildung garantiert geschehen wäre. Gelegentlich hört man noch den alten Spruch: Wer nicht gehorchen kann, der kann auch nicht befehlen. Ich habe ihn, ehrlich gesagt, nie verstanden, und vermutlich ist er auch nur dazu da, jene, die gehorchen müssen, mit der Aussicht auf spätere Befehlsgewalt zu vertrösten – die sie dann nie empfangen. Ich würde die Aussage eher umkehren: Wer immer nur gehorcht, lernt nicht zu führen.

Gelegentlich denke ich, dass die Unfähigkeit oder Weigerung, sich unterzuordnen (eine Eigenschaft, die sich im jungen Alter als Aufsässigkeit oder Verweigerung geltend machen kann), eine wichtige Triebfeder ist, später im Leben eine Führungsrolle einzunehmen, denn wenn man sie besitzt, bleibt einem früher oder später gar nichts anderes übrig, als selbst Chef zu werden. Also ein Unternehmen zu gründen.

Zurück zum Prinzip *Sammle ein Heer hinter dir*. Sein Kern ist die Fähigkeit und Bereitschaft, die Interessen anderer Menschen (in der Regel: einer größeren Gruppe) wahrzunehmen, sie sich zu eigen zu machen, öffentlich zu vertreten und dann zu ihrem Führer oder Anwalt zu werden. Dabei können wir drei Phasen unterscheiden:

- die Interessen der Menge beobachten
- Aneignung von Interessen
- Einnehmen einer öffentlichen Führungsrolle

Die Interessen der Menge beobachten

> »*Was nicht in die Masse dringt, ist unwirksam.*«
> KARL JASPERS (PSYCHIATER UND PHILOSOPH)

Wie wir die Interessen der Menge beobachten, auf welche Aspekte wir dabei unser Augenmerk richten, hängt von unserer eigenen Position, unseren Kenntnissen und unserem Hintergrund ab – und natürlich von unserem strategischen Ziel: Geht es uns darum, Kunden oder Klienten zu gewinnen? Wollen wir uns als Politiker oder

Lobbyist einen Namen machen, streben wir ein Amt an, eine Position? Oder geht es uns »nur« um Bekanntheit, um Fame?

Je nach Ausrichtung unseres strategischen Ziels werden wir uns auf unterschiedliche Aspekte konzentrieren. Ein Künstler wird darüber nachdenken, wie sein Image ist (oder werden soll) und welches Publikum er ansprechen kann und will: Jugendliche oder Kinder? Oder eher das Bildungsbürgertum? Auch ein Unternehmer, dem es darum geht, Produkte zu verkaufen, hat ein bestimmtes Publikum, nämlich eine Zielgruppe oder ein Marktsegment.

Haben wir in etwa (oder besser: sehr genau!) identifiziert, was unser Publikum oder unsere Zielgruppe ist, besteht der nächste Schritt darin zu untersuchen, wo diese Gruppe präsent ist, wo man sie erreicht. Lesen die Betreffenden Tageszeitungen, das Feuilleton? Oder sind sie eher digital unterwegs? Oder treffen wir sie in der Realität an, also an bestimmten Orten, etwa auf dem Sportplatz? Natürlich kann auch alles zugleich stimmen.

Aneignung von Interessen

Niemand kann etwas vertreten, wovon er selbst nicht überzeugt ist. Es muss immer eine gewisse Übereinstimmung geben zwischen dem, was wir für andere fordern, und dem, was wir selbst von der Sache halten. Machen wir uns zum Anwalt von Dingen, denen wir innerlich kritisch gegenüberstehen, an denen wir zweifeln, die wir gar verurteilen, kostet es uns viel Kraft, diese innere Stimme immer wieder zum Schweigen zu bringen, langfristig ist es unmöglich.

Können wir das, was wir für andere fordern, hingegen innerlich unterschreiben, ihm guten Gewissens zustimmen, ist es also – zumindest anteilig – auch unser Interesse, steht uns viel mehr Energie zur Verfügung, für andere zu kämpfen.

Im Prinzip ist auch der umgekehrte Weg denkbar: Wir erkunden, wo unsere Interessen liegen – und prüfen dann, ob es für sie ein Publikum, eine Mehrheit (oder Minderheit) gibt. Dieser Weg ist gekennzeichnet durch eine höhere Motivation, denn hier gehen wir von Anfang an von unseren ureigenen Interessen aus und suchen Mitstreiter. Trotzdem können wir natürlich scheitern, wenn es zu wenige gibt, die unsere Interessen teilen.

Einnehmen einer öffentlichen Führungsrolle

Das Einnehmen einer öffentlichen Führungsrolle ist nicht nur ein Schritt, sondern vor allem ein Ziel, denn von selbst wird uns diese Rolle kaum zufallen – wir müssen sie uns erarbeiten, langwierig und mühsam. Aber vor allem auch zielgerichtet. Wie geht das vor sich?

Als wichtige Grundlage empfiehlt es sich, über die Dinge, die wir vertreten wollen, ein breites, solides Wissen aufzubauen und sich eine fundierte Meinung zu bilden. Wir sind Experten für den Bereich, in dem wir aufzutreten gedenken – oder machen uns dazu, durch Recherchen, Fortbildungen und Lernen. Achtung: Erst, wenn unser Wissen wirklich sicher und fundiert ist, sollten wir es wagen, als Experte aufzutreten, denn die Öffentlichkeit ist heute kritisch und entlarvt Schaumschläger und Blender schnell.

Doch das beste Wissen nützt uns nichts, wenn niemand von ihm erfährt. Wir müssen uns also einmischen, ganz real, vor Ort, oder über die Kommunikationskanäle, die uns heute zur Verfügung stehen: Das Internet und die sozialen Medien, aber auch klassische Massenmedien wie Zeitungen, Radio oder Fernsehen. Am Anfang wird man uns kaum einladen oder zum Interview bitten, also werden wir selbst aktiv werden müssen. Im Internet können wir Präsenz zum Beispiel an folgenden Orten herstellen:

- Präsenz in einschlägigen sozialen Netzwerken (Facebook, LinkedIn, XING)
- Präsenz durch Mikroblogging-Dienste wie Twitter, Instagram oder Tumblr
- sorgfältig gestaltete und stets aktualisierte Homepage mit Kontaktformular und natürlich E-Mail-Adresse
- Blog oder Gästebuch (mit Homepage vernetzt)

Der Aufwand, alle diese digitalen Kanäle zu bespielen, um Aufmerksamkeit zu erzeugen, Präsenz zu zeigen, sollte keineswegs unterschätzt werden. Doch diese Mühe lohnt sich. Ich selbst beschäftige derzeit sieben Mitarbeiter, die nur damit befasst sind, die digitale Präsenz meiner Kanzlei zu pflegen, also im Internet zu bloggen, zu liken und zu twittern – ein Aufwand, den so vermutlich keine andere deutsche Anwaltskanzlei betreibt. Er führt dazu, dass mein Unternehmen einen immer höheren Bekanntheitsgrad genießt, dass ich selbst als Person immer bekannter werde – und natürlich dazu, dass mehr Klienten zu uns kommen.

Verbrauchertipp Nr. 17: Am eigenen Auftritt arbeiten

Den eigenen Auftritt zu verbessern, kann die unterschiedlichsten Bausteine umfassen: Rhetorik und Sprecherziehung, Farb- und Stilberatung, Arbeit am Selbstbewusstsein durch Coaching, Körpersprache, Kompetenz im Bereich Technik und Medien oder das Lernen von Beeinflussungstechniken (zum Beispiel NLP). Doch nicht immer braucht man das volle Programm.

- Stellen Sie Kollegen oder Freunden, denen Sie vertrauen, die Frage, an welchen Stellen Ihres Auftritts sie Defizite sehen oder wo

Sie nicht ganz überzeugend rüberkommen. Der Hintergrund: Oft hat man blinde Stellen dort, wo es einem gar nicht bewusst ist.

- Sehr lehrreich ist es auch, sich selbst in einem Video beim Reden oder Präsentieren zu beobachten.
- Die Arbeit an eigenen Schwachstellen ist nicht immer angenehm, denn oft beinhaltet sie, sich von liebgewonnenen Gewohnheiten zu lösen oder ein idealisiertes Selbstbild in Frage zu stellen. Wer hierzu den Mut aufbringt, verschafft sich aber handfeste Vorteile gegenüber denen, die sich nie ihren Schwächen stellen.

Die neue Öffentlichkeit

Ein Beispiel für die neue Form, wie Öffentlichkeit im und durch den digitalen Raum entstehen kann, sind Selfpublishing-Autoren. Vor einigen Jahren war es praktisch undenkbar, dass Autoren ohne einen großen Verlag hinter sich eine nennenswerte Zahl von Büchern verkaufen konnten. Im Eigenverlag herausgegebene Werke hatten zudem den Ruch des Unseriösen, standen im Verdacht, dass hier jemand ziemlich verzweifelt war, weil ein richtiger Verlag seine Bücher nicht drucken wollte – vermutlich, weil sie zu schlecht waren.

Heute, im digitalen Zeitalter, können Bücher nicht nur rein digital (also als E-Book) verkauft werden, es ist auch möglich, dass Autoren ohne Verlag hohe Auflagen erzielen und mit ihren Büchern am Ende sogar in Bestsellerlisten vorstoßen. Hier hat offenbar jemand ein »Heer« an Lesern, also an Interessenten oder Kunden, hinter sich versammelt, und genau dieses »Heer« führt ihn am Ende auch zum Erfolg, denn natürlich bemisst sich der Erfolg von Büchern nicht zuletzt an ihrer Auflage.

Öffentlichkeit: Segen oder Fluch?

Bevor wir die Öffentlichkeit suchen, bevor wir als Experte hervortreten und ein »Heer« hinter uns zu sammeln beginnen, sollten wir ein paar Dinge bedenken. In unserer demokratisch und medial geprägten Gesellschaft gibt es zwar lebendige Interessen, viel Aufmerksamkeit und gelegentlich auch Euphorien, die bestimmte Themen begleiten. Doch es gibt keine Gefolgschaft, keine Verpflichtung. Unser »Heer« ist alles andere, als uns bedingungslos ergeben, denn auf ihm lastet kein Zwang, kein Druck wie beim Militär. Alle, die uns folgen, tun das freiwillig, aus eigenem Interesse. Wird dieses Interesse nicht bedient oder enttäuscht, wenden sie sich ab. Jeder, der will, kann »desertieren«.

Hinzu kommt, dass wir – etwa bei Facebook – keineswegs nur positive Aufmerksamkeit erringen. Ein paar Erfahrungen: Meine Kanzlei verfügt in diesem sozialen Netzwerk derzeit über rund 1,3 Millionen Follower – eine beachtliche Zahl, die Einwohner einer deutschen Großstadt. Doch von diesen Menschen sind etwa 30 Prozent »Hater«, die mich und mein Unternehmen ablehnen, die also Hasskommentare hinterlassen. 50 Prozent können als eher neutral eingeschätzt werden – und nur 20 Prozent stehen mir, meiner digitalen Präsenz, positiv gegenüber.

Das scheint zunächst eine Minderheit zu sein, aber machen wir uns klar, dass es sich umgerechnet um immerhin 260.000 Menschen handelt. Über eine Viertelmillion Menschen also steht dem, was mein Unternehmen tut, positiv gegenüber – und dieses positive Interesse kann (und soll) dahin führen, dass aus diesen Interessierten Kunden werden, Klienten, Mandanten. Haben Sie mitgezählt? Würde nur 1 Prozent davon sich von meiner Kanzlei vertreten lassen, sprechen wir von 2.600 neuen Mandanten.

Und was ist mit den anderen, den Hatern, den Trolls? Nun, ich ignoriere sie. Oder sagen wir, ich zwinge mich dazu. Ich beschäftige mich nicht mit dem, was sie posten. Verrückte, Spinner, Leute mit zu viel Zeit gibt es überall. Doch ich gestehe: Anfänglich war es nicht ganz leicht, sich zu dieser gesunden Ignoranz zu zwingen.

Was ich damit sagen will: Wer an die Öffentlichkeit geht, bekommt von ihr nicht nur Aufmerksamkeit, Lob und Zuspruch. Ihm schlagen auch Ablehnung entgegen, Befremden und Hass.

Wie gehen wir mit negativem Feedback um? An dieser Stelle ist strategisches Denken gefragt: Machen wir uns klar, dass dieser Hass seine Stimme erheben wird, weil er statistisch ein Naturphänomen ist. Er wird aufbranden so wie die Flut am Meeresstrand. Eine Flut können wir nicht verhindern – aber sie meint uns nie persönlich. Sie will nicht uns treffen, sondern nur ihre Energie verströmen.

Auf gleiche Weise ist es eine Art Naturgesetz, dass Öffentlichkeit Hass anzieht. An dieser Stelle sollte sich jeder, der diesen Weg gehen will, fragen, ob er das aushält. Wenn nicht, sollte er *David-Prinzip* Nr. 9 anderen überlassen. Daher ein paar abschließende Tipps und Strategien, um mit diesem Prinzip erfolgreich zu sein:

- Trennen Sie, wenn Sie in der Öffentlichkeit stehen, Ihre berufliche beziehungsweise mediale Rolle von Ihrer privaten Person. Nur geübten Prominenten gelingt der Spagat, in der Homestory zwar saftige Details preiszugeben, das Privatleben aber in Wahrheit dahinter zu verbergen.
- Holen Sie sich Hilfe von Profis: PR-Agenturen, Berater.
- Wenn Sie öffentliche Auftritte anstreben: Arbeiten Sie vorher an Ihrer Rhetorik, Ihrer Körpersprache, Ihrem Outfit. Auch hier ist die Unterstützung von Profis (Sprach- und Schauspieltrainer, Stylisten et cetera) hilfreich.
- Evaluieren und managen Sie Ihre digitale Präsenz regelmäßig, indem Sie darüber Statistiken führen und beobachten, welche Auftritte oder Äußerungen welches Ergebnis erzielen.

- Dokumentieren Sie Ihre Auftritte und Interviews in einem Archiv, um dieses Material auswerten oder später erneut verwerten zu können.
- Lampenfieber und Unsicherheit sind am Anfang normal und gehören sogar bei Profischauspielern dazu. Es ist sogar eine gesunde Reaktion, denn die damit verbundene Nervosität (Stichwort: Adrenalin!) aktiviert unsere Ressourcen und sorgt dafür, dass wir während des Auftritts präsent und konzentriert sind.
- Arbeiten Sie systematisch an Ihrem öffentlichen Bild. Legen Sie fest, wie Sie erscheinen wollen und durch welche Mittel Sie Ihr Image erreichen können. Jemand, der sich öffentlich für die Belange von Tieren einsetzt, sollte nicht im Zobel herumlaufen. Ihre Erscheinung, Ihr Habitus, Ihr Bild muss zu dem passen, was Sie vertreten.
- Die heutige Öffentlichkeit ist hoch kritisch, in ihren Stimmungen schwankend und alles andere als vernunftgesteuert. Einerseits lässt sich dies ausnutzen, indem Sie »Stimmung machen«, andererseits kann sich diese Unberechenbarkeit schnell gegen Sie wenden. Rechnen Sie immer damit, dass die Stimmung umschlägt.
- Früher oder später positionieren sich vermutlich Gegner (»Feinde«) gegen Sie, die gegensätzliche oder sogar ähnliche Standpunkte vertreten. Legen Sie beizeiten eine Strategie fest, wie Sie sich mit Gegnern auseinandersetzen wollen – zum Beispiel in offener Konfrontation (Streitgespräch, Gegendarstellung, Dementi) oder mit Ignorieren.
- Begegnen Sie Gegnern professionell. Machen Sie sich klar: Der andere meint nie Sie persönlich. Es geht ihm nur darum, sich zu profilieren, sein eigenes »Heer« zu bedienen und zufriedenzustellen.
- Beobachten Sie die Öffentlichkeit sorgfältig. Reagieren Sie auf das, was andere äußern, zeitnah. Oder besser noch: Äußern Sie sich als Erster, denn dann können Sie Pflöcke einschlagen (Framing) und bekommen Aufmerksamkeit.

- Versorgen Sie die Presse (Redaktionen) systematisch und aktiv mit Informationen, indem Sie Pressemitteilungen verschicken.

Praxisbeispiel:
Der Fall (von) Air Berlin

Nachfolgend ein Beispiel aus meiner beruflichen Praxis, das zeigt, wie das *David-Prinzip* Nr. 9 erfolgreich angewendet werden kann.

Sie haben es sich schon gedacht: Bei der Arbeit eines Rechtsanwalts geht es nicht darum, Heere hinter sich zu sammeln. Schließlich bin ich weder ein Politiker noch ein General. Dennoch kann ein Anwalt, wenn seine Kanzlei eine bestimmte Größe überschreitet, eine beachtliche Zahl von Mandanten vertreten. Daraus entsteht eine Win-win-Situation: Die Macht der Kanzlei wächst, weil der juristische Gegner weiß, dass sie viele Mandanten vertritt, und die Kanzlei hat wirtschaftlichen Erfolg, sprich, mehr Umsatz.

In meiner Arbeit habe ich das klassische Prinzip, nach dem der Anwalt passiv darauf wartet, dass Mandanten zu ihm kommen, deshalb ein Stück weit umgekehrt. Ich suche mir gezielt Themen, von denen viele Menschen betroffen sind, die juristisch eine gewisse Gleichförmigkeit versprechen, die »skalierbar« sind. Das bedeutet: Ich beobachte aufmerksam, was in der Öffentlichkeit vor sich geht und suche dann genau diese Öffentlichkeit auf, indem ich mich (vgl. oben) dort als Experte profiliere.

Das Thema Air Berlin ist ein solcher Fall, auf den ich durch die Medien aufmerksam geworden bin. Erinnern wir uns: Am 11. August 2017 entzog Etihad Airways der in Berlin ansässigen Fluggesellschaft Air Berlin die weitere finanzielle Unterstützung und vier Tage später meldete Air Berlin die Insolvenz an. Am 12. Oktober 2017 kündigte die Lufthansa eine Übernahme der Air-Berlin-Tochterunternehmen Niki und LGW an sowie den Betrieb von 20 Flugzeugen.[53]

Schnell war klar, dass von der Insolvenz mehr als 8.000 Mitarbeiter betroffen sein würden – dass hier also eine große Menge potenzieller Mandanten wartete, denn nur, wer auf Weiterbeschäftigung klagte, hatte eine Chance, von Lufthansa übernommen zu werden. Ich begann also – unterstützt von unserer Blogredaktion – Präsenz in den einschlägigen Air-Berlin-Facebook-Gruppen herzustellen. Ein wichtiges Prinzip dabei war es, klar Stellung zu beziehen, denn nur, wer polarisiert und eine eindeutige Meinung vertritt, wird hier wahrgenommen. Allerdings führt dies auch dazu, dass man die berüchtigten Hater anzieht (vgl. oben).

Unsere Präsenz in der digitalen Öffentlichkeit war erfolgreich: Bald kamen die ersten Mitarbeiter von Air Berlin als Mandanten zu uns, und als sie damit begannen, uns weiterzuempfehlen, entstand schnell ein Schneeballsystem. Zu diesem Zeitpunkt begann ich damit, eine breitere Öffentlichkeit auch durch andere Medien herzustellen: durch Videos, Blogs und bald auch Fernsehauftritte bei ntv. Dadurch wuchsen mein Bekanntheitsgrad und der meiner Kanzlei immer weiter. Unsere Präsenz war effizient durchorganisiert: Die Themen, welche die Blogredaktion bearbeitete, dienten immer direkt als Vorlage für die PR-Abteilung, die aus dem Material dann Pressemitteilungen erstellte, die wir regelmäßig (manchmal sogar täglich) an sämtliche juristische Redaktionen Deutschlands schickten, vor allem an Tageszeitungen.

Am Ende vertraten wir rund 600 ehemalige Air-Berlin-Mitarbeiter und konnten vielen von ihnen helfen. Gewannen wir den Prozess, wurde in der Regel ein Betriebsübergang zur Lufthansa festgestellt, das heißt, der betreffende Arbeitsvertrag galt weiter oder Lufthansa zahlte dem Betroffenen eine Abfindung. Dabei galten allerdings enge Fristen: Eine Kündigungsschutzklage muss in Deutschland innerhalb von drei Wochen erhoben werden.

Die besondere Schlagstärke unserer Kanzlei bestand darin, dass wir viele Menschen sammelten, die das gleiche Problem beziehungsweise das gleiche Interesse hatten und dass wir die Klagen dadurch ein Stück weit standardisieren konnten. Eine Klage analog 600 mal in ungefähr gleicher Form zu führen, ist natürlich höchst effizient, weil man immer die gleichen Texte und Begründungen verwenden kann. Man kann aber auch in einem solchen Fall die betreffende Sache weitaus gründlicher und tiefer durchdenken und recherchieren, weil der geleistete Aufwand nicht gegen das Honorar eines einzigen Falles abgewogen werden muss.

Das Beispiel zeigt, welche Bedeutung die digitale Öffentlichkeit hat – und wie relativ leicht es heute ist, viele Menschen zu erreichen und zu ihrem Fürsprecher zu werden.

Verbrauchertipp Nr. 18: Gekündigt – und nun?

Natürlich ist es in der Regel sehr unangenehm, eine Kündigung zu erhalten. Viele verlieren jetzt den Kopf und ergeben sich ihrem Schicksal. Doch nicht immer sind Kündigungen rechtlich einwandfrei, und oft haben Sie viel mehr Rechte, als Sie glauben. Gehen Sie sofort zu einem Anwalt für Arbeitsrecht, wenn Sie die Vermutung haben, dass Ihre Kündigung nicht rechtens ist, denn die Frist für eine Kündigungsschutzklage vor dem Arbeitsgericht beträgt nur drei Wochen! Die folgenden Tipps können das komplexe Thema nur anreißen:

- Eine Kündigung ist nur dann gültig, wenn das Kündigungsschreiben eine Unterschrift trägt. Diese muss zwar nicht lesbar sein, aber wenigstens als solche erkennbar: Initialen oder Abkürzungen reichen nicht!
- Arbeiten Sie in einem Betrieb mit mehr als zehn Mitarbeitern? Dann gilt, wenn Sie seit mehr als sechs Monaten dort beschäftigt sind, das Kündigungsschutzgesetz (KschG). Es beinhaltet

unter anderem, dass eine Kündigung nur mit einem der drei folgenden Gründe möglich ist: *personenbedingt* (zum Beispiel wegen Krankheit), *verhaltensbedingt* (etwa »Krankfeiern« oder chronische Verspätungen trotz Abmahnung), *betriebsbedingt* (Wegfall von Arbeitsplätzen im Unternehmen).

- Hat Ihre Firma einen Betriebsrat? Dann muss er nach § 102 Betriebsverfassungsgesetz (BetrVG) vor Ihrer Kündigung angehört worden sein. Bei einer ordentlichen Kündigung hat er eine Woche Zeit zu widersprechen, bei einer außerordentlichen Kündigung drei Tage.

- Gelegentlich sind Kündigungen rechtsunwirksam, weil der Unterzeichner des Kündigungsschreibens gar nicht kündigungsberechtigt war. Dann ist der Arbeitnehmer berechtigt, die Kündigung nach § 174 BGB zurückzuweisen.

- Fristlose Kündigungen sind nur unter besonderen Bedingungen zulässig, zum Beispiel Arbeitsverweigerung (LAG Hamm, Urteil 25.05.2012, Az. 7 Sa 2/12), Beleidigung des Arbeitgebers (BAG, Urteil 10.10.2002, Az. 2 AZR 418/01), Drogenkonsum (BAG, Urteil 20.10.2016, Az. 6 AZR 471/15) oder sexuelle Belästigung von Kollegen (BAG, Urteil 09.06.2011, Az. 2 AZR 323/10, LAG Niedersachsen, Urteil 06.12.2013, Az. 6 Sa 391/13). Und: Auch hier muss gegebenenfalls der Betriebsrat angehört werden.

LERNE DANKBARKEIT

>»Nicht die Glücklichen sind dankbar.
Es sind die Dankbaren, die glücklich sind.«
FRANCIS BACON (1561–1626)*

Dankbarkeit ist für mich ein hohes Gut, ein Weg zum Glück. Natürlich empfinde ich Dankbarkeit, wenn mir etwas Wertvolles geschenkt wird. Doch wenn morgens mein Kind aufwacht, mir freudestrahlend entgegenblickt und mich umarmt, bin ich noch viel dankbarer.

Bei den »großen« Dingen – unerwarteten Glücksfällen etwa – ist es natürlich sehr leicht, dankbar zu sein. Doch ich habe gelernt, dass es noch viel wichtiger ist, auch die kleinen, alltäglichen Dinge wertzuschätzen, ihnen mit Dankbarkeit zu begegnen, denn wenn wir genauer hinsehen, sind sie keineswegs selbstverständlich. Hier ist es sinnvoll, sich ein bisschen zu resetten und den Blick abzuwenden von Luxusgütern und Prunk, hin zu den scheinbar selbstverständlichen Dingen des Alltags: die frische Luft am Morgen, der Geschmack des Frühstücksbrötchens, das Lächeln unserer Partnerin oder unseres Partners. Ich selbst führe, wie schon oben berichtet, ein Journal, in das ich täglich drei neue Dinge eintrage, für die ich dankbar bin, und meine Sensibilität in diesem Bereich hat sich nachhaltig verbessert.

Wir alle wissen, dass es im Leben nicht immer nur bergauf geht. Daher ist es wichtig, gerade auch in Phasen des Erfolgs, des Hypes, dankbar zu sein und von diesem Erfolg vielleicht sogar etwas abzugeben – etwa durch Spendenbereitschaft. Also an die zu denken, denen es gerade nicht so gut geht. Das Glück, das dadurch entsteht, dass wir anderen helfen, hat viel mit Dankbarkeit zu tun und hilft dabei, uns zu erden, nicht übermütig zu werden.

Leider steht Dankbarkeit heute nicht sehr hoch im Kurs. Auf viele wirkt das Wort »Dankbarkeit« eher betulich, was vielleicht damit zu tun hat, dass bestimmte Menschen die Tendenz haben, Dankbarkeit einzufordern. Dass man sie auf diese Weise nicht bekommt und dass sie, selbst wenn der andere der Aufforderung nachkäme, wenig Wert hätte, liegt auf der Hand.

Damit sehen wir schon ihr erstes Prinzip: Dankbarkeit ist spontan, sie kann weder erzwungen noch künstlich erzeugt werden. Sie steigt in uns empor, wenn uns Gutes widerfährt, wenn wir einen Erfolg errungen haben oder wenn wir einer Gefahr entronnen sind. Anders als der Stolz auf eigene Leistungen hat sie immer mit dem zu tun, was uns von anderen zukommt: von Helfern, von Mitstreitern, von Freunden – oder von Gott.

Dankbarkeit zu empfinden bedeutet, von uns selbst abzusehen und anzuerkennen, was andere für uns tun. Was uns geschenkt wird. Es hat nicht nur mit guter Erziehung zu tun, sie wahrzunehmen und zum Ausdruck zu bringen, auch mit Reife und innerer Stärke. Wer immer nur nimmt, ohne Dank zu zeigen, wirkt nicht nur undankbar, sondern auch ungehobelt. Natürlich kann das notorische Bedanken auch aufgesetzt wirken und zur Floskel erstarren – etwa der ritualisierte Dank bei Festreden, wo allen Beteiligten wortreich gedankt wird und sich irgendwann Langeweile einstellt. Aber garantiert ist einer enttäuscht, wenn der persönliche Dank an ihn ausbleibt! Daher kann auf der Ebene der Höflichkeit nur der Rat gegeben werden, sich lieber einmal mehr zu bedanken als zu wenig. Und natürlich bei allen und mehrmals und besonders herzlich.

Mit dem echten, tiefen Gefühl der Dankbarkeit, um das es hier gehen soll, haben derartige Bekundungen allerdings nur wenig zu tun. Dankbarkeit bedeutet in erster Linie, diese in uns selbst zu empfinden und aus dieser Empfindung Kraft zu schöpfen. Bevor wir uns anschauen, was das bedeutet, vergegenwärtigen wir uns kurz das Gegenteil.

Vielen Menschen ist das Gefühl der Dankbarkeit völlig fremd. Sie nörgeln an allem herum, sehen überall nur Defizite, Fehler oder Schwächen – an anderen oder an sich. Sie sind unzufrieden mit ihrem Aussehen, ihrer Arbeit, ihrer Wohnung, ihrem Partner, ihrem Hund. Sie langweilen sich im Konzert, können nach jedem Film sofort sagen, was an ihm schlecht war und finden im Restaurant das Haar in der Suppe. Sie haben immer zu wenig und werden von allen übervorteilt. Und bei alledem glauben sie noch, auf erlesene Weise kritisch zu sein, hohe Ansprüche zu pflegen oder einen besonderen Geschmack zu besitzen. Doch schauen wir in ihre Gesichter: Sind sie glücklich mit ihrer Unzufriedenheit? Befriedigt es sie, stets überall nur zu kritisieren, von allem immer nur das Negative zu sehen?

Andere sind so gestrickt, dass sie immer nur nehmen und nie etwas zurückgeben. Diese nicht sehr sympathische Haltung sehen wir bei Teenagern oder bei unreifen Menschen, die Verantwortung im Leben scheuen und deren Streben dahin gerichtet ist, von anderen zu leben, sie auszunutzen. Auch einem solchen Nassauertum (um nicht ein böseres Wort zu benutzen) ist das Gefühl der Dankbarkeit fremd. Aus der Gewohnheit zu nehmen, entsteht eine Anspruchshaltung, die Erwartung, ein Recht auf Zuwendung und Unterstützung zu besitzen. Sehr erwachsen ist diese Haltung nicht, und es fällt uns auch schwer, solche Menschen zu respektieren. Bezeichnenderweise respektieren sie sich oft selbst nicht.

An beiden Beispielen sehen wir, dass ein Defizit an Dankbarkeit mit einem ungesunden inneren Ungleichgewicht zu tun hat: Entweder will der Undankbare nicht sehen, was er schon hat. Oder er kann sich Dankbarkeit nicht erlauben, weil er sich dann eingestehen müsste, was er von anderen empfängt, ohne selbst etwas zu geben. Es scheint also sinnvoll zu sein, das Gefühl der Dankbarkeit in sich zu fördern. Dabei gibt es mehrere Aspekte:

- Wer souverän ist, dem steht Dankbarkeit gut an, der vergibt sich durch sie nichts. Im Gegenteil: Je authentischer er seinen Dank ausdrückt, umso mehr werden wir seine Haltung als Größe ansehen. Wer sich hingegen nie bedankt, wirkt kleinlich.
- Dankbarkeit öffnet uns dem Positiven, das wir schon besitzen, was wir uns erarbeitet haben oder was uns geschenkt wurde. Mit ihr belohnen wir uns selbst.
- Ein wichtiger Aspekt der Dankbarkeit ist Genuss. Wer sich Dankbarkeit aus irgendwelchen Gründen verbietet (aus intellektuellem Hochmut, aus Arroganz oder aus Übellaunigkeit), verschließt sich unzähligen Genüssen und damit einer wichtigen Kraftquelle, die sein inneres Gleichgewicht fördern kann.

Wie schon angedeutet, beinhaltet das Gefühl der Dankbarkeit verschiedene Stufen und Richtungen, denen unterschiedlicher Wert zukommt und die eine unterschiedlich große geistige Reife anzeigen. Dabei können wir einerseits dankbar sein für das, was wir von anderen empfangen, andererseits für das, was wir selbst können und sind – allerdings nicht in der Form egoistischen Stolzes, sondern eben in Form von Dankbarkeit.

- Die einfachste Form der Dankbarkeit ist die, die wir für materielle Geschenke empfinden. In primitivster Form ist sie zunächst naive Freude – das Kleinkind freut sich über den Lutscher, aber es ist noch nicht wirklich dankbar. Das etwas größere Kind hingegen, das ein Buch geschenkt bekommt, ist zur Dankbarkeit bereits fähig und drückt seinen Dank auch aus.
- Eine höhere Form der Dankbarkeit ist die, die wir für die Leistungen, Zuwendungen und Anerkennungen empfinden, die an-

dere uns zukommen lassen – etwa der Partner oder ein Freund. Dieses Gefühl ist wertvoll, und wir sollten es ausdrücken, was nicht immer ganz einfach ist – nicht zuletzt, weil es immer ein wenig im Schatten eines noch mächtigeren Gefühls steht: der Liebe. Doch Liebe ist auch ohne Dankbarkeit möglich (bei genauerer Betrachtung ist diese ihr sogar fremd), und es gibt auch echt empfundenen Dank ohne Liebe.

- Eine noch höhere Form der Dankbarkeit ist die, die sich auf unsere eigenen Fähigkeiten, Talente oder Besitztümer richtet. Wohlgemerkt: Es geht hier nicht um Stolz, sondern um Dankbarkeit. In diesem Bereich Dankbarkeit zu empfinden, bedeutet anzuerkennen, dass nicht wir allein es sind, die dies alles hervorgebracht haben.

Die letzte Erkenntnis ist keineswegs trivial, wie wir sehen, wenn wir Menschen betrachten, die auf Dinge stolz sind, die sie sich nicht selbst erarbeitet haben, sondern die ihnen geschenkt wurden: ein makelloses Aussehen, perfekte Gesundheit, ererbte Besitztümer. Ein sichtbarer Stolz auf solche Dinge wirkt, wenn seine Spitze nicht durch Dankbarkeit gebrochen wird, wenn in ihm nicht ein wenig Demut mitschwingt, unsympathisch und erregt Widerwillen, sogar Wut. Und diese Wut ist nichts anderes als der Ärger darüber, wie undankbar hier jemand ist.

Doch auch bei dem Stolz, den wir über eigene Leistungen empfinden, sollten wir prüfen, ob es da nicht auch einen gegeben hat, dem wir dankbar sein können, der uns geholfen hat. Kein Spitzensportler erreicht seine Ziele ohne Trainer. Kein Unternehmer ist erfolgreich ohne Mitarbeiter.

- Die höchste Form der Dankbarkeit ist die, für unser Leben dankbar zu sein. Dieses Gefühl stellt sich meist erst in reiferen Jahren ein, wenn wir seine Endlichkeit spüren, und oft drückt es sich darin aus, für selbstverständliche Güter des Lebens Dankbarkeit zu empfinden – für unsere Gesundheit, für das tägliche Essen, für die Luft, die wir atmen.

Dankbarkeit in diesem Bereich zu lernen ist schwierig, aber sehr befriedigend, denn sie ist der Kern der Dankbarkeit. Wenn wir zu ihr vorstoßen, sind wir in der Lage, unser Leben in ein Gleichgewicht zu bringen. Wir können nun dem, was noch fehlt, was wir noch nicht erreicht haben, das entgegensetzen, was alles schon da ist. Was wir erreicht haben, was wir besitzen, was wir können. Und selbst wenn uns gerade gar nichts gelingt, wenn wir völlig am Boden liegen und alles verloren haben, können wir immer noch für eines dankbar sein: nämlich für unser Leben. Und oft sind wir es dann auch zum ersten Mal. Vielleicht liegt hier der tiefere Sinn mancher Krisen und Verluste?

⌐ Verbrauchertipp Nr. 19: Wertschätze, was du besitzt

Im Zusammenhang mit Verbraucherschutz mag der Rat, den ich Ihnen an dieser Stelle zum Thema Dankbarkeit gebe, ungewöhnlich klingen, aber ich meine ihn völlig ernst: Wertschätzen und pflegen Sie, was Sie besitzen. Die Haltung, an dem, was wir für teures Geld kaufen, nicht immer nur herumzunörgeln, sondern es wertzuschätzen und zu pflegen, birgt einen handfesten Vorteil: Wir müssen viel seltener etwas kaufen. Wir können genießen, was wir schon haben. Wir sind ernsthaft glücklich mit dem, was wir besitzen. Eigenartig, wie fast anachronistisch diese Idee klingt, nicht wahr?

- Haben Sie sich für teures Geld ein Cabrio zusammengespart? Dann machen Sie das Dach auf und cruisen Sie die Alleen entlang, statt immer nur davon zu träumen. Keine Angst, die Sitze werden schon nicht schmutzig.

- Haben Sie ein Haus geerbt? Modernisieren und gestalten Sie ruhig – aber relaxen Sie im Sommer auch wirklich im Liegestuhl, wie Sie es sich immer vorgestellt haben, statt immer nur Rasen zu mähen oder schnellstmöglich in die Dominikanische Republik zu flüchten.
- Lieben Sie Ihre Kamera, Ihre Armbanduhr, Ihr Auto? Dann denken Sie an regelmäßige Updates und Inspektionen.
- Dankbarkeit und Freude an schönen Dingen bedeutet, sie zu pflegen und zu reparieren, wenn etwas an ihnen kaputtgeht. Das Erstaunliche: Wie in einer Beziehung kommt etwas von den Dingen zurück, wenn wir uns ihnen zuwenden.
- Achten Sie beim Kauf auf Qualität und Langlebigkeit. Wertschätzen können wir nur, was gut ist.

Die Macht der Dankbarkeit, unser Leben ins Gleichgewicht zu bringen, ist vielen nicht bewusst – oder sie scheuen sie gerade dann, wenn sie sehr ehrgeizig sind. Man sieht sofort, warum: Brennender Ehrgeiz kann sich Dankbarkeit im Grunde nicht gestatten. Er will ja gerade nicht beruhigt oder gebrochen werden, sondern strebt nach dem, was noch nicht ist. Er will weiter, mehr, höher. Er kann sich Dankbarkeit nicht erlauben, denn diese könnte ja einwenden, dass er manches von dem, was er anstrebt, vielleicht gar nicht braucht.

Kindern oder jungen Menschen ist das Gefühl der Dankbarkeit für ihre Gesundheit oder gar für ihr Leben in der Regel völlig fremd. Sie sehen gar nicht, was es hier zu danken gibt. Für sie ist beides selbstverständlich. Sie kennen weder echte Schmerzen noch glauben sie ernsthaft, dass es irgendwann so etwas geben könnte wie den Tod. Das ist etwas für Erwachsene, für Alte. Ich weiß noch, wie maniiert mir früher immer die Wünsche nach »guter Gesundheit« zu Geburtstagen erschienen sind – heute drücke ich heimlich die Daumen, wenn jemand mir Gesundheit wünscht (und es hoffentlich ernst meint!). Wir können daraus den Schluss ziehen, dass Dankbarkeit ein reifes Gefühl ist – und dass undankbar zu sein, eine gewisse Unreife verrät.

Praxisbeispiel: Dankbarkeit lernen

So lernen Sie Dankbarkeit:

- Drücken Sie echt empfundenen Dank durch Rituale aus, zum Beispiel kleine Geschenke: Blumen, Mitbringsel.
- Ziehen Sie Bilanz, was Sie schon alles im Leben erreicht haben – am besten schriftlich. Lassen Sie nichts aus, auch nicht den Freischwimmer, den Führerschein und das schwierige Gespräch mit dem Chef. Das Anlegen einer solchen Liste zeigt Ihnen, wie viel Gutes Ihnen schon widerfahren ist und was Sie alles bereits geleistet und erreicht haben. Achtung: Negative Punkte sind hier tabu!
- Üben Sie sich darin, sich am Ende jedes Tages zu vergegenwärtigen, was Ihnen heute gelungen ist und wofür Sie Dank empfinden. Wenn Sie religiös sind: Bedanken Sie sich bei Gott. Wenn nicht: Bedanken Sie sich beim Universum – oder bei sich selbst.
- Üben Sie sich darin, die kleinen Dinge des Lebens zu genießen: Trinken Sie das Glas Wasser bewusst. Schauen Sie im Café in die Sonne. Sehen Sie den Vögeln zu. Atmen Sie die Seeluft ein. Und fühlen Sie die tiefe Dankbarkeit, dass Sie am Leben sind. Und dass es all dies gibt.

DAVID-PRINZIP NR. 11

LERNE ZU WARTEN

»Alles nimmt ein gutes Ende für den, der warten kann.«
LEO TOLSTOI (1828–1910)

Sie haben es sich vermutlich schon gedacht: Ich bin ein Mensch, der nur sehr ungern wartet. Ich hasse Schlangen. Ich versuche alles, um mich nicht irgendwo hinten anstellen zu müssen. Ich bin ungeduldig, und ich halte das sogar für eine Tugend. Nur wer ungeduldig ist, fängt beizeiten an und erreicht etwas. Er wartet weder, bis andere ihm den Startschuss geben noch, bis ihm selbst irgendwelche Zweifel kommen. Er legt einfach los und überlässt die Warterei anderen.

Was, um Himmels willen, kann ich also damit meinen, wenn ich Sie in diesem Kapitel dazu ermuntere, das Warten zu lernen?

Wie ich das Warten lernte

Wie sehr Warten damit zu tun hat, am Ende erfolgreich zu sein, habe ich am eigenen Leib erfahren. Und dabei wurde meine Geduld auf eine wirklich harte Probe gestellt.

Ende 2009 stand ich vor dem Scherbenhaufen meines Lebens. Privat hatte ich mit der Trennung von meiner Frau und der damit verbundenen Scheidung zu tun, beruflich hatte ich gerade meine Kanzlei gekauft und dafür eine halbe Million Euro investieren müssen. Ich hatte keine Rücklagen mehr, war finanziell am Ende – und brauchte gerade deshalb dringend neue Mandanten. Zeit hatte ich keine, und so konnte ich nicht darauf vertrauen, dass mein Geschäft sich langsam und stetig entwickeln würde. Ich ging also neue Wege, vor allem digital. Ich baute eine SEO-optimierte (*search engine optimization, SEO*) Internetseite für meine Kanzlei mit möglichst vielen Keywords, die von den Suchmaschinen gut gefunden wurde. Die meisten anderen Kanzleien hatten damals primitive Homepages, die digitalen Visitenkarten ähnelten und alles andere als googlefähig waren. Durch unsere Texte mit den richtigen Keywords waren wir bald überall die Nr. 1 und bekamen schnell extrem viele Mandanten.

Doch diese Strategie allein hätte mich nicht gerettet; ich brauchte auch flüssige Mittel. In langen Kämpfen gelang es mir immer wieder, die Banken von meiner Strategie zu überzeugen, und nach etwa zwei Jahren war endlich Licht am Ende des Tunnels zu sehen. Ich kam aus der Krise heraus und es wurde immer besser: Seit 2013 haben wir jedes Jahr unseren Umsatz verdoppelt. Doch dieser Erfolg erforderte einen langen Atem und die Bereitschaft, immer wieder nach Lösungen zu suchen. Dieses Warten war gerade kein passives Warten auf einen Erfolg, der sich irgendwann vielleicht einstellt, sondern aktives Handeln. Damals habe ich das Warten gelernt.

Wer andere warten lässt, hat Macht

Als junger Mann hatte ich eine sehr schöne Freundin, die mich immer warten ließ. Sie kam einfach nie pünktlich. Bei jeder Verabredung in der Stadt wartete ich eine Viertel-, oft sogar eine halbe Stunde auf sie, bis sie dann endlich ihren Auftritt hatte. Und, ehrlich gesagt, ich hätte noch länger gewartet. Eine Stunde, vielleicht sogar zwei – jedenfalls beim ersten Date. Und ich war damit keineswegs allein. Sie ließ alle Männer warten. Einige warten angeblich immer noch auf sie – in anderen Städten, in anderen Ländern, an der Seite anderer Frauen, mit denen sie sich inzwischen (natürlich völlig vergeblich) trösten. Ich kann das nicht überprüfen, aber vermutlich stimmt es.

Wenn ich meine Freundin dann nach der ganzen Warterei, schon leicht genervt, aber im Grunde glücklich, dass sie überhaupt kam, zur Rede stellte, hatte sie nicht einmal eine Ausrede. Sie schob keine vergessenen Schlüssel vor oder verpasste Züge. Sie sagte einfach: Eine schöne Frau kann sich das erlauben. Und strahlte mich an. Hinreißend.

Bekloppt, werden jetzt einige sagen, schön dumm. Hätte ich nie mit mir machen lassen, so ein Theater. Eingebildete Zicke.

Aber Sie haben sie eben nicht gesehen. Stellen Sie sich vor, Sie wären mit Julia Roberts verabredet. Oder, als Frau, mit George Clooney. Ich sage Ihnen: Sie würden warten. Lange. Sehr lange sogar. Und ich habe auch gewartet, obwohl es komplett gegen meine Natur ist. Ich habe den Preis bezahlt, weil sie es wert war.

Wir sehen an dieser kleinen Geschichte: Andere warten zu lassen, bedeutet, Macht auszuüben. Wer wartet, ordnet sich unter. Er akzeptiert den Frame, den andere setzen. Wer warten lässt, bestimmt die Regeln, und wer wartet, akzeptiert sie. Man könnte grob sagen: Je selbstbewusster jemand ist, desto weniger gern wartet er. Und auch für Hierarchien gilt nicht umsonst: Wer oben steht, wartet nicht. Und man lässt ihn auch nicht warten, auf keinen Fall. Können Sie sich vorstellen, dass die Queen auf jemanden wartet? Oder dass jemand es wagt, sie warten zu lassen? Eben.

Schauen wir uns einmal an, wo wir im praktischen Leben warten, wo wir uns also hinten anstellen müssen:

- bei Dates (vgl. oben)
- auf Behörden und Ämtern
- beim Arzt
- beim Winterschlussverkauf und in angesagten Clubs

- an der Grenze
- auf Bahnhöfen und Flugplätzen

Wir sehen sofort, dass alle diese Wartesituationen etwas gemeinsam haben: Wir wollen oder brauchen etwas – und müssen warten, bis wir es bekommen, bis wir dran sind. Doch die Gründe, warum wir hier warten müssen, sind höchst unterschiedlich. Nicht immer steckt dahinter, dass jemand uns bewusst warten lassen *will*. Oft – etwa auf dem Bahnhof oder beim Arzt – ist der Hintergrund nur, dass es tatsächlich zu wenig Kapazitäten gibt, zu wenig Plätze, zu wenig Personal. Hinter der Warterei steckt keine Absicht, keine Manipulation, und daher nehmen wir sie meist auch nicht übel und warten stoisch.

Wird allerdings unser Verdacht genährt, dass wir warten *sollen*, dass es das Ziel ist, uns durch Warten zu zermürben oder gar einzuschüchtern (oder den Wert dessen, worauf wir warten, künstlich zu erhöhen), reagieren wir störrisch, und meist trügt uns unser Gefühl nicht. Beamte etwa können sehr subtil und fast perfide agieren, wenn es um das Warten geht. Da wird gern noch mal ein Kaffee getrunken oder ein Blatt von links nach rechts geschoben, obwohl man eigentlich schon längst Zeit für den sogenannten Bürger hätte. Reine Machtdemonstration – aber als solche schwer zu beweisen. Die beste Strategie ist es hier, überhaupt nicht zu reagieren. Jeder soll seinen Spaß haben. Und vielleicht ergibt sich ja auch mal die Gelegenheit, den anderen warten zu lassen?

Wartezeit produktiv nutzen

Auf der Ebene zeitlicher Verabredungen (Dates, Termine) ist das Thema Warten überschaubar, und es gibt ein paar einfache Tricks, derartige Wartezeiten produktiv zu nutzen:

- Wissen Sie schon jetzt, dass Sie lange werden warten, etwa auf dem Konsulat oder im Stau? Sorgen Sie für Beschäftigung. Nehmen Sie ein Buch mit oder den Laptop. Selbst auf dem Handy können Sie heute aktiv sein – Mails schreiben, soziale Netzwerke bespielen, YouTube-Videos gucken, Podcasts hören. Machen Sie Wartezeiten zu Lernzeiten!
- Zwingen Sie sich, nicht auf die Uhr zu sehen.
- Sorgen Sie für Wasser und Verpflegung.
- Rechnen Sie mit der längst möglichen Wartezeit – um am Ende dann positiv überrascht zu werden.

Geduld lernen

Wir sehen: Warten muss gar nicht so schlimm sein. Komplexer, vielschichtiger wird es, wenn wir uns klarmachen, dass wir nicht nur auf einen Termin warten oder auf ein Date, sondern auf Dinge, die eintreffen. Auf etwas, das passieren kann oder soll. Und leider auch auf Dinge, auf die wir beim besten Willen keinen Einfluss haben: auf das Wetter oder auf das Ergebnis aus dem Labor. Auf das Urteil der Berufungskommission, auf die Entscheidung des Gerichts. Was bedeutet Warten hier? Und wie können wir damit umgehen?

In bestimmten Situationen ist Warten unvermeidlich. Es steckt nicht unbedingt dahinter, dass andere Macht über uns ausüben wollen, sondern nur, dass ein bestimmter Zeitpunkt einfach noch nicht gekommen ist. Etwas muss noch reifen und kann nicht abgekürzt werden. Man kann dem Apfel am Baum nicht befehlen, schneller zu wachsen. Man kann aber auch andere Menschen nicht zu etwas zwingen, wozu sie noch nicht bereit sind – in zwei Monaten vielleicht aber schon.

Wer hier nicht warten kann, wer Warten in einer solchen Situation missversteht als Machtprüfung, tappt in die Falle, alles immer nur auf sich zu beziehen. Hier hat die Tatsache, dass wir warten müssen, mit uns gar nichts zu tun. Sondern nur damit, dass die Zeit einfach noch nicht reif ist. Abwarten und Tee trinken.

Dieser Punkt ist nicht nur in Situationen von Bedeutung, wo wir von fremden Mächten (Wetter, Börsenkurse, Gerichte) abhängig sind. Fast noch wichtiger ist das Abwarten des richtigen Moments in einer strategischen Situation. Jemand ist noch nicht ganz überzeugt. Wir haben noch nicht alle Informationen. Unsere Kräfte sind noch nicht gebündelt. Die Lage ist noch ein Stück weit unklar. Das bedeutet: Wir warten noch. Und zwar aus gutem Grund. Jetzt ungeduldig vorzupreschen wäre fatal. Es würde bedeuten, alle unsere Mühen und Vorarbeiten aufs Spiel zu setzen.

Auch David wartet. Er wartet auf den richtigen Moment, und er richtet seine gesamte Aufmerksamkeit auf dem Schlachtfeld darauf, diesen Moment zu spüren. Wenn er zu lange wartet, ist es zu spät. Dann überrennt Goliath ihn. Und wenn er den Stein zu früh schleudert, verliert er ebenfalls, denn dann ist sein Schuss ungenau.

Die Tugend, auf den richtigen Moment warten zu können, weder nervös noch ermüdet, nennen wir Geduld. Oben habe ich gesagt, dass ich selbst eher ungeduldig bin, und daher hat es mich einige Lebenszeit gekostet zu begreifen, dass Geduld ein Wert ist und Ungeduld im Grunde doch keine Tugend.[54] Wie lernen wir Geduld?

- Geduld zu erlernen, erfordert sehr viel Geduld. Seien Sie also nicht zu ungeduldig mit sich!
- Geduld bedeutet keine Unterordnung, sondern das Gegenteil: Wer geduldig warten kann, zwingt anderen seine Geduld auf. Sein Warten ist plötzlich nicht mehr passiv, sondern aktiv. Wir sehen dies in Situationen, wo ein ebenbürtiger oder überlegener Gegner geduldig abwartet, ohne den Kampf zu eröffnen.

- Alle langfristigen und großen Ziele verlangen Geduld. In ihrem Kern ist Geduld nicht ein Warten, sondern ein Verlagern, Verschieben einer Wunscherfüllung in die Zukunft hinein. Also ein Verzicht. Wer zu diesem Verzicht nicht bereit ist, hat keine Geduld.
- Üben Sie zu verzichten – zunächst bei kleinen Dingen. Was geschieht, wenn Sie dem Drang, noch einen zweiten Kaffee zu bestellen, jetzt nicht nachgeben? Zunächst spüren Sie eine Enttäuschung und die Gier auf den Kaffee wächst. Dann jedoch, früher oder später, verschwindet sie. Der Kaffee ist schließlich nicht das Wichtigste in Ihrem Leben. Sie lernen Geduld.
- Wer zu verzichten lernt, verringert seine Abhängigkeit von seinen eigenen Bedürfnissen.

Nehmen wir an, Sie haben Geduld gelernt – oder besitzen Sie von Natur aus – und warten. Doch irgendwann ist Ihre Geduld zu Ende. Irgendwann können und wollen Sie einfach nicht mehr warten. Dieser Moment zeigt untrüglich an, dass Sie handeln müssen – hoffentlich ist es noch nicht zu spät! Denn wer immer nur handelt, wenn seine Geduld schon am Ende ist, kommt zu spät. Doch auch wer zu ungeduldig ist, wer also nicht warten kann oder will, verpasst den richtigen Moment, denn er kommt zu früh.

Den richtigen Moment des Handelns zu erkennen, ihn zu spüren, ist eine Kunst. Oben, im Zusammenhang mit der Kunst des Bogenschießens, ist uns diese Kunst schon einmal begegnet. Wie können wir sie erlernen?

- Den richtigen Moment zu erkennen, erfordert eine aufmerksame Beobachtung der Lage und eine strategische Entscheidung, welche Bedingungen eingetreten sein müssen, damit wir handeln.
- Erst wenn diese Bedingungen objektiv erfüllt sind, kommt das Momentum der Intuition hinzu. Dann geht es darum, den richtigen Augenblick zu spüren.

- Dabei kommt es nicht so sehr darauf an, was wir beobachten, sondern was unser Bauchgefühl uns sagt. Wenn wir im Erkennen richtiger Momente geübt sind, spüren wir, wenn es soweit ist, ein Signal. Einen inneren Wecker, der klingelt, oder ein Kribbeln. Etwas kippt, färbt sich anders, verwandelt sich. Jetzt spüren wir, dass wir handeln müssen. Wir stehen auf und fangen an.

An sehr reifen, fast schon weisen Menschen sehen wir oft eine große Geduld. Diese Geduld hat weder etwas mit Abwarten zu tun noch mit strategischen Kalkulationen. Sie ist auch keine Resignation oder gar Unterordnung. Sie beinhaltet nicht einmal einen Verzicht. In ihr kommt einfach nur zum Ausdruck, dass diese Menschen Zeit haben. Alle Zeit der Welt. Die Dinge werden sich zu ihren Gunsten wenden. Sie müssen nichts dafür tun und sie warten auch nicht ab. Echte Geduld ist das Gegenteil von Warten. Sie bedeutet Freiheit. Und vollkommenes, grenzenloses Vertrauen in sich selbst.

Ich selbst bin nicht weise. Und ich komme da vielleicht auch nie hin. Aber bewundern kann man diese Haltung schon.

Sehen wir uns einmal an, was von uns Geduld erfordert, wo wir sie brauchen: Bei der Verfolgung langfristiger Ziele, aber auch, wenn wir etwas Kompliziertes reparieren müssen. Handwerkliche Tätigkeiten erfordern oft eine Geduld, die den Laien überrascht. Ein Beispiel aus meinem näheren Umfeld, der Dombauhütte des Kölner Doms: Um ein kleines Türmchen, eine sogenannte Fiale, nachzuschöpfen, braucht ein guter Steinmetz ein Jahr. Ein Jahr lang bearbeitet er immer denselben Stein, jeden Tag. Ungeduldige Menschen verzweifeln schon an der Vorstellung.

Geduld brauchen wir aber auch beim Erlernen einer Sprache oder beim Einstudieren komplizierter Bewegungsabläufe, etwa beim Sport oder beim Tanzen. Doch die größte Geduld fordert der Umgang mit Menschen von uns – mit anderen, aber auch mit uns selbst.

Verbrauchertipp Nr. 20: Mit Geduld Ansprüche einfordern

Ein bisschen unfair ist es schon, aber viele Unternehmen rechnen ganz einfach damit, dass wir als Verbraucher keine Geduld haben: keine Geduld, auf Garantieansprüchen zu bestehen, den Rücktritt vom Kauf wirklich einzufordern oder ewig auf ein Ersatzteil zu warten. Vor allem bei folgenden Szenarien sollten Sie sich klarmachen, dass Sie Geduld brauchen werden:

- Haben Sie berechtigte Garantie- oder Reklamationsansprüche? Dann ist es gerade bei größeren Firmen heute oft schwer bis unmöglich, einen persönlichen Ansprechpartner zu erreichen – stattdessen werden Sie unter einer Servicenummer in zermürbende Warteschleifen mit Roboterstimmen geschickt. Und warum? Nur, damit Sie die Geduld verlieren und am Ende genervt auflegen! Bleiben Sie also dran – oder formulieren Sie Ihre Ansprüche am besten gleich schriftlich.
- Ist Ihr teures Gerät angeblich nur mit Ersatzteilen zu reparieren, auf die Sie monatelang warten müssen oder die sehr teuer sind? Achtung: Hinter dieser Strategie steckt oft nichts anderes als der Versuch, Sie als Verbraucher zum Kauf eines neuen Gerätes zu drängen. Bestehen Sie auf einer Reparatur.
- Sind Ihre Ansprüche sehr hoch, zum Beispiel bei einem Kraftfahrzeug oder einer Immobilie? Machen Sie sich klar, dass Sie sehr hohe Ansprüche in der Regel nie einfach so bekommen, sondern viel Arbeit und Geduld investieren müssen – vermutlich ist sogar der Rechtsweg erforderlich.

Geduld mit anderen

Geduld mit anderen zu haben bedeutet, ihnen Zeit zu geben, ihnen zu vertrauen. Kinder brauchen viel Geduld. Bis sie etwas gelernt oder verstanden haben, kann Zeit vergehen, und wer diesen Punkt missachtet oder versucht, den Weg durch Zwang oder Druck abzukürzen, schadet ihnen, statt sie zu fördern. Wir alle haben ungeduldige Lehrer erlebt – in der Regel mit Grausen.

Doch nicht nur Kinder brauchen Geduld. Auch, wer Mitarbeiter führt, muss sich in Geduld üben. Ungeduld in diesem Bereich zeugt eigentlich nie von Sorge, dass jemand etwas zeitlich nicht schafft, sondern eher von Zweifel an der Person, an seiner Kompetenz. Manchmal verbirgt sich hinter einer solchen Ungeduld auch die Unfähigkeit, Aufgaben abzugeben, zu delegieren. Wir wollen im Grunde alles allein machen und können es buchstäblich nicht mit ansehen, wie der andere arbeitet. Wir wollen ihm in den Arm fallen und es besser machen. Doch auf diese Weise wird der andere die betreffende Tätigkeit kaum erlernen, und effiziente Mitarbeiterführung sieht gewiss anders aus.

Geduld mit anderen lernen wir durch folgende Techniken und Einstellungen:

- Lassen Sie andere machen. Lassen Sie sie arbeiten, lassen Sie sie ausreden, hören Sie ihnen zu. Oft werden Sie feststellen, dass sie einfach nur einen anderen Arbeitsstil haben oder ein langsameres Tempo.
- Lassen Sie Aufgaben, die Sie anderen geben, los. Versuchen Sie nicht, alles zu kontrollieren. Fordern Sie nicht ununterbrochen »Wasserstandsmeldungen« ein.
- Urteilen Sie nicht zu früh über das, was andere hervorbringen und Ihnen präsentieren. Vielleicht enthält es etwas, was Sie zwar nicht explizit eingefordert haben, was Ihre eigentlichen Ziele oder Wünsche aber viel besser erfüllt?

Geduld mit uns selbst

Nicht nur mit anderen brauchen wir Geduld, auch mit uns selbst. Viele Menschen geben sich selbst nicht die Zeit, die sie brauchen, um etwas zu verstehen, zu lernen oder eine Entscheidung zu treffen. Sie setzen sich unter Druck und überfordern sich. Im schlimmsten Fall geben sie vor dem Ziel auf, weil sie keine Geduld mehr haben weiterzumachen.

Doch Geduld mit uns selbst können wir lernen – etwa, indem wir uns schon im Vorfeld klarmachen, dass das, was wir vorhaben, vermutlich nicht bis übermorgen zu schaffen ist. Indem wir uns also Zeit geben und uns angemessene, erreichbare Ziele setzen. Und uns selbst auch Fehler erlauben, Umwege gestatten. Diese Tipps helfen, mit sich selbst mehr Geduld zu haben:

- Machen Sie sich klar, dass mangelhafte Geduld mit sich selbst bedeutet, sich selbst nicht zu vertrauen. Wer Selbstvertrauen aufbauen will, muss Duldsamkeit mit sich üben.
- Es gibt Dinge, sie Sie nie sehr gut machen werden oder bei denen alles Lernen nichts nützt, weil Ihnen einfach die Begabung dafür fehlt. Einige Menschen haben einen mangelnden Orientierungssinn, und alle Erklärungen, wie man Karten lesen soll oder den Sonnenstand prüft, helfen ihnen nicht. Nur, weil Sie irgendetwas nicht können, sind Sie kein schlechter Mensch. Akzeptieren Sie Ihre Schwäche – und aktivieren Sie Ihr Navi, wenn Sie sich wieder mal hoffnungslos verirrt haben.
- Geduld mit sich selbst bedeutet, warten zu können (vgl. oben). Vielleicht sind wir noch nicht so weit, einen bestimmten Schritt zu tun? Vielleicht haben wir uns innerlich noch nicht für einen Job entschieden? Oft hat genau das Gründe, denn derartige Entscheidungen treffen wir unbewusst, und wir sollten sie nicht herbeizwingen, denn sie folgen eigenen Gesetzen – oft im Schlaf. Wir können nur warten. Und Geduld haben.

Praxisbeispiel:
Mit Geduld zum Recht

Es ist schon einige Zeit her, dass Studenten in Salzburg wegen einer »gotteslästerlichen« Karikatur gerichtlich verfolgt werden sollten. Sie hatten im Grunde nur ein altes Sprichwort leicht variiert: »Nicht nur Gottes Mühlen mahlen langsam, sondern des Öfteren auch die der Justiz.«[55]

Ich weiß nicht, wie dieser eigenartige Prozess damals ausgegangen ist, aber dass die Aussage einen wahren Kern enthält, kann ich nur bestätigen: Juristische Vorgänge, Prozesse, gerichtliche Auseinandersetzungen erfordern oft viel Zeit – und damit auch eine bestimmte Form der Geduld. Als Anwalt lernt man sie relativ schnell und sie wird Teil einer professionellen Haltung: Bestimmte Vorgänge können einfach nicht beschleunigt werden und jeder Versuch wäre kontraproduktiv. Je nach Bundesland haben wir es heute mit chronisch überlasteten Gerichten zu tun, und wenn es gar um Fälle geht, die sich über mehrere Instanzen hinziehen, muss man Wartezeiten bis zu einigen Jahren einkalkulieren. Viele Mandanten haben – verständlicherweise – dafür weder Zeit noch Geduld, doch manchmal ist es schon erstaunlich, dass auf Ansprüche verzichtet wird, nur weil jemand nicht warten kann oder will.

Sind Sie sich unsicher, ob Sie einen genügend langen Atem für einen derartigen Prozess haben? Dann sollten Sie die folgenden Aspekte bedenken:

- Obwohl es bei Zivilprozessen oft »nur« um Geld geht, haben viele nicht die Geduld, eine gerichtliche Entscheidung abzuwarten, obwohl sie auf das Geld im Grunde nicht angewiesen sind. Der Hintergrund ist oft, dass sie etwas anderes suchen: Genugtuung, Rache oder eine Entschuldigung des Gegners.
- Gerade Nachbarschaftsstreitigkeiten, die sich über Jahre hinziehen können, sind oft stark emotional geprägt. Ein Zwist, ein

Streit hat sich über Monate oder Jahre aufgeschaukelt und jetzt will man Gerechtigkeit. Vielleicht überrascht es Sie, aber oft rate ich von derartigen Prozessen ab, denn das, wonach hier gesucht wird, ist auf dem Gericht nicht zu bekommen.

- Eine Rechtsschutzversicherung kann Ihnen die Sicherheit geben, auch bei längeren Prozessen nicht hohe Anwalts- oder Prozesskosten fürchten zu müssen.
- Trennen Sie Ihren Rechtsanspruch, wenn irgend möglich, von der zeitlichen Komponente. Machen Sie sich klar, dass Sie von dem Geld, das Sie erstreiten (wollen), im Moment nicht leben müssen – und dass Geld eigentlich nie zu spät kommt.
- Wägen Sie ab, dass eine gerichtliche Auseinandersetzung nicht nur Geld kostet, sondern auch Zeit und Nerven. Steht dem ein eher geringer Streitwert gegenüber, kann es klüger sein, auf einen Anspruch zu verzichten.

Praxisbeispiel:
Warten lernen als Autor

Ein interessantes Beispiel, wie wichtig Geduld und Beharrlichkeit beim Verfolgen langfristiger Ziele sind, bietet der Autor Lothar Seiwert. Auf meine Frage, was in seinem Leben das beste und lohnendste Investment sei, das er je getätigt habe, antwortete er mir: »Ich wollte immer ein erfolgreicher Autor sein, der mit seinen Büchern die Menschen auf der ganzen Welt bewegt. Deshalb war es mir wichtig, dass sie sich in hohen Auflagen auf der ganzen Welt verkaufen. Mit über 50 Buchtiteln und über 5 Millionen verkauften Exemplaren, die in 40 Sprachen übersetzt wurden, habe ich dieses Ziel erreicht. Zu Anfang meiner Karriere als Autor sah es jedoch erst einmal gar nicht nach Erfolg aus. Als unbekannter Neuling in der Branche kassierte ich von den Verlagen, denen ich mein erstes Manuskript angeboten hatte, eine Absage nach der anderen. Sie wollten lieber das 17. Buch mit einem eingeführten Autor machen als das erste eines Unbekannten. Das sind die rauen Gesetze der Verlagsbranche ... Um meinen Plan dennoch zu realisieren, drehte ich das Problem um. ›Wie viele Exemplare muss ich abnehmen‹, schrieb ich zurück, ›damit Sie mein Buch verlegen?‹ ›500 Stück‹, bekam ich von einem renommierten Verleger zur Antwort. Ich sagte zu und die Dinge nahmen ihren Lauf. Das Verlagshaus publizierte mein Buch unter dem Titel *Mehr Zeit für das Wesentliche* zu einem Ladenpreis von 48 DM. Bei Erscheinen lieferte man mir zwei Paletten mit 500 Büchern in meine kleine Zwei-Zimmer-Wohnung in Stuttgart Stammheim. Beiliegend eine Rechnung über 14.400 DM, zahlbar sofort. Von da an kreisten meine Gedanken nur noch darum, wie ich die vielen Bücher, für die ich einen Kredit aufgenommen hatte, wirtschaftlich sinnvoll wieder los würde. Not macht tatsächlich erfinderisch! Damals war ich Vorsitzender der Gruppe Stuttgart in der Gesellschaft für Arbeitsmethodik (GfA). Der gemeinnützige Verein gab in regelmäßigen Abständen den *Arbeitsmethodiker*, eine Zeitschrift für seine Mitglieder, heraus. Ich konnte den Schriftleiter überzeugen, darin kostenlos eine Bestellkarte für das Buch beizulegen. (...) Es gingen zahlreiche Bestellungen ein, die ich alle eigenhändig mit einer Rechnung versah, verpackte und zur Post brachte. Zwei Kunden haben ihre Rechnung übrigens bis heute nicht bezahlt. Es gibt Dinge, die vergisst man nie ... Dennoch wurde diese erste von vielen weiteren Auflagen ein wirtschaftlicher Erfolg – obwohl ich nicht wenige Exemplare zu Werbezwecken verschenkt habe. Und mein Wohnzimmer war dann auch irgendwann wieder leer. Diese Lektion brachte mir etwas Wichtiges bei: Am besten ist dein Geld immer in dich selbst investiert! «

Das Beispiel zeigt, wie wichtig Geduld gerade am Anfang eines Wegs ist und wie sie zum Katalysator für den Erfolg werden kann. Was wäre geschehen, wenn Lothar Seiwert die Ablehnungen der Verlage akzeptiert hätte, wie es viele enttäuschte Autoren tun?

MACHE DIR DEINEN KÖRPER ZUM FREUND

»Tu deinem Leib etwas Gutes, damit deine Seele Lust hat,
darin zu wohnen.«
TERESA VON ÁVILA (1515–1582)

Viele Menschen haben ein gestörtes Verhältnis zu ihrem Körper. Das reicht von völliger Ignoranz über Selbstkasteiung bis hin zum Narzissmus. Einige quälen sich um eines Idealbildes willen, das sie erreichen wollen, foltern sich mit Diäten und Krafttraining, andere stopfen ununterbrochen Fast Food und Chips in sich hinein und haben die Grenze zum Übergewicht längst überschritten. Einige beobachten und belauern ihren Körper so lange, bis er Symptome und Krankheiten produziert, mit denen sie sich dann beschäftigen können. Andere wieder klammern ihren Körper komplett aus ihrer Wahrnehmung aus und verlangen von ihm dennoch, uneingeschränkt zu funktionieren und alles für sie zu tun, was sie ihm abverlangen.

Alle diese Menschen sind weder im Gleichgewicht noch handeln und denken sie gesund, was ihren Körper angeht. Es scheint immer schwieriger zu werden, in diesem Bereich eine vernünftige Einstellung zu finden und den eigenen Körper weder zu über- noch zu unterfordern. Ihn weder zu vergöttern noch zu verdammen.

Ein Weg dorthin kann es sein, die Feindschaft zum Körper, die in derartigen Schieflagen zum Ausdruck kommt, endlich zu beenden und Freundschaft mit ihm zu schließen. Was heißt das genau?

Einen Freund behandelt man vernünftig. Weder maßregelt noch missachtet man ihn. Man hört ihm zu und nimmt ihn ernst, ordnet sich ihm aber weder unter noch lässt man sich von ihm knechten. Man weiß, dass er eigene Bedürfnisse hat und dass sich hinter ihnen weder Bosheit verbirgt noch Willkür. Man wendet sich ihm zu, klebt aber nicht ununterbrochen an ihm dran. Man schätzt ihn und bringt ihm Anerkennung entgegen, vergöttert ihn aber nicht und lässt ihn auch nicht von einem Tag auf den anderen fallen.

Wenn man seinen Körper auf diese Weise behandelt, wird er einen ebenso behandeln – und man wird sich auf ihn verlassen können. Man wird mit ihm Freundschaft schließen.

Für diese Einstellung braucht man weder medizinische Fachkenntnisse noch ist sie ein kompliziertes theoretisches Modell. Vielmehr ist sie uns im Grunde angeboren und es sind eher äußere Einflüsse, die uns von ihr wegführen: falsche Idealbilder aus den Medien, Ernährungswahn, Körper- und Schönheitskult, Hypochondrie.

Praxisbeispiel:
Mein persönliches Gesundheitsprogramm

Ich selbst habe meinen Körper früher nicht immer freundschaftlich behandelt. Ich habe uneingeschränkt Leistung von ihm gefordert und erwartet, dass er mir dient, ohne aufzumucken. Weder hat meine Ernährung mich sonderlich interessiert noch fand ich es sinnvoll, jedem körperlichen Signal gleich übertriebene Bedeutung beizumessen.

Inzwischen weiß ich, dass ich einen angeborenen Herzfehler habe und auf meinen Körper achten muss. Ich habe meine Einstellung zu vielen Dingen geändert – nicht zuletzt, was Ernährung und Bewegung angeht. Mein Job ist hart, und ich kann es mir nicht erlauben, meinen Körper zu vernachlässigen. Da ich ein Mensch bin, der alles gern planmäßig tut, sind Sport und gesunde Ernährung heute ein fester Teil meines Tagesplans, gehören zum Programm.

Konkret sieht das so aus: Jeden Morgen nach dem Aufstehen trinke ich zunächst einen Liter klares Wasser, um meinen Körper auszuschwemmen. Nach dem Frühstück gehe ich eine Stunde ins Fitnessstudio, um dort zu trainieren oder jogge bei schönem Wetter im Freien, zum Beispiel am Rheinufer entlang. Danach kommt immer eine kalte Dusche zur Anregung des Kreislaufs, und dann startet mein Arbeitstag im Büro. Mittags versuche ich nach Möglichkeit, einen kurzen Powernap von zehn oder fünfzehn Minuten zu machen – danach fühle ich mich erfrischt und angefüllt mit neuer Energie. Während der Arbeit trinke ich (zugegebenermaßen) gelegentlich einen Kaffee, vor allem aber Wasser, oder esse einen Apfel als Imbiss.

Bei meiner Ernährung achte ich darauf, möglichst wenig Fett und wenig Kohlenhydrate zu mir zu nehmen, sondern vor allem Eiweiß (Protein) und Vitamine – ich esse also viel Gemüse und mageres Fleisch und meide Dinge wie Reis oder Kartoffeln. Dennoch gestatte ich mir jenseits dieser Standards maßvoll bewusste Genüsse, gehe also gern einmal gut essen, trinke ein Glas Rotwein oder genieße ein paar Pralinen – vor allem während der Festtage. Doch ich achte darauf, dass die Schlemmerei im Alltag dann wieder aufhört und ich konsequent in mein gewohntes Programm zurückfinde.

Durch diese einfachen Maßnahmen und Regeln halte ich mein Gewicht, fühle mich fit und werde eigentlich auch selten krank. Was ich bewusst vermeide, sind exzessive Arztbesuche und die unreflektierte Einnahme irgendwelcher Medikamente. Wird mir etwas verordnet, prüfe ich sehr genau, um was es sich handelt und ob ich es wirklich brauche. Müssen es bei einer kleinen Erkältung wirklich gleich Antibiotika sein? Müssen jede Kopfschmerzen sofort mit Pillen weggekickt werden? Bei einfachen Spannungskopfschmerzen reicht oft genug ein Spaziergang an der frischen Luft. Und bei leichten Rückenschmerzen ist es viel vernünftiger und effizienter, sich zu bewegen, als sich mit schmerzlindernden Mitteln oder gar Spritzen behandeln zu lassen (natürlich spreche ich hier nicht vom Hexenschuss).

Dass ich, was Medikamente angeht, eher vorsichtig bin, mag mit meinen persönlichen Erfahrungen zu tun haben. Einige Jahre war ich im Rahmen von Beraterverträgen als Anwalt für die Pharmaindustrie tätig. Dabei bin ich quer durch Deutschland gereist und habe auf Konferenzen und Meetings Manager und Führungskräfte der Branche juristisch beraten. Der Blick hinter die Kulissen hat mich, vorsichtig gesagt, misstrauisch gemacht, ob die Hersteller von Pillen, Spritzen und Medikamenten bei dem, was sie tun und entwickeln, wirklich immer unser gesundheitliches Wohl im Auge haben. Um es ganz offen zu sagen: Nicht selten geht es dabei vor allem um Profit. Die Pharmaindustrie muss und will ihre Produkte verkaufen. Produkte, die heilen, kann man aber nur an Menschen verkaufen, die sie benötigen, die also krank sind. Muss ich noch deutlicher werden?

Heute mache ich diesen Job nicht mehr, bin darüber sehr erleichtert und schaue mir, was ich schlucken soll, grundsätzlich sehr kritisch an.

Das Geschenk Gesundheit

Gesundheit ist ein Geschenk, das wir (fast) alle bei unserer Geburt mitbekommen und sehr pfleglich behandeln müssen, wenn es uns erhalten bleiben soll. Bekanntlich wurden die chinesischen Ärzte früher nicht dafür bezahlt, Krankheiten zu behandeln, sondern Sie bekamen Geld, wenn ihre Patienten gesund blieben. Von dieser weisen Einstellung ist unser heutiges Gesundheitssystem – das natürlich dennoch unzählige Vorteile hat – denkbar weit entfernt. Ist nicht schon der Begriff eigenartig? Kann Gesundheit wirklich ein System sein?

Ich bin kein Arzt und möchte meine Empfehlungen in diesem Bereich nicht zu weit treiben. Doch eins glaube ich, begriffen zu haben: Der erste und wichtigste Schritt, sich seine Gesundheit zu erhalten, ist es, selbst die Verantwortung für sie zu übernehmen. Diese also weder Ärzten noch Heilpraktikern zu überlassen und schon gar nicht irgendwelchen Gesundheitsaposteln oder der Pharmaindustrie. Denn die alle leben nicht von unserer Gesundheit, sondern von unseren Krankheiten. Davon, dass wir ihre Hilfe brauchen.

Wer sich seine Gesundheit erhalten will, sollte sie wertschätzen und auf sie seine Aufmerksamkeit richten – nicht auf seine Krankheiten! Er sollte seinem Körper die Gelegenheit geben, seine Kraft zu entfalten, sich zu bewegen und das zu bekommen, was er braucht. Und was ist das? Im Grunde wissen wir es alle:

- Bewegung
- ausgewogene Ernährung
- ausreichend Schlaf

Im Gegenzug wissen wir natürlich auch, was unserem Körper schadet und was wir eher meiden sollten: Rauchen und Alkohol, Bewegungsmangel, unausgewogene Ernährung, Völlerei und zu wenig Schlaf. Außerdem natürlich Drogen und Medikamentenmissbrauch. Nicht zuletzt sollten wir Umweltgifte meiden und versuchen, an einem Ort zu leben, an dem die Luft nicht allzu ungesund ist und wo wir weder ständigem Lärm ausgesetzt sind noch übertriebenem Stress.

Klingt alles recht einfach, ist aber für viele vielleicht gerade deshalb nur schwer umzusetzen. Schauen wir uns diese Elemente einmal etwas näher an.

Bewegung

Wir kennen es alle: Man hat sich ein paar Tage kaum bewegt, war auf die Arbeit fokussiert oder hatte einfach keine Zeit, wenigstens ein paar Schritte zu Fuß zu gehen. Schon fühlen wir uns schlapp und Zipperlein machen sich bemerkbar: Etwas zieht im Rücken, der Kreislauf ist am Boden, uns ist schwindlig, Kopfschmerzen stellen sich ein.

Alle diese Missempfindungen oder Störungen verschwinden in der Regel schnell, wenn wir uns einfach nur eine Stunde an der frischen Luft bewegen, also Rad fahren, joggen oder einfach nur gehen.

Verbrauchertipp Nr. 21: Gesundheit ist keine Ware

Gesundheit ist keine Ware – und Sport hat weder etwas mit teurem Equipment zu tun noch mit kostspieligen Fitness-Abos. Um etwas für Ihren Körper zu tun, brauchen Sie im Prinzip nichts als einen einfachen Jogginganzug, Laufschuhe und vielleicht einen Satz Hanteln für das Krafttraining. Wer damit diszipliniert arbeitet, tut schon viel für sich.

- Treiben Sie Sport diszipliniert nach einem Trainingsplan. Haben Sie dann ein bestimmtes Ziel erreicht (zum Beispiel Gewichtsabnahme oder Muskelzuwachs), belohnen Sie sich mit ein paar schicken neuen Sportschuhen.
- Kompensieren Sie Faulheit oder Unlust nicht durch den Kauf von Nahrungsergänzungsmitteln oder durch den vermeintlich einfachen Griff zu Steroiden.
- Wählen Sie die Sportart, die Sie betreiben wollen, nicht nach dem Faktor Coolness aus, sondern danach, ob Sie Ihnen wirklich Spaß macht.

Ein paar interessante Hintergründe, was die Bedeutung der Bewegung für unsere Gesundheit angeht: Forscher am Pennington Biomedical Research Center an der Louisiana State University haben ermittelt, dass Menschen, die länger als drei Stunden am Tag sitzen, rund drei Jahre früher sterben.[56] Und das Fazit zweier Studien des Medizinjournals *The Lancet* (Großbritannien, Harvard) lautet, dass rund 5 Millionen Menschen im Jahr früher sterben, weil sie in ihrem Leben Bewegungsmuffel waren.[57] Wie die Forscher ermittelt haben, sind etwa ein Zehntel der weltweiten Todesfälle auf mangelnde Bewegung zurückzuführen. Körperliche Inaktivität verursacht 6 Prozent der koronaren Herzkrankheiten, 7 Prozent der Typ-2-Diabetes-Erkrankungen und 10 Prozent der Brust- und Dickdarmkrebserkrankungen.[58]

Verbrauchertipp Nr. 22: Den Rücken stärken

Warum denken die meisten beim Thema gesunder Rücken eigentlich sofort an Chiropraktiker oder den Physiotherapeuten? Natürlich kann deren Hilfe notwendig sein – besser aber ist es, den Rücken erst gar nicht krank werden zu lassen! Fast alle Rückenprobleme sind Zivilisationskrankheiten und Folgen eines ungesunden Lebensstils. So beugen Sie aktiv vor:

- Schreibtischarbeiter müssen für Bewegung zwischendurch sorgen. Vor allem der für Verkrampfungen anfällige Nackenbereich (Stichwort: Bildschirmarbeitsplatz) kann mit einfachen Bewegungsübungen (vgl. YouTube) zwischendurch gelockert werden, und in der Mittagspause sollten Sie sich zumindest ein paar Schritte bewegen.
- Ausdauersportarten wie Laufen, Nordic Walking, Schwimmen oder auch Radfahren entkrampfen den Rücken.

- Praktisch alle Krankenkassen bieten Kurse für Rückengesundheit an und stellen auf ihren Internetseiten entsprechende einfache Übungen vor.
- Umzugstag? So tragen Sie schwere Lasten richtig: Führen Sie die Last möglichst nah am Körper. Beugen Sie dabei die Knie und heben Sie die Last mit geradem Rücken an. So erledigen Ihre Beine die Hauptarbeit – nicht die empfindliche Wirbelsäule.

Wie überwinden wir unsere Trägheit, wie kommen wir in Bewegung? Die einfachste Möglichkeit ist es natürlich, regelmäßig Sport zu treiben. Hätten Sie es gedacht? Bereits eine Viertelstunde leichte körperliche Aktivität am Tag trägt dazu bei, das Risiko eines vorzeitigen Todes um 14 Prozent zu verringern.[59] Nun sind viele Menschen Sportmuffel oder haben, was Fitnessstudios oder Sportvereine angeht, Schwellenängste. Doch zum einen können wir Sport auch ohne kollektives Schwitzen betreiben, und zum anderen gibt es unzählige Möglichkeiten, Bewegung in unseren Alltag einzubauen:

- Meiden Sie das Auto als Transportmittel zur Arbeit. Fahren Sie im Sommer, wenn möglich, mit dem Rad oder zumindest mit öffentlichen Verkehrsmitteln – dabei legen Sie meist erheblich mehr Strecken zu Fuß zurück.
- Erledigen Sie kleine Einkäufe und Besorgungen zu Fuß oder auf dem Rad.
- Überlassen Sie Wohnungs- und Gartenpflege nicht Hilfskräften – Putzen und Rasenmähen sind Gratis-Work-outs.
- Nehmen Sie niemals den Lift.
- Erledigen Sie kleine Reparaturen in Haus oder Wohnung selbst.
- Kaufen Sie sich, um ein Gefühl für die Menge Ihrer körperlichen Aktivität zu bekommen, einen elektronischen Aktivitätsmesser in Armbanduhrform.

- Achten Sie auf Pausen. Unterbrechen Sie die konzentrierte Arbeit am Rechner regelmäßig, um ein paar Übungen für die Nackenmuskulatur zu machen, das Fenster zu öffnen und Wasser zu trinken.

Verbrauchertipp Nr. 23: Das richtige Fitnessstudio

Natürlich ist das Fitnessstudio eine sehr effiziente Methode, um regelmäßig Sport zu treiben – vor allem im Winter, wenn Jogging im Park nicht so prickelnd ist. Doch nicht jedes Studio passt für jeden. Worauf sollten Sie achten?

- Entscheiden Sie sich für ein Studio nicht primär nach dem Preis. Ein günstiges Studio nützt Ihnen nichts, wenn es dort laut, eng und schmutzig ist und Sie sich nicht wohlfühlen.
- Gehen Sie im Vorfeld auf jeden Fall hin und stellen Sie sich die Frage: Würde ich hier gern trainieren? Passt das Ambiente, das Publikum, die Musik? Ältere fühlen sich in angesagten Studios mit jugendlichem Publikum oft nicht wohl – und gehen vielleicht besser in ein Studio, das eher medizinisch ausgerichtet ist.
- Achten Sie auf die Sportarten und Geräte. Wenn Sie eher Ausdauersport treiben wollen, müssen entsprechende Angebote zur Verfügung stehen: Crosstrainer, Laufbänder et cetera.
- Ein wichtiger Punkt ist das Thema Hygiene: Wie sehen Duschen und Toiletten aus? Wirken die Geräte klebrig oder ungepflegt?
- Für manche ist ein hoher monatlicher Grundbetrag ein wichtiger Anreiz, um überhaupt etwas zu tun – während ein Billig-Abo manchmal zum Alibi-Abo wird.

Ernährung

Die Frage, wie wir uns ernähren sollen oder wollen, ist heute zu einem Modethema geworden. Es gibt nicht nur unzählige Ernährungs- und Diätphilosophien (vegetarisch oder vegan, Glyx-Diät, Weight Watchers, Paleo, Fasten und Fastenkuren[60]), sondern Ernährung wird auch immer mehr zu einem Statussymbol, zum Ausweis eines Lebensstils. Wer einfach nur unreflektiert irgendetwas isst, um satt zu werden, gehört nicht dazu. Wer hingegen teure Bioprodukte kauft und sich mit Bedacht vegan ernährt, ist in.

Nun war Ernährung immer schon auch ein Teil der Kultur (nicht umsonst pflegen verschiedene Länder unterschiedliche regionale Küchen), aber es gibt hier doch eine deutliche Tendenz, über das Ziel hinauszuschießen, das Thema Ernährung mit übertriebenem Sinn aufzuladen, zu überfrachten. Manche Menschen präsentieren im Restaurant ihre Unverträglichkeiten wie einen Fetisch, andere halten endlose Vorträge über den Sinn und Hintergrund ihrer Diät. Wie finden wir als gesundheitsbewusste Verbraucher Orientierung in diesem Dickicht? Und wie ernähren wir uns so, dass unser Körper wirklich das bekommt, was er braucht?

Ich bin kein Ernährungsberater, aber ich denke, dass auch hier ein gesundes Augenmaß die beste Orientierung bietet. Wer nicht aus gesundheitlichen Gründen zu bestimmten Diäten oder Ernährungsformen gezwungen ist, fährt mit einer ausgewogenen Ernährung vermutlich am besten – wobei man sehr genau hinhören beziehungsweise prüfen muss, was unter »ausgewogener Ernährung« jeweils genau verstanden wird. Die Deutsche Gesellschaft für Ernährung (DGE) etwa, die betont seriös daherkommt, aber durch Pharmakonzerne finanziert und gesteuert wird, empfiehlt immer noch viele Kohlenhydrate und wenig Eiweiß. Und Studien, die die empfohlene gesunde Dosierung von Makro- und Mikronährstoffen in Deutschland und den USA vergleichen, kommen zu dem eigenartigen Schluss, dass in Deutschland der Tagesbedarf an Vitaminen, also Mikronährstoffen, viel niedriger angesetzt wird als in den USA – warum eigentlich?

Durch eine hohe Konzentration von Magnesium etwa kann man, was viele Leute nicht wissen, wirksam Migräne vorbeugen. Der Arzt Michael Spitzbart verordnet seinen Migränepatienten hochdosiert Magnesium – und bei den meisten verschwinden die quälenden Schmerzen, und zwar ohne teure Migränetabletten, die mit Nebenwirkungen behaftet sind. Sogar das Risiko für Burnout und Depressionen sinkt, wenn man sich deutlich eiweißreicher ernährt, denn dann erhält der Körper die Chance, dringend benötigte Endorphine und Serotonine selbst herzustellen. Antidepressiva hingegen, in Deutschland millionenfach verordnet und ein glänzendes Geschäft für die Pharmaindustrie, sind extrem schädlich, führen zu Nebenwirkungen und erhöhen absurderweise sogar das Selbstmordrisiko.

Zurück zum Thema ausgewogene Ernährung: Ich selbst bin seit längerer Zeit ein Fan von Low-Carb. Was verbirgt sich hinter dem Begriff?

Low-Carb

Low-Carb ist der Kern einer Ernährungsform, die auf einer Reduzierung des Anteils der Kohlenhydrate an der täglichen Nahrung beruht.[61] Low-Carb kann zur Gewichtsreduktion verwendet werden, also als Diät, als Therapie von Stoffwechselerkrankungen oder als allgemeine gesunde Ernährungsform. Die Mahlzeiten umfassen hauptsächlich Gemüse, Milchprodukte, Fisch und Fleisch, wobei Fette und Proteine die wegfallenden Kohlenhydrate ersetzen. Kohlenhydrate (in Brot, Kartoffeln, Weißmehl, Nudeln, Getreide und Zucker, auch Fruchtzucker) sind zwar eine wichtige Energiequelle, aber nach der Philosophie von Low-Carb vor allem Dickmacher. Je nach Zusammensetzung werden sie in Einfach-, Zweifach- oder Mehrfachzucker unterteilt. Einfach- und Zweifachzucker stecken vor allem in Süßigkeiten wie Schokolade oder Honig, Mehrfachzucker in Vollkornlebensmitteln.

Je nach Konzept werden bei Low-Carb die Kohlenhydrate auf unter 10 Prozent oder – gemäßigter – auf bis zu 45 Prozent der Energiezufuhr reduziert und die Fett- und Eiweißanteile der Nahrung entsprechend erhöht. Ich selbst habe mit Low-Carb sehr gute Erfahrungen gemacht: Ich habe mein Gewicht reduziert, fühle mich gesünder und habe mehr Energie.

Zum Thema Ernährung gehört für mich übrigens auch die geistige Ernährung – das also, was ich mir geistig zuführe. Obwohl dieser Aspekt uns vom Thema Körper wegführt, hat es doch mit Gesundheit zu tun, einen Moment über diesen Punkt nachzudenken, denn wer seinen Geist, seine Gedanken und seine Seele ständig mit negativer Nahrung füttert, belastet sich.

Ich selbst meide zum Beispiel seit einigen Jahren die – auf den ersten Blick harmlos erscheinende – Tagesschau im Fernsehen. Nicht, weil ich sie für politisch unausgewogen halte, sondern weil ich festgestellt habe, dass die dort regelmäßig gezeigten Bilder von Tod, Elend, Krieg und Sterben mir einfach nicht guttun. Sie setzen sich im Unterbewusstsein fest und produzieren dort negative Gefühle. Ich begrenze beziehungsweise steuere meine »Ernährung« hier also sehr bewusst. Das heißt natürlich nicht, dass ich mich politisch nicht informiere oder die Augen vor dem verschließe, was in der Welt vor sich geht. Aber wem ist damit geholfen, wenn ich ein paar Sekunden lang Bilder leidender Menschen betrachte, die dann sofort wieder verschwinden und denen ich nicht einmal helfen kann?

Ein wichtiges Thema in diesem Bereich ist nicht zuletzt, wie viel digitale Medien wir konsumieren, wie viel Aufmerksamkeit wir ihnen geben und wann. Eine Stunde vor dem Schlafengehen meide ich die einschlägigen Screens, und ich versuche auch, Handy und TV vom Bereich Schlaf fernzuhalten – was mir natürlich nicht immer gelingt.

Verbrauchertipp Nr. 24: Fertignahrung vermeiden

Wer als Verbraucher eine gesunde Ernährung anstrebt, steht immer wieder vor dem gleichen Problem: unklare oder kryptische Angaben von Inhaltsstoffen auf Lebensmittelverpackungen, fragwürdige Qualitätsetiketten, Phantasiebegriffe. Viele dieser Probleme umgehen Sie durch eine einfache Strategie:

- Kaufen Sie möglichst wenig Fertiggerichte oder industriell hergestellte Lebensmittel wie Fertigsaucen, Konserven, Tiefkühlkost oder Fertigdesserts (Fruchtjoghurts). Ein positiver Nebeneffekt: Wer komplett auf Fertignahrung verzichtet (egal welcher Qualität), nimmt in der Regel schnell ab.
- Kaufen Sie stattdessen unbehandelte, einfache Lebensmittel wie Obst, Gemüse, frischen Fisch und frisches Fleisch. Selbst, wenn Sie hier nicht konsequent zu Bioprodukten greifen, ernähren Sie sich viel gesünder als beim Griff zur Tiefkühlpizza.
- Trinken Sie keine fertigen Säfte oder Fertig-Smoothies (oft gestreckt mit fragwürdigen Inhalten und gezuckert), sondern nur selbst gepresste Säfte, Wasser und Tee.
- Meiden Sie gezuckerte Erfrischungsgetränke wie Cola oder Limonaden. Nur zur Abschreckung: 1 Liter Cola enthält etwa 90 Gramm Zucker (30 Stück Würfelzucker).

Energiequelle Schlaf

Dass wir alle genug Schlaf brauchen, ist eine Binsenweisheit – wie sehr sie stimmt, sehen wir, wenn wir eine Nacht lang – aus welchen Gründen auch immer – einmal nicht schlafen konnten: Wir fühlen uns zerschlagen, erschöpft, energielos.

Doch was bedeutet »ausreichend« hier eigentlich genau? Wie lange sollen oder dürfen wir schlafen? Natürlich liegen zu dem Thema umfassende wissenschaftliche Studien vor, aber auch sie räumen ein, dass das individuelle Schlafbedürfnis sehr unterschiedlich ist. Die Richtlinien der US-amerikanische National Health Foundation im aktuellen *Sleep Journal* kommen in diesem Zusammenhang zu folgenden optimalen Schlafzeiten:

- Baby (0 bis 3 Monate): 14 bis 17 Stunden
- Säugling (4 bis 11 Monate): 12 bis 15 Stunden
- Kleinkind (1 bis 2 Jahre): 11 bis 14 Stunden
- Vorschulalter (3 bis 5 Jahre): 10 bis 13 Stunden
- erste Schuljahre (6 bis 13 Jahre): 9 bis 11 Stunden
- Teenager (14 bis 17 Jahre): 8 bis 10 Stunden
- junge Erwachsene (18 bis 25 Jahre): 7 bis 8 Stunden
- Erwachsene (26 bis 64 Jahre): 7 bis 9 Stunden
- Senioren (65+): 7 bis 8 Stunden[62]

Verbrauchertipp Nr. 25: Stress bekämpfen

Vielen ist nicht bewusst, von wie viel Stress sie umgeben sind – und oft produziert man diesen Stress sogar selbst, um sich »lebendiger« zu führen. Doch echter Stress ist nie gesund, sondern macht krank. Die folgenden Stressfaktoren sollten Sie aus Ihrem Leben verbannen:

- Dauerhafter Lärm macht erwiesenermaßen krank. Wohnen Sie direkt neben der Autobahn, an einer lauten Ausfallstraße oder bei einem Flugplatz? Denken Sie ernsthaft über einen Umzug nach.

- Hängen Sie den ganzen Abend vor dem Fernseher ab? Achtung: Das, was Sie als Unterhaltung empfinden, besteht oft aus der unverhohlenen Darstellung von Gewalt (Krimis, Thriller), ist angefüllt mit negativen Gedanken (politische Talkshows) und verdirbt Ihr moralisches Empfinden (Casting- und Läster-Shows) – Stress pur! Schalten Sie zumindest ein paar Tage in der Woche ab.
- Auch die vermeintlich unterhaltsame Beschäftigung mit sozialen Netzwerken kann in Stress ausarten, wenn es nur darum geht, andere abzuwerten, an Verschwörungstheorien zu basteln oder Deutschlands Untergang herbeizureden.
- Ist Ihre Umgebung (Büro, Wohnung) chaotisch? Räumen Sie auf, entrümpeln Sie! Unordnung produziert Stress.

Nicht zuletzt: eine gute Figur machen

Zuletzt ein paar Worte zu einem Thema, das im Zusammenhang mit dem Körper viele Menschen heute nicht nur beschäftigt, sondern geradezu quält und bannt: das Aussehen.

Zunächst steht eins fest: Die Natur ist in diesem Bereich gnadenlos ungerecht. Es gibt Menschen, die einfach sehr schön sind – und andere, die von ihr eher stiefmütterlich bedacht wurden. Nun hören wir schon als Kinder, dass es darauf auf keinen Fall ankommt. Dass man andere wegen ihrer schiefen Nase oder eines langen Halses nicht hänseln darf. Aber die Erwachsenen handeln selbst leider keineswegs nach dieser humanen Überzeugung, im Gegenteil: Da werden Menschen in Castingshows aufgrund körperlicher Merkmale bewertet und gedemütigt, da lästern Frauen hinter dem Rücken »guter Freundinnen« erbarmungslos über deren Übergewicht, da bewundern wir Menschen mit einer eigenartigen Mischung aus

Neid und Anziehung für etwas, das weder eine Leistung ist noch eine Tugend: ihr Aussehen. Warum eigentlich sind alle Hollywoodschauspielerinnen überdurchschnittlich attraktiv? Und warum erwartet man heute von Sängerinnen blendende Schönheit? Um zu singen oder eine Rolle gut zu spielen, wäre Attraktivität im Prinzip gar nicht notwendig. Doch wir sind gebannt. Mehr noch: geblendet von Schönheit.

Nun sind Menschen, nicht zuletzt Künstler, seit Jahrhunderten fasziniert von der menschlichen Schönheit – vielleicht gerade, weil ihr Wesen letztlich nicht erklärbar ist. Und so lange sie unser Leben bereichert, ist auch nicht das Geringste dagegen einzuwenden. Problematisch wird es erst, wenn unser ganzes Denken nur noch um unsere Attraktivität kreist, um vermeintliche körperliche Mängel, um eingebildetes Übergewicht (Stichwort: Anorexie, Bulimie) oder gar darum, auszusehen wie jemand anderes. Sich mit dem eigenen Körper anzufreunden, bedeutet, ihn so anzunehmen, wie er ist. Natürlich können wir durch Sport sehr sichtbar an unserer Figur arbeiten, unser Übergewicht bekämpfen oder unser Hautbild durch Kosmetik verbessern. Doch wir sollten derartige Verschönerungsmaßnahmen nie betreiben, weil ein anderer sie von uns einfordert. Oder weil es uns darum geht, jemand anderer sein zu wollen. Oder weil wir glauben, ohne sie keinen Wert zu haben.

Ein ernsthafter Künstler wird es bestätigen: Jeder Mensch ist von Natur aus schön. Und oft hat diese Schönheit viel mehr mit dem Inneren zu tun als mit dem Äußeren. Ein guter Fotograf findet und sieht diese Schönheit in jedem Menschen, bringt sie ans Licht. Und oft sind es gerade körperliche »Mängel«, die jemanden anziehend machen, ihm Unverwechselbarkeit geben. Was wäre Barbara Streisand ohne ihre Nase? Oder Marilyn Monroe ohne ihr Muttermal über dem Mund?

Legen Sie also die Waffen nieder. Treten Sie einen Augenblick zurück von den Idealbildern von Stars oder Sportlern, die Sie möglicherweise im Kopf haben, und schauen Sie in den Spiegel, ungeschminkt und ohne Erwartung. Glauben Sie mir: Sie werden einen schönen Menschen sehen.

Verbrauchertipp Nr. 26: Gut aussehen mit Geschmack

Bestimmt haben Sie es schon beobachtet: Kreative Zeitgenossen wie Mode- oder Kunststudenten wirken oft höchst erlesen gekleidet, obwohl sie meist nur über ein kleines Budget verfügen. Nun ist es nicht jedem gegeben, sich selbst ein Abendkleid zu schneidern, aber ein paar Dinge können wir aus dieser Beobachtung doch lernen:

- Wer gut aussehen will, muss vor allem wissen, wie und womit er vorteilhaft wirkt. Wer hier unsicher ist, kann sich beraten lassen oder sollte experimentieren. Merke: Geschmack kann man lernen.
- Weniger ist mehr. Ihr Schrank muss nicht vollgestopft sein mit Markenklamotten. Doch achten Sie bei dem, was Sie kaufen, auf Qualität. Merke: Ein guter Pullover ist besser als vier schlechte. Neutrale Basics sind wichtiger als exzentrische Fummel, die schnell unmodern werden.
- Günstige Kleidung muss nicht Discount bedeuten: Oft werden Sie im Outlet-Center, bei Schlussverkäufen, im Onlinehandel oder in der Second-Hand-Boutique zu einem viel günstigeren Preis fündig als in der Edelboutique.
- Sparen Sie niemals an Ihren Schuhen.

Wie ich mich selbst pflege

Körperpflege und gute Kleidung sind mir sehr wichtig – ein Bekenntnis, das für einen Mann zunächst ungewöhnlich wirken mag, aber da ich in der Öffentlichkeit stehe und repräsentieren muss – nicht zuletzt vor Gericht – ist es klar, dass ich das Thema Ästhetik nicht vernachlässigen kann. Doch unabhängig davon ist es mir wichtig, mich zu pflegen und gut auszusehen, denn für mich drückt sich daran auch aus, dass ich mich selbst wertschätze, dass ich es mir wert bin.

Ganz konkret: Alle 14 Tage gehe ich zum Friseur, alle drei Wochen zur Maniküre und Pediküre und alle sechs Wochen zur Kosmetikerin. Mein Motto dabei: Alles kann, nichts muss! Wichtig ist es mir, nicht zu sehr in die Extreme zu gehen. Obwohl ich regelmäßig und diszipliniert mein Sportprogramm betreibe – drei- bis viermal die Woche – brauche ich nicht unbedingt einen Waschbrettbauch. Ich bin stattdessen schlank und gesund, und das in Konstanz.

Auch gute Kleidung ist mir wichtig, denn wer sich nachlässig kleidet, drückt meiner Ansicht nach aus, dass er sich selbst nicht wertschätzt. Dabei bedeutet »gut« natürlich in jedem Fall der Situation angemessen: Wer bei einem Termin in der Sparkasse mit löchrigen Jeans und Punkfrisur erscheint, muss sich nicht wundern, wenn ihm kein Kredit gewährt wird. Doch auch overdressed ist nicht immer klug, denn wer im Anzug zum Rockkonzert geht, wird dort nur wenig Spaß haben – oder für Security gehalten werden.

Dass »Kleider Leute machen«, wie es sprichwörtlich heißt, ist natürlich eine Binsenweisheit, doch gerade in Deutschland ist die Wirkung, die von formeller Kleidung oder gar von Uniformen ausgeht, immer noch erstaunlich – vielleicht, weil immer weniger Leute heute überhaupt »vernünftig« gekleidet sind.

Schon als Student habe ich in diesem Zusammenhang eine interessante Erfahrung gemacht: Damals, mit Anfang 20, war ich in einer Studentenverbindung, und dort waren für jedes Treffen Anzug und Krawatte vorgeschrieben. Zunächst gefiel mir dieser Zwang überhaupt nicht, aber als ich an den ersten Treffen teilnahm, begriff ich den Sinn: Die Haltung der Kommilitonen war plötzlich anders, offizieller. Die Kleidung wirkte nicht nur nach außen, auf die anderen, sondern auch nach innen.

Die Wirkung, die von einem gepflegten Äußeren und guter Kleidung ausgeht, kann kaum unterschätzt werden. Es gibt Menschen, die beruflich brillant sind, aber einfach nicht weiterkommen, weil sie modetechnisch von einem Fettnäpfchen ins nächste tappen und das berufliche Bild, das mit einer Führungsposition assoziiert wird, einfach nicht erfüllen können oder wollen. Den umgekehrten Fall – überdurchschnittlich gut aussehende Manager, die intellektuell höchstens durchschnittlich sind – gibt es natürlich auch ...

Jedenfalls folgt daraus, dass jeder, der Erfolg anstrebt, um das Thema Aussehen, Pflege und Ästhetik nicht herumkommt. Männern, die sich in dem Bereich schwertun, rate ich zu einer Beratung beim Stylisten und natürlich zu einem guten (!) Friseur. Oft ist man an irgendeiner Stelle blind oder schätzt die eigene Wirkung völlig falsch ein. Hier helfen nicht nur kritische gute Freunde und PartnerInnen, sondern auch Profis. Natürlich gehört zur Außenwirkung nicht nur die Oberfläche, sondern auch die Performance. Fast jeder kann von einem Rhetorikseminar profitieren, davon, die eigene unbewusste Körpersprache kritisch zu reflektieren oder sich selbst in einem Video zu sehen.

DAVID-PRINZIP NR. 13

FINDE DEIN GLEICHGEWICHT

>*»Auf den Rhythmus kommt es an. Im Rhythmus liegt die
Kraft, das habe ich beim Rudern gelernt. Im Leben geht es
darum, sich naturgemäß widersprechende Pole in einen
gesunden Rhythmus zu bringen. Es ist wie beim Atmen:
Wer nur einatmet, stirbt, wer nur ausatmet, stirbt ebenso.«*
> Götz W. Werner, Gründer der Drogeriekette dm

Ich habe mich immer gern mit psychologischen Themen wie Motivation beschäftigt und hatte dementsprechend lange Zeit viel Spaß an der Personalführung. Es machte mir Freude, Menschen zu entwickeln, aus ihnen ihre Stärken herauszukitzeln und ihnen dabei zu helfen, mit ihren Schwächen umzugehen.

Doch irgendwann merkte ich, dass das Thema bei mir eine innere Müdigkeit hervorrief. Ich hatte keine Lust mehr, immer wieder von vorn anzufangen, mit den immer gleichen Problemstellungen konfrontiert zu werden. An dieser Stelle hätte ich mich selbst moralisch unter Druck setzen und mich zwingen können, dennoch weiterzumachen, denn schließlich ist Mitarbeiterführung eine Schlüsselfunktion in jedem Unternehmen, nicht nur in einer Anwaltskanzlei.

Stattdessen entschied ich mich, das Thema einfach loszulassen, es abzugeben, denn es raubte mir zu viel Energie. Heute habe ich erfahrene Kanzleimanager, die diese Aufgabe für mich übernehmen. Ich führe nicht mehr, ich beschäftige mich nur noch mit strategischen Fragen, mit langfristigen Zielen und Potenzialen. Ich arbeite nur noch am Unternehmen, nicht mehr im Unternehmen. Mit anderen Worten: Ich tue nur noch das, was mir Spaß macht – und bin damit meinem inneren Gleichgewicht wieder ein deutliches Stück nähergekommen.

Sind Sie im Gleichgewicht? Herrscht bei Ihnen eine gesunde Balance zwischen den unterschiedlichen Bereichen Ihres Lebens? Oder gibt es da ein Ungleichgewicht, eine Unwucht, die Ihnen zu schaffen macht und sie belastet?

Dann stehen Sie nicht allein. Nicht umsonst sind Begriffe wie Work-Life-Balance heute in aller Munde. Doch ich möchte diesen modischen Begriff bewusst nicht verwenden, denn wenn man genauer hinsieht, greift er viel zu kurz. Er beschäftigt sich ausschließlich mit einem *Ausgleich*, einer Balance zwischen Arbeit (Work) und Leben (Life).

Zunächst denke ich, dass es noch sehr viel mehr Bereiche des Lebens gibt (vgl. unten) und dass es einseitig ist, eine Balance nur zwischen diesen beiden Bereich finden zu wollen. Doch es geht mir noch um etwas anderes: Schon zwischen Leben und Arbeit überhaupt einen Gegensatz, einen Widerspruch konstruieren zu wollen, verrät eine bestimmte Haltung. Die nämlich des von seiner Arbeit Abhängigen, der Arbeit prinzipiell als Anstrengung, als Fron begreift. Und der sie in einem negativen Gegensatz sieht zu seinem »eigentlichen« Leben, dem Privatleben, zu dem Dinge gehören wie Familie, Freizeit oder Vergnügen. Konkret: Am Montag freut er sich schon auf den Freitagabend, wo er sich dann endlich betrinken kann, und im Grunde lebt er nur wirklich auf im Urlaub, wo er dann drei Wochen auf Mallorca passiv am Strand liegt und sich braten lässt. Sonst, »auf Arbeit« und »im Alltag«, ist er Untergebener, Befehlsempfänger, Sklave.

Viele Menschen sehen sich tatsächlich so. Sie sind der Überzeugung, dass Arbeit Fron ist. Dass daran kein Weg vorbeiführt und dass es nur darum geht, irgendwie die Woche rumzukriegen. Das, was sie tun, interessiert sie im Grunde nicht. Sie haben weder einen inneren Bezug zu ihrer Arbeit noch zu dem, was sie produzieren oder leisten.

Ich möchte hier keine Kulturphilosophie betreiben, aber es muss die Analyse erlaubt sein, dass sich in dieser Anschauung nichts anderes ausdrückt als die – für das moderne Leben leider typische – Entfremdung des Menschen von seiner Arbeit. Man identifiziert sich nicht mehr mit dem Werk, das man hervorbringt, sondern das Produkt, an dessen Herstellung man beteiligt ist, ist einem im Grunde fremd. Und damit ist einem auch die Arbeit fremd, die man tut, denn sie dient keinem Ziel, an das man glauben kann – nur noch dem Lebensunterhalt.

Das Phänomen der Entfremdung, das natürlich viel mit der Industrialisierung und mit systematischer Arbeitsteilung zu tun hat, hat nicht nur schon Marx sehr genau analysiert, sondern auch brillante Denker wie Georg Simmel oder die Frankfurter Schule. Theodor W. Adorno und Max Horkheimer waren zeitweise regelrecht besessen von der Theorie der Entfremdung.[63] Nach ihnen gehört sie zu modernen Gesellschaften prinzipiell dazu und kann vom Einzelnen nur bedingt überwunden werden – nämlich, indem er sich auf Geist und Kunst konzentriert und von der Erwerbsarbeit elegant fernhält. Adorno und Horkheimer hätten über die Idee einer Work-Life-Balance gelacht – und vermutlich erklärt, sie sei erst nach Überwindung des Kapitalismus möglich.

So brillant diese Theorien auch formuliert sein mögen, für mich spiegelt sich in ihnen ein gewisser intellektueller Hochmut und nicht zuletzt ein ungesunder Fatalismus.[64] Sie leugnen, dass es so etwas wie ein gelungenes (»richtiges«) Leben für den Menschen heute (»im falschen«) überhaupt geben kann – und nehmen ihm damit die Freiheit, dies selbst zu entscheiden.

Natürlich heißt das nicht, dass es keine Entfremdung gibt. Dass es nicht viele Menschen gibt, die in Jobs gefangen sind, mit denen sie sich nicht identifizieren können. Ihre Work-Life-Balance ist, könnte man sagen, tatsächlich gestört. Aber das ist kein unabwendbares Schicksal. Niemand ist gezwungen, eine Arbeit, die er hasst oder die ihn langweilt, ein Leben lang zu verrichten. Oft wird Arbeitslosigkeit oder die Verantwortung für die Familie angeführt als Argument, warum man nicht kündigen kann. Doch langfristig kann man sich immer anders orientieren. Den Job, den Beruf zu wechseln, ist Teil heutiger Karrieren und schon lange nicht mehr anrüchig.

Picasso brauchte keinen Urlaub

> *»Das Leben ist eine Mischkalkulation.*
> *Mal bist du oben, mal bist du unten.«*
> VOLKER ROSIN, LIEDERMACHER[65]

Betrachten wir das Phänomen einmal von der anderen Seite aus: Schauen wir uns an, wie die ideale Arbeit beschaffen wäre – eine Arbeit ohne Entfremdung, ohne Zwang.

Hier folgt jemand unbeirrt und mit Erfolg seinen Neigungen, seinem Talent. Er tut nur das, was er will und was ihn befriedigt – und wird dafür auch noch gut bezahlt. Zwar arbeitet er viel und hart, aber er empfindet seine Arbeit weder als Joch noch als Anstrengung. Sie ist für ihn eher ein Spiel, eine ständige Quelle des Vergnügens. Irgendeinen Gegensatz zwischen seiner Arbeit und seinem Leben zu sehen, würde ihn befremden; er würde ihn als konstruiert empfinden. Seine Arbeit ist sein Leben und umgekehrt. Und damit erledigt sich auch das Problem der Balance, denn wo es keine Gegensätze gibt, muss auch nicht künstlich irgendetwas ins Gleichgewicht gebracht werden. Anders ausgedrückt: Picasso brauchte keinen Urlaub.

Zugegeben: Nur relativ wenige Menschen genießen diese Art von privilegiertem Leben, in dem Arbeit nicht Job ist, sondern Berufung. Meist assoziieren wir einen solchen Lebensstil mit Künstlern, Wissenschaftlern oder Freiberuflern. Doch das Gleichgewicht, das diese Menschen leben, ihre kunstvolle Art, die Balance zu halten, kann ein Vorbild sein für uns alle. Zunächst zeigt es uns eins: Je deutlicher wir uns mit unserer Arbeit identifizieren, je mehr wir in ihr aufgehen, umso weniger ist sie Anstrengung und Fron – und umso weniger brauchen wir kompensierende Entspannungen und falsche Vergnügungen, die bei genauerem Hinsehen oft hohl sind und uns gesundheitlich nicht einmal guttun. Wohlgemerkt, ich spreche hier nicht von Entspannung beim Sport, in kreativen Hobbys oder beim vergnüglichen Brettspiel mit der Familie. Sondern von Dingen wie Alkohol, Rauchen, exzessivem Medienkonsum oder Spielsucht.

Warum finden wir eine Neigung für derartige ungesunde Ablenkungen vor allem dort, wo Menschen mit ihrer Arbeit unzufrieden sind, wo sie für sie nur Maloche ist, Brotjob? Weil diese Menschen verzweifelt Kompensation suchen. Weil für sie Freizeit nicht wirklich Entspannung ist und das Auftanken von Kraft, sondern Flucht und Abkehr von der Wirklichkeit. Doch auf diesem Weg, durch ständige Bekämpfung nicht der Ursachen, sondern der Wirkungen, werden wir nie in eine Balance finden oder glücklich werden. Im Gegenteil, wir werden immer unzufriedener. Oft beginnen auf diesem Weg Suchtkarrieren.

Eine erste wichtige Feststellung, was das Thema Work-Life-Balance angeht, ist es also, dass eine wirkliche Balance gerade nichts damit zu tun hat, Defizite auf einer Seite durch krampfhafte Aktivitäten auf der anderen ausgleichen zu wollen, Unzufriedenheit also mit Ablenkung zu kompensieren, mit Flucht.

Auch das, was dem notorisch gestressten Zeitgenossen in diesem Bereich unter dem Begriff »Wellness« offeriert wird, sollten wir einmal kritisch unter die Lupe nehmen. Bringt es uns wirklich ins Gleichgewicht, ein Wochenende lang unter weißen Frotteetüchern zu liegen, geölte Steine auf dem Bauch zu spüren und an gestiftelten Möhren zu nagen? Ich gebe zu: So etwas kann viel Spaß machen, vor allem mit der richtigen Partnerin. Doch wir sollten es nicht als Kompensation sehen oder gar als einen Weg, unser inneres Gleichgewicht zu finden.

Unser inneres Gleichgewicht können wir weder im Hotel buchen noch dürfen wir seine Herstellung anderen überlassen. Niemand anderes als wir selbst sind dafür verantwortlich. Gewiss, eine Massage kann entspannend sein und wohltuend. Wäre es aber nicht besser, gar nicht erst verspannt zu sein? Es stimmt, eine Diät kann uns helfen abzunehmen. Wäre es aber nicht viel zielgerichteter, sich prinzipiell gesund zu ernähren, um Übergewicht gar nicht erst bekämpfen zu müssen? Und wäre es nicht klüger, gleich eine Arbeit zu tun, die uns erfüllt und befriedigt, statt in Retreats am Bodensee in der Gruppe plötzlich loszuheulen?

Langsam nähern wir uns dem Kern des Problems. Geben wir zunächst den künstlichen Gegensatz zwischen Arbeit und Leben einmal auf. Verzichten wir darauf, hier einen Widerspruch, einen Antagonismus sehen zu wollen. Und lösen wir uns von der Vorstellung, dass Balance etwas mit Kompensation zu tun hätte. Dass es hier also darum ginge, etwas künstlich ins Gleichgewicht zu bringen, zu reparieren.

Wenn wir auf den künstlichen Gegensatz zwischen Leben und Arbeit verzichten, kommen wir zu einem anderen Ansatz. Wir sehen, dass es unterschiedliche Bereiche des Lebens gibt. Und dass wir allen diesen Bereichen gerecht werden müssen. Wir sehen aber auch, dass sie viel miteinander zu tun haben und alle miteinander zusammenhängen – oft mehr, als wir denken. Diese Bereiche sehen bei jedem anders aus, aber oft können wir folgende identifizieren:

- Arbeit, Beruf
- Familie (Partner, Kinder)
- Verwandte (Eltern et cetera)
- Freundeskreis
- Hobbys, Sport
- Konsum
- Reisen
- Gesundheit, Körper
- Persönliches Ich

In allen diesen Bereichen spielen wir feste, oft über Jahre einge-
übte Rollen: Familienvater/Partner, Kunde, Sportskamerad, Patient,
Freund, Sohn/Tochter, Arbeitnehmer ... In der Regel fällt es uns
nicht schwer, diese unterschiedlichen Rollen angemessen auszu-
füllen, und oft macht es sogar Spaß, in einem Bereich ein völlig
anderer sein zu können oder zu dürfen als in einem anderen. Wer
in seiner Arbeit nicht der Ehrgeizigste ist, kann im Sport erfolgreich
sein – und damit mehr oder weniger bewusst an seinem inneren
Gleichgewicht arbeiten. Oder jemand agiert in seiner privaten Beziehung passiv und unterwürfig, während er seine berufliche Rolle
mit Dominanz ausfüllt. Es gibt Menschen, die komplett in ihren
Hobbys aufgehen und andere, die nicht einmal ein Hobby haben,
sondern deren Hobby die Arbeit ist.

Doch warum sind diese Bereiche eigentlich so deutlich gegeneinander abgeschlossen? Und warum haben wir, wenn wir uns diese
Abgeschlossenheit vergegenwärtigen, ein eigenartiges Unbehagen?

In der Regel ist es so, dass wir uns gar nicht dafür entscheiden,
irgendetwas trennen zu wollen. Sondern wir haben gar keine andere Wahl. Es mag Menschen geben, die zusammen mit ihrer Familie arbeiten (der klassische ländliche Familienbetrieb), aber es ist
heute eher die Ausnahme, dass Privatleben und Arbeit miteinander
verquickt sind. Unsere industriell geprägte Gesellschaft beruht nun
einmal auf Arbeitsteilung, und den dabei etablierten Strukturen
können wir nicht entrinnen. Wir können nicht Tennis am Arbeitsplatz spielen, und wenn wir medizinische Hilfe benötigen, müssen
wir zum Arzt oder ins Krankenhaus. Wir treffen unsere Freunde
nicht beim Büromeeting, und wir fahren nicht mit den Kollegen
zusammen in den Urlaub. Unsere Eltern haben mit unserer beruflichen Welt in der Regel nichts zu tun, während die Gruppen, in
denen sie sich in ihrer Freizeit treffen, uns fremd sind. Was unser
Kind genau in der Schule lernt, erfahren wir nur indirekt. Und so
weiter.

Alle diese Trennungen haben Sinn vor dem Hintergrund, dass es effizient ist, bestimmte Tätigkeiten und Interessen zeitlich und örtlich zu bündeln. Sie erfordern aber auch, dass wir immer wieder in unterschiedliche Rollen schlüpfen und verschiedenen Erwartungen gerecht werden. In der Regel gelingt uns dies gut. Doch manchmal geraten wir aus dem Gleichgewicht. Schauen wir uns einmal genauer an, was dann geschieht:

- Ein Lebensbereich (meist: die Arbeit) gewinnt ein Übergewicht gegenüber anderen Bereichen. Wir widmen ihm unverhältnismäßig Energie, verbringen viel Zeit mit ihm, werden von ihm immer mehr angezogen und ausgefüllt – aus welchen Gründen auch immer. Diese Bewegung kann von innen entstehen (Ehrgeiz) oder durch äußeren Druck ausgelöst werden.
- Durch dieses Übergewicht vernachlässigen wir andere Bereiche, werden unserer Rolle in ihnen nicht gerecht. Die Folge: Unzufriedenheit bei anderen, Vorwürfe, Stress. Aber auch: schlechtes Gewissen bei uns selbst, eventuell gesundheitliche Probleme durch Überforderung.

Zugegeben: Dieses Beispiel ist nicht sehr originell, und es ist keineswegs die einzige Form von gestörter Balance. Auch das Gegenteil ist denkbar: Jemand interessiert sich nur für seine Kinder, ihr Wohlergehen, und geht seiner Arbeit nur widerwillig und mit halber Konzentration nach. Ständig kommuniziert er heimlich mit ihnen über sein Handy, denkt ununterbrochen an sie und wartet eigentlich nur auf den Feierabend.

Auch hier sehen wir eine Störung der Balance, und vermutlich führt sie früher oder später zu beruflichen Problemen. Interessanterweise profitieren aber auch die Kinder gar nicht von dieser Schieflage, denn sie lernen so kaum Selbstständigkeit und lösen sich nur schwer von ihrer Bezugsperson (ich sage hier bewusst nicht »Mutter«, weil es dieses Problem heute auch bei Vätern gibt!).

Wir sehen an dem Beispiel: Übergewicht in einem Lebensbereich ist langfristig für keinen Lebensbereich gut – nicht einmal für den, der gerade unverhältnismäßig viel Aufmerksamkeit erfährt. Wer langfristig immer nur arbeitet und 150 Prozent gibt, überfordert sich und seinen Körper und kann irgendwann gar nichts mehr leisten, weil er einen Burnout bekommt. Die Gefahr, einem Lebensbereich unverhältnismäßig viel Aufmerksamkeit zu schenken und dabei andere zu vernachlässigen, ist heute relativ hoch, und zwar aus unterschiedlichen Gründen:

- Praktisch in jedem Lebensbereich – selbst in der Freizeit – regieren heute Leistungsdenken und überzogene Perfektionsansprüche. Doch wer selbst in der Freizeit unbedingt immer der Beste sein will, wer selbst das Rudern auf dem See am Sonntag mit den Kindern zur Regatta macht, überfordert sich.
- Der Terminkalender vieler Berufstätiger ist heute eng gestrickt. Und oft wird die Gewohnheit, Zeit systematisch zu planen, sie zu »takten« und effizient auszunutzen, auf das Privatleben übertragen. Doch wer sich immer nur nach Plan entspannt, entspannt sich eigentlich nie wirklich.
- Überforderung und Stress sind zu Statussymbolen geworden. Wer zugibt, Zeit zu haben oder sein Leben zu genießen, macht sich verdächtig. Achtung: Im Gegenzug führt dieses Denken dazu, dass viele Menschen Stress simulieren oder sich gar verschaffen, weil sie den damit verbundenen Druck irgendwann brauchen wie eine Droge.

Sind Sie im Ungleichgewicht? Die folgenden Indizien können dafür sprechen, dass Sie einem Lebensbereich unverhältnismäßig viel Energie und Aufmerksamkeit zuwenden und Sie gegensteuern sollten:

- Ihr Denken wird beherrscht von den Zielen, Problemen und Abläufen eines einzigen Lebensbereichs – auch und gerade, wenn er nicht präsent ist. Leider wird diese Tendenz durch die digitale Technik (Stichwort: Smartphone) heute befördert. Doch wer selbst im Urlaub immer nur an die Arbeit denkt und berufliche Mails beantwortet, findet kaum wirklich Entspannung.

- Sie haben das Gefühl, aus Zeitmangel eigentlich nie zu den wirklich wichtigen Dingen zu kommen – oder zu sich selbst.
- Oder: Sie fürchten heimlich freie Zeit und füllen Leerzeiten sofort mit Terminen. Hinter dieser Gewohnheit verbirgt sich oft die Angst, dann über bestimmte Dinge oder Probleme – oder über sich selbst – genauer nachdenken zu müssen. Doch wer nie zu sich selbst kommt, wer sich selbst keinen »Termin« gibt, verliert sich.
- Sie haben einem bestimmten Lebensbereich gegenüber ständig das Gefühl, ihn zu vernachlässigen, und deshalb natürlich immer ein schlechtes Gewissen.
- Sie spüren ständige Unzufriedenheit, Druck oder Stress.
- Sie leiden unter psychosomatischen Symptomen: Migräne, Magenschmerzen, Herzbeschwerden, Atemprobleme, Schwindel.

Oft ist es nicht ganz einfach, aus einer gestörten Balance wieder herauszufinden – nicht zuletzt, weil wir gern verdrängen, dass sie überhaupt existiert. Doch irgendwann können wir nicht mehr die Augen davor verschließen, dass wir zu viel Zeit im Büro verbringen. Dass der Kontakt zu den Freunden immer mehr einschläft. Dass wir kaum noch wissen, wie unsere Eltern aussehen. Dass das Fitnessstudio uns zum letzten Mal vor zwei Monaten gesehen hat. Was jetzt? Wie finden wir zurück in unsere Balance?

- Gönnen Sie sich zunächst eine Auszeit, um nachzudenken. Ziehen Sie sich zurück in Klausur. Ziehen Sie Bilanz. Denken Sie über sich nach, Ihr Leben, Ihre Ziele, Ihre Träume.
- Treffen Sie die Entscheidung, etwas ändern zu wollen. Begnügen Sie sich dabei nicht mit diffusen Vorsätzen, sondern legen Sie zum Beispiel feste Arbeitszeiten fest. Setzen Sie sich selbst Grenzen.

• Kommunizieren Sie offen, dass Sie mehr Zeit für sich brauchen – gegenüber dem Chef, den Kollegen.

Verbrauchertipp Nr. 27: Das innere Gleichgewicht kaufen?

Die Vorstellung, sich sein inneres Gleichgewicht kaufen zu können, ist natürlich absurd – dennoch arbeiten viele Anbieter mit genau diesem Gedanken, oft versteckt. Seien Sie skeptisch, wenn Sie als Verbraucher mit folgenden Verlockungen konfrontiert werden:

• Psychopharmaka (Beruhigungsmittel, Tranquilizer, aber auch homöopathische Präparate) werden oft mit dem Versprechen angepriesen, Ihnen Ihr »Gleichgewicht« zurückzugeben oder »innere Harmonie« zu erzeugen. Beides ist nicht möglich. Psychoaktive Substanzen können nur Ihre Stimmung beeinflussen – und diese Beeinflussung ist immer zeitlich begrenzt, von der Gefahr psychischer Abhängigkeit ganz zu schweigen.

• Touristische Angebote im Bereich Wellness werden oft mit Reizwörtern wie »Auszeit«, »Zeit für dich«, »Abschalten« oder »Energie tanken« beworben. Es mag sein, dass Sie an den Orten, zu denen Sie kommen, wenn Sie eine derartige Reise buchen, tatsächlich Entspannung finden – eine Garantie dafür gibt es allerdings nicht. Denn: Im Prinzip hat Entspannung nichts mit einem Ortswechsel zu tun. Entspannen können Sie sich an jedem Ort und zu jeder Zeit.

• Die wirksamsten Entspannungstechniken sind sehr einfach: Autogenes Training und Progressive Muskelentspannung (PME oder PMR) nach Edmund Jacobson (1888–1983). Beide Techniken können Sie mit einem Buch (vgl. Literaturteil), einer CD/DVD oder in einschlägigen YouTube-Videos leicht lernen.

Zukunft Digitalisierung

Ein paar Worte zu einem Aspekt, der bei diesem Problem in Zukunft an Bedeutung gewinnen dürfte: Noch leben wir in einer Welt, die durch Aufspaltung von Lebensbereichen, durch Trennung von Arbeit und Privatleben, durch Rollenwechsel geprägt ist, also durch das Zeitalter der Industrialisierung.

Doch diese alten Prägungen schwinden zusehends und werden abgelöst durch einen anderen mächtigen Trend: die Digitalisierung. Sie führt immer mehr dazu, dass Grenzen sich auflösen, nicht nur die der Orte (weil wir virtuell beziehungsweise digital überall zugleich sein können), sondern auch die zwischen Arbeit und Privatleben. Dass Menschen zu Hause, im Homeoffice, arbeiten, nimmt zu, ebenso neue Modelle wie Coworking-Spaces. Bei mir selbst in der Kanzlei ist es inzwischen so, dass ich es den bei mir angestellten Anwälten freistelle, wo Sie arbeiten wollen – im Büro oder zu Hause.

Was aus alldem folgt, ist noch offen – es gibt, wie überall, negative und positive Seiten. Das Problem, zwischen Arbeit und Privatleben eine gesunde Balance herzustellen, stellt sich vor diesem Hintergrund jedenfalls dennoch, allerdings anders. Ganz neue Fragen entstehen nun: Wie viel Verschmelzung zwischen Leben und Arbeit brauche und will ich, wie viel davon tut mir gut? Arbeite ich wirklich besser, konzentrierter im Café oder ist es manchmal doch effizienter, klassisch im ruhigen Büro zu sitzen? Können die Kinder nun zu Hause bleiben oder brauche ich jetzt noch viel dringender einen Kitaplatz, weil ich zwischen Leonis Legofragen und Kevins Kaspereien einfach nicht zum Arbeiten komme? Soll ich nachts durcharbeiten und mir dann morgen Vormittag einen Gang ins Schwimmbad gönnen, oder ist es vernünftiger, auch bei freier Zeiteinteilung bei büroähnlichen Arbeitszeiten zu bleiben? Ist Arbeit etwas, bei dem ich mich vielleicht auch erhole, während manche Freizeitaktivitäten mich in Wahrheit stressen? Verstehe ich mich mit meinen Kollegen eigentlich besser als mit meinen Freunden und sollte ich sie zum nächsten Geburtstag einladen?

Sie sehen: Viele Fragen stellen sich hier neu, und Antworten auf sie habe ich auch nicht auf der Hand. Doch ich denke, dass diese Entwicklung große Chancen bietet – Chancen, die nicht zuletzt auch damit zu tun haben, mit der neuen Freiheit umzugehen und in ihr neue Lebensentwürfe auszuprobieren.

Verbrauchertipp Nr. 28: Erfolgreich arbeiten im Homeoffice

Arbeiten im Homeoffice wird immer beliebter und ist für Unternehmen ein cleverer Weg, Kosten zu sparen. Wer immer nur im Büro gearbeitet hat, steht jetzt allerdings vor einer Herausforderung: keine Kollegen mehr, keine Büroatmosphäre, kein Druck. Wie lernen Sie es, trotzdem effizient zu arbeiten?

- Richten Sie sich einen Arbeitsplatz nach ergonomischen Gesichtspunkten ein, an dem Sie sich wohlfühlen. Homeoffice bedeutet weder Abstellkammer noch Katzentisch. Vermeiden Sie fensterlose, enge Räume. Ein guter Arbeitsstuhl ist Pflicht.
- Standard ist eine zuverlässige, schnelle Internetverbindung. Daneben sollte eine kleine Bibliothek einschlägiger Nachschlagewerke zur Verfügung stehen (Duden, Wörterbücher, Fachbücher).
- Halten Sie feste Bürozeiten ein, am Anfang eventuell schriftlich. Sorgen Sie während dieser Zeit für störungsfreies Arbeiten (Familie instruieren).
- Die Arbeit im Café oder im Park ist eine nette Abwechslung, unter dem Strich aber meist nicht sehr effizient, weil ständig bedroht durch Ablenkungen.
- Beugen Sie Vereinsamung vor, indem Sie sich regelmäßig mit Freunden, Kollegen oder Geschäftspartnern treffen.

Inneres Gleichgewicht

Wir haben gesehen, dass wir der Aufspaltung unseres Lebens in verschiedene Bereiche und der Notwendigkeit, in ihnen bestimmte Rollen zu spielen, heute (noch) nicht oder nur schwer entrinnen können. Tendenziell birgt sie immer die Gefahr einer gestörten Balance in sich, und so kommen wir nicht umhin, uns selbst, unser Leben, sehr sorgfältig zu beobachten: Geht es mir gut? Vernachlässige ich keinen Bereich? Tue ich genug für mich, aber auch für andere? Pflege und erhalte ich nicht nur meinen Körper, sondern auch meinen Geist?

Doch jenseits dessen stehen wir vor einer noch viel größeren Aufgabe: unser inneres Gleichgewicht zu finden.

Inneres Gleichgewicht und äußere Balance sind für mich keineswegs dasselbe. Jemand, der im inneren Gleichgewicht ist, ist mit sich selbst im Reinen. Er kann, zumindest eine Zeit lang, starke äußere Ungleichgewichte ertragen, auf ihn wirkt die Forderung, dabei auf seine Balance zu achten, eher betulich. Er weiß schon, was er tut. Wo andere sich überfordern, da fängt er gerade erst an. Da er seine Kräfte aus dem zieht, was er tun will, ermüdet er nicht. Er hat Vergnügen an seiner Arbeit und sieht sie nicht als Gegensatz zu seinem Leben, sondern als Aufgabe, als Berufung, als Kraftquelle.

Damit sind wir wieder beim oberen Gedanken angekommen, dass ein Denken, dass nur um Balance und Ausgleich kreist, im Grunde zu kurz zielt, zu kleinmütig ist. Das innere Gleichgewicht gefunden zu haben bedeutet, derartige Fragen nicht mehr stellen zu müssen, sie hinter sich gelassen zu haben. Es ist wie ein Gesunder, der es ablehnt, sich mit Krankheiten zu beschäftigen. Können wir uns vorstellen, dass der Dalai Lama an seiner Work-Life-Balance arbeitet? Oder dass Helmut Schmidt über Überforderung geklagt hätte? Oder dass Mutter Teresa einen Burnout gehabt hätte?

Diese Menschen haben Überdurchschnittliches und Bewunderungswürdiges geleistet – und sie sind dabei weder ermüdet noch zusammengebrochen. Sie haben auch nicht ständig über ihre Work-Life-Balance nachgedacht. Was ist beziehungsweise war ihr Geheimnis? Sie sind mit sich im Reinen. Sie tun genau das, was sie wollen, und sie sind zutiefst erfüllt von dem Sinn dessen, was sie tun. Mit anderen Worten: Sie sind mit sich im Gleichgewicht.

Zugegeben: Nicht jedem ist ein solcher Weg möglich. Doch an unserem inneren Gleichgewicht können wir alle arbeiten. Wir mögen es vielleicht nie ganz finden, aber unser Ziel sollte es sein, uns ihm immer weiter zu nähern. Eine Balance der unterschiedlichen Lebensbereiche, die uns umgeben, mag uns dabei helfen, aber sie ist nicht das Endziel. Unser Endziel sollte es sein, diese Frage überflüssig zu machen.

Die Frage, wie wir unser inneres Gleichgewicht finden können, ist im Grunde keine Frage für Rezepte und Ratschläge, denn bei ihr geht es darum, wer wir sind und wer wir sein wollen. Und diese Frage kann niemand anderer beantworten als Sie selbst. Da dieses Buch aber nun einmal ein Ratgeber ist, hier doch ein paar persönliche Tipps von mir:

- Suchen Sie nicht nach dem, was Ihre Fragen beantwortet, sondern was Ihnen hilft, bessere Fragen zu stellen.
- Tun Sie etwas für andere.
- Hören Sie Ihrer Tochter oder Ihrem Sohn zu.
- Ehren Sie die Vergangenheit. Stehen Sie zu Ihren Wurzeln, Ihrer Heimat, Ihrer Familie.
- Spazieren Sie am Rhein- oder einem anderen Ufer entlang.
- Verbringen Sie einen Tag mit einem sinnlosen Vorhaben.
- Führen Sie ein Gespräch mit einem sehr alten Menschen.

Macht recht zu haben glücklich?

Vermutlich überrascht es Sie, dass ich diese Frage so stelle – und vermutlich wird es auch nicht viele Anwälte geben, die sie offen aufwerfen. Natürlich ist es in erster Linie unser Job, unseren Mandanten zu ihrem guten Recht zu verhelfen. Ob sie damit »glücklich« werden und ob ein Rechtsstreit immer klug oder angemessen ist, haben wir nicht zu bewerten, das muss jeder für sich selbst entscheiden. In einem Buch, das sich mit dem Thema Erfolg auseinandersetzt und das die Frage nach dem inneren Gleichgewicht stellt, ist es dennoch nicht ganz abwegig, einmal zu untersuchen, was das Thema Gerechtigkeit mit dem Thema Zufriedenheit und Glück zu tun hat. Und wie man, jenseits der Frage, ob einem ein Recht juristisch zusteht oder nicht, für sich selbst die Bedeutung des Rechthabens bewertet.

Recht haben wollen wir natürlich alle – wobei dieser Begriff umgangssprachlich höchst Unterschiedliches meinen kann. Recht haben kann heißen, über eine Sache nur etwas genauer Bescheid zu wissen als ein anderer (»Da hast du recht!«) – es kann aber auch bedeuten, dass einem konkret juristisch ein bestimmtes Recht zusteht (»Das Recht hast du.«) Schon Kinder streiten sich erbittert über die Frage, wer recht hat, wobei es – jedenfalls aus Sicht der Erwachsenen – in der Regel um Banalitäten geht: Wer hat angefangen? Wer hat mehr Suppe auf seinem Teller? Wer hat die Liedstrophe richtig zitiert?

Oft wird, wenn ein solcher Streit nicht geklärt werden kann, ein Erwachsener geholt, um den Richter zu spielen, und sehr dankbar ist diese Rolle nicht, denn angesichts der Herausforderung, Recht bekommen zu wollen, entwickeln Kinder beachtliche rhetorische Fähigkeiten. Aus kleinen Mädchen werden Staatsanwälte und aus ihren Brüdern mit allen Wassern gewaschene Strafverteidiger.

Dabei kann man folgende Beobachtung machen: Schon nach kurzer Zeit geht es gar nicht mehr um die Sache. Die angeblich so heiß begehrte Suppe kann ruhig kalt werden, so lange nicht letztgültig geklärt ist, wer mehr Löffel von ihr bekommen hat und warum. Und ist das Ganze dann endlich geklärt, sind alle aufgewühlt, erschöpft und kaum noch in der Lage zu essen.

Sie ahnen, was ich damit sagen will: Wir Erwachsenen verhalten uns oft nicht viel anders. Da werden lange Prozesse um winzige Kratzer im Auto geführt, werden Grundstücksgrenzen auf den Zentimeter genau geprüft und berechnet, werden Lautäußerungen aus nachbarlichen Wohnungen wochenlang minutiös protokolliert.

Nun will ich aus alldem nicht den voreiligen Schluss ziehen, dass jeder Streit über das Recht überflüssig sei oder kleinlich. Es geht auch nicht darum, dass man immer auf sein Recht verzichten und klein beigeben sollte. Viel interessanter ist die Frage, was es einem bedeutet, recht zu haben oder Recht zu bekommen. Wohlgemerkt: Diese Frage hat nichts damit zu tun, ob es einem zusteht.

Geht man dem Problem genauer auf den Grund, gibt es höchst unterschiedliche Aspekte. Zunächst sollte man anerkennen, dass Gerechtigkeit ein Grundbedürfnis des Menschen ist. Ob es angeboren ist oder anerzogen, kann dabei außen vor bleiben. Ein zentraler Punkt dabei ist der Aspekt der Gleichbehandlung: Intuitiv erwarten und verlangen wir, dass jedem das gleiche Recht zusteht und dass alle gleich behandelt werden.[66]

Daraus folgt nicht nur, dass wir in Bezug auf das »Rechthaben« bestimmte Erwartungen haben, sondern auch, dass es unrealistisch wäre, das eigene Bedürfnis auf das »Rechthabenwollen« komplett zu ignorieren. Anders ausgedrückt: Es bringt nicht das Geringste, den Kindern den Streit um die Suppe zu verbieten. Denn dieser Streit selbst ist ein Bedürfnis. Kinder – und auch Erwachsene – haben das Recht auf Auseinandersetzung, auf Kampf, auf Streit. Viele genießen derartige Auseinandersetzungen sogar und suchen sie regelrecht, was dann oft Empörung hervorruft und zum Vorwurf des Querulantentums führt. Doch wenn der Querulant sich mit seinem »Querulieren« wohlfühlt und es sich leisten kann, haben eher die anderen das Problem. Freilich ist die Frage des Wohlfühlens hier meiner Meinung nach diffizil, denn auch ungesunde Beschäftigungen (Stichwort: Alkohol) können bekanntlich Wohlgefühle produzieren.

Verbrauchertipp Nr. 29: Immer Recht haben?

Wann eigentlich bringt es mehr Schaden als Nutzen, auf seinem Recht zu bestehen? Und welche Zeichen deuten darauf hin, dass es vielleicht klüger wäre, einmal nachzugeben und sich anderen Dingen im Leben zuzuwenden?

- Missbrauchen Sie Rechtsstreitigkeiten nicht dazu, eine Leere in Ihrem Leben zu füllen. Klagen Sie nicht aus Langeweile, weil Sie einsam sind oder weil Sie unbedingt einmal Ihre Rechtsschutzversicherung in Anspruch nehmen wollen.
- Vermeiden Sie es nach Möglichkeit, gegen Angehörige, Verwandte, Freunde oder Nachbarn zu klagen.
- Machen Sie sich klar: Ob Sie objektiv recht haben, hat nichts damit zu tun, dass ein anderer es Ihnen bestätigt.
- Sind Sie schlecht oder ungerecht behandelt worden? Reden Sie zunächst mit anderen Menschen darüber und lassen Sie Zeit vergehen. Wägen Sie genau ab, ob es sich lohnt, einen Rechtsstreit zu führen.
- Wenn Sie eher zur Duldsamkeit neigen und »alles mit sich machen« lassen: Verzichten Sie nicht auf fundamentale Rechte, denn langfristig kann es sein, dass Sie mit einem solchen Verzicht unglücklicher werden, als wenn Sie den Mut aufbringen, Ihr Recht einzufordern.
- Werden Sie damit konfrontiert, dass doch der andere recht hat(te)? Dann geben Sie Ihren Irrtum offen zu.
- Ein Kriterium, wie wichtig ein Streit ist und was er tatsächlich bedeutet, kann darin liegen, was geschehen würde, wenn er plötzlich verschwunden wäre: Wären Sie erleichtert – oder würden Sie vielleicht sogar etwas vermissen?

Praxisbeispiel:
Der Kampf ums Erbe

Gerade im Erbrecht wird in Deutschland innerhalb von Familien er-
bittert gegeneinander geklagt, nicht zuletzt in Patchwork-Familien.
Da hat etwa ein Vater zum zweiten Mal geheiratet, und nun sind da
Kinder aus zwei Lagern und streiten sich um sein Erbe. Kommen
sie dann als Mandanten zu mir, versuche ich zunächst herauszu-
finden, was ihre eigentliche Motivation ist und frage: »Was wollen
Sie? Geht es Ihnen hier wirklich um 8.000 Euro, um den alten VW
Beetle in der Garage, um die Uhr, den Ehering?«

Meist geht es materiell um wenig oder gar nichts; stattdessen höre
ich dann: »Das geht doch so nicht ... der Bruder / die Schwester war
schon immer ein Arsch, damit darf der doch nicht durchkommen!«

Heißt übersetzt: In diesem »Rechtsstreit« geht es gar nicht um konkrete Summen, um ein paar Tausend Euro oder um Besitztümer. Es
geht um emotionale Befriedigung – darum, dass jemand von seinen
Eltern immer zu wenig (oder zu viel) geliebt wurde. Oder dass der Bruder die Schwester schon als Kind gedemütigt oder unterdrückt hat. Man
will nicht Recht, sondern Rache. Nicht Ausgleich, sondern Vergeltung.

Ich frage dann bewusst ganz provokativ: »Kann ich Ihnen als Anwalt wirklich Befriedigung verschaffen? Kann ich Ihr Defizit an Liebe
kompensieren? Gern, ich bin Profi, Sie zahlen mir drei- oder viertau-
send Euro, investieren Zeit, Geld und Nerven, das ist mein Business.
Oder geht es Ihnen um etwas ganz anderes? Manchmal ist es besser
loszulassen. Zu verzeihen. Aber es ist Ihre Entscheidung.«

Natürlich ist das ein Rat gegen mein eigenes Portemonnaie, und
in dieser Minute verzichte ich auf den Quickwin, das schnelle Geld.
Aber: Mandanten, die ich so berate, sind die besten Multiplikatoren.
Sie sind mit meinem vernünftigen Rat – der im Grunde eher der
eines Psychologen ist, nicht eines Anwalts – so zufrieden, dass sie
mich weiter empfehlen.

DAVID-PRINZIP NR. 14

GIB NIEMALS AUF

> »Es gibt keine aussichtslose Lage, sondern nur die Illusion,
> dass so etwas existieren kann. Den ... Ausweg verbauen wir
> uns allein durch unseren Glauben daran, dass es keinen gibt.
> Erst dadurch beginnen wir so zu handeln, dass die Lage am
> Ende tatsächlich aussichtslos wird.«
> BERNHARD MOESTL (U. A. *Das Shaolin-Prinzip*)

Eines der für mich ganz zentralen Prinzipien auf dem Weg zum Erfolg ist: Gib niemals auf. Halte durch. Und wenn Du gefallen bist: Steh wieder auf. Mach weiter.

Es liegt auf der Hand, dass Durchhaltevermögen und die Fähigkeit, Tiefschläge einstecken zu können, unverzichtbar sind, denn die Welt ist nun einmal nicht so, wie es uns die schönen Bilder aus Instagram & Co. vorgaukeln, wo alle attraktiv, gesund und fit sind, an jeder Ecke schon ein leckerer Smoothie auf uns wartet und alle relaxed auf der Jacht abhängen.

Die Welt besteht im Gegenteil eher aus Rückschlägen, Problemen und Herausforderungen: Ein Mitarbeiter hört plötzlich auf, die Bank will den Kredit kündigen, die Ehefrau geht fremd und dem Sohn droht die Nicht-Versetzung. Solche Tritte in den Unterleib kennen wir alle – ob persönlich, privat oder beruflich. Erst jetzt zeigt es sich, wer den Erfolg wirklich will. Wer die Kraft und den Mut hat, wieder aufzustehen, weiterzumachen. Den Kampf mit dem Leben anzunehmen und sich kurz vor dem K.-O.-Gong des Ringrichters noch einmal emporzustemmen.

Ich selbst habe in meinem Leben sehr viele harte Krisen erlebt – wirtschaftlich, persönlich, unternehmerisch. Ich habe, auf Deutsch gesagt, wirklich jeden Scheiß erlebt. Ich habe alles verloren und war ganz unten. Doch ich bin immer wieder aufgestanden und habe weitergemacht.

Heute bin ich für jede dieser Erfahrungen dankbar, so schmerzhaft sie auch gewesen sein mögen. Denn erst sie haben aus mir das gemacht, was ich heute bin. Sie haben mir Selbstbewusstsein gegeben und einen unerschütterlichen Glauben an meine eigene Kraft. Egal, was kommt, ich weiß: Ich kriege es hin. Ich habe schon so viel hinbekommen. Jede Krise, die man bewältigt, ist daher im Grunde ein Erfolgserlebnis. Denn sie bietet die Chance, den erfolgreichen Umgang mit Problemen wieder ein Stück besser zu lernen.

Der Motivationstrainer Steffen Kirchner rät beim Umgang mit diesem Aspekt zu folgender mentaler Strategie: »Mach dir ein Problem/ Rückschlag etc. bewusst, das/den du in der Vergangenheit hattest und du bereits überwunden hast. Frage dich nun: Was war das Gute daran, dass es damals dieses Problem gab? Was kann ich heute, was ich nicht könnte, wenn es dieses Problem nicht gegeben hätte? Was weiß ich heute, wen habe ich vielleicht kennengelernt, welche Entscheidungen habe ich evtl. getroffen, nur weil es eben dieses Problem damals gab? Wenn man auf diese Art und Weise seine Probleme und Rückschläge im Leben analysiert, stellt man fest: Probleme passieren nicht GEGEN dich, sondern FÜR dich. Das bedeutet: Auch wenn du in einer aussichtslosen Lage bist: Gib weiterhin dein Bestes und mach dir bewusst: ALLES im Leben hat die Kraft, dich besser zu machen, da es FÜR dich geschieht. Du bist nicht frei im Leben bei dem, was dir widerfährt. Aber du bist frei darin, wie du auf das reagierst, was dir widerfährt, und was du in den nachfolgenden Tagen/Wochen/Monaten daraus entwickelst. Neben dem tiefsten Tag steht immer auch der größte Berggipfel mit der schönsten Aussicht.«[67]

Viele geben auf diesem Weg auf – bizarrerweise oft kurz bevor sie vor dem Erfolg stehen. Sie haben keine Geduld. Sie ergehen sich in Selbstmitleid und steigern sich in eine passive Opfermentalität hinein, statt zu sagen: Ich übernehme die Verantwortung für mich und mein Leben. Ich muss zwar etwas tun, muss ranklotzen, kann aber auch etwas verändern. Ich bin überzeugt: Es gibt immer eine Lösung, egal, wie heftig die Krise ist. Ich komme da raus, ich schaffe das. Dieses Mindset ist für mich das Wichtigste. Es geht darum, die Welt nicht schönzureden – auch nicht durch blindes »positives Denken«, sondern ihre Herausforderungen anzunehmen, sich ihnen mutig zu stellen.

Steffen Kirchner schreibt mir zu diesem Punkt: »Selektives negatives Denken ist die Grundlage des Überlebens und der Weiterentwicklung. Wer sich nicht mit Gefahren und den Möglichkeiten des Scheiterns beschäftigt, ist erstens schlecht vorbereitet und zweitens blind für einen Teil der Wirklichkeit. Nur wer mögliche Gefahren, Schwierigkeiten und Probleme [im] Vorfeld genau analysiert und eine entsprechende Reaktion darauf vorbereitet (im Sport ... ›Matchplan‹), ist im möglichen Moment des ›Scheiterns‹ schon wieder auf dem Weg nach oben. ... Wenn Du fällst, dann fall nach vorne!«[68]

Das ist alles andere als Pessimismus, als negatives Denken – das natürlich ebenso fatal ist. Ich selbst kenne beruflich viele Kollegen, die regelrechte »Katastrophierer« sind – Meister im Schlechtreden und Schwarzsehen. Ein wenig ist das berufsbedingt, denn leider werden Juristen in gewisser Weise zu Problemdenkern erzogen, zu »Stecknadel-im-Heuhafen-Suchern.« Sie werden darauf konditioniert, Probleme zu sehen, die es noch gar nicht gibt – etwa bei der Prüfung von Verträgen: Was könnte passieren? Wo hat mein Mandant möglicherweise einen Nachteil? Viele Juristen sind daher vom Mindset her Problemdenker, Sicherheitsdenker.

Ich hatte mal einen Angestellten, der ein guter Jurist war, aber leider ein hoffnungsloser »Katastrophierer«: An jeder Kreuzung sah er schon den Verkehrsunfall, alle Sachen redete er schlecht. Es war wirklich anstrengend.

Natürlich sagt es sich leicht, wieder aufzustehen, wenn man tief gefallen ist. Folgende Strategien können hilfreich sein:

- Rechnen Sie nie damit, dass alles gut läuft. Üben Sie sich in Demut – gerade dann, wenn Sie gerade auf der Erfolgswelle reiten. Werden Sie nicht übermütig.
- Hören Sie in Krisen nicht zu sehr auf andere. Was Ihnen hilft oder helfen kann, wissen nur Sie selbst.
- Nehmen Sie sich Zeit, Schicksalsschläge zu verarbeiten und zu trauern. Wer Trauer nicht zulässt, sondern immer unterdrückt, wird von ihr eingeholt.
- Machen Sie sich von möglichst wenig abhängig – weder von Menschen noch von Besitz.

Ist Ihre Lage komplett aussichtslos? Glauben Sie, dass alles schon entschieden ist und Sie nicht mehr das Geringste tun können? Dann sollten Sie vielleicht einmal über die folgenden Empfehlungen von Julien D. Backhaus nachdenken: »Sehen Sie sich Situationen anderer an, die ebenfalls aussichtslos waren und doch gut ausgegangen sind. Es gibt genügend Beweise, dass eine Lage erst dann aussichtslos ist, wenn man sie als solche ansieht. Andernfalls ist eine Lage maximal ungeklärt oder schwebend, aber nicht entschieden. Erst wenn der Mensch tatsächlich aufgegeben hat, ist die Lage entschieden.«[69]

Ausblick: Mein Traum – Deutschlands erste digitale Kanzlei

Als ich mein Referendariat beim Amtsgericht Jülich anfing, arbeitete ich dort unter einem schon älteren, kurz vor der Pension stehenden Amtsrichter. Die Arbeitsabläufe waren geruhsam und das technische Equipment, vorsichtig gesagt, konservativ: Jeden Morgen rollte der zuständige Wachtmeister mit dem sogenannten »Aktenantragsbock« Akten ins Büro, und nachmittags holte er bearbeitete Akten mit dem »Aktenabtragsbock« dann wieder ab. Als junger Mann war ich von dieser noch tief im 19. Jahrhundert wurzelnden Bürokratie abgestoßen, und vielleicht wurzelt hier mein Ehrgeiz, die Abläufe in meiner eigenen Kanzlei möglichst modern, effizient und schlank zu gestalten – ohne überflüssige Papierberge und ohne unförmige Rollböcke, über die man jeden Moment stolpert.

Im Moment ist es mein Ehrgeiz, die erste voll digitalisierte Anwaltskanzlei zu schaffen. Und um dieses strategische Ziel zu erreichen, beschäftige ich mittlerweile zwei Programmierer, die für mich ein internes CAM-System (Computer-aided manufacturing) geschaffen haben: Vorne werden eingehende Verträge unserer Mandanten (zum Beispiel Versicherungs- oder Kreditverträge) automatisch geprüft, und danach gelangt das Material in die Tele-Sales-Abteilung, die mit den Mandanten telefoniert und bei positiver Rückmeldung das Mandat holt. Danach gelangt der Vorgang in die digitale Sachbearbeitung, das heißt, es gehen standardisierte Mails an die Mandanten, an die betreffende Rechtsschutzversicherung und an den Gegner. Der Anwalt sorgt innerhalb dieses automatisierten Ablaufs nur noch für die Qualitätskontrolle und wählt entsprechende Textbausteine aus.

Auf diese Weise können wir bis zum Urteil der Zweiten Instanz viele Bearbeitungsfälle komplett digital halten, was eine enorme Rationalisierung bedeutet: Normalerweise schafft ein Anwalt pro Jahr 250 bis 300 Akten. Unsere Anwälte bewältigen durch die Digitalisierung leicht das Vier- bis Sechsfache – ohne dass die Qualität leidet, im Gegenteil: Gerade die Skalierung von Einzelfällen zu einem Massengeschäft erlaubt es, jeden einzelnen Schritt besonders sorgfältig zu planen. Das Modell, das es in Deutschland so vorher noch nicht gab, funktioniert gut: So haben wir allein im letzten Monat (Juni 2018) 172 neue Fälle im VW-Abgasskandal akquirieren können. Natürlich arbeiten auch wir noch nicht komplett papierfrei, aber wir sind auf dem Weg dorthin.

Verbrauchertipp Nr. 30: Als Selbstständiger durchhalten

Sind Sie gerade dabei, sich selbstständig zu machen? Herzlichen Glückwunsch! Eins allerdings steht jetzt schon fest: Ohne Durststrecken wird es vermutlich nicht abgehen – mehr als 80 Prozent aller Start-ups scheitern innerhalb der ersten drei Jahre.[70] Wer nicht scheitern will, muss also durchhalten – aber was heißt das genau?

- Eines der häufigsten Probleme bei Neugründungen ist die fehlende Liquidität – sprich, das Geld. Oft werden laufende Kosten wie Miete, Personalkosten oder Materialkosten unterschätzt. Daraus folgt: Halten Sie Ihre Kosten am Anfang so niedrig wie möglich. Verzichten Sie auf Statussymbole wie »gute« Adresse, Firmenwagen oder Designer-Büroeinrichtung. Rechnen Sie damit, ein paar Jahre lang keinen Urlaub machen zu können. Stellen Sie insgesamt möglichst wenige Ansprüche.
- Investieren Sie gerade dann in Werbung und Marketing, wenn es gut läuft. Wenn Sie nämlich erst mitten in der Durststrecke sind, stehen Sie unter Druck und gehen das Thema verkrampft an.
- Haben Sie Geduld. Halten Sie es aus, dass ein paar Wochen oder gar Monate lang gar nichts passiert.
- Denken Sie flexibel. Verlangt ein Kunde etwas von Ihnen, was Sie eigentlich gar nicht anbieten oder das scheinbar unter Ihrer Würde ist? Sagen Sie nicht nein. Haben Sie die Software für ein Projekt nicht? Das kann sich ändern. Will jemand Ratenzahlung oder Rabatt? Reden Sie mit ihm, statt gleich nein zu sagen. Tun Sie das, was Ihr Kunde will – nicht das, was er Ihrer Meinung nach wollen sollte.
- Wollen Sie schon aufgeben? Dann prüfen Sie dreimal, ob Sie es wirklich müssen. Scheitern beginnt im Kopf.

Das David-Konzept

>*Habe Mut, dich deines eigenen Verstandes zu bedienen.*«
IMMANUEL KANT (1724–1804)

Wir haben in diesem Buch einen beachtlichen Weg zurückgelegt.
Wir haben manche Aspekte des Lebens und des Erfolgs durchleuch-
tet und sind uns dabei vieler Hintergründe bewusst geworden. Wir
haben vom Wert des klaren Denkens und Handelns gehört und vom
Glauben an uns, an unsere Sache. Wir haben erfahren, wie wir uns
selbst erkennen können und was Mut ist. Wir haben uns damit beschäftigt, wie wir Mitstreiter hinter uns sammeln können und was es
bedeutet, Vertrauen zu fassen – zu uns und anderen. Wir haben von
der Bedeutung der Geduld gehört und davon, dass es unverzichtbar
ist, unsere Achtsamkeit zu pflegen und unser inneres Gleichgewicht.
Sind Sie mir bis hier hin gefolgt? Gut. Oder haben Sie etwa heimlich
vorgeblättert? Macht nichts. Das tue ich gelegentlich auch.

In einem wissenschaftlichen Werk würde an dieser Stelle die Zu-
sammenfassung der gesammelten Erkenntnisse stehen und ihre
Abwägung gegeneinander, gefolgt von der Beantwortung der zentralen Forschungsfrage. Eine solche Frage habe auch ich am Anfang
dieses Buches gestellt: die Frage nach dem Erfolg. Was macht ihn
aus, welchen Prinzipien folgt er, und wodurch wird er verhindert?
Wie müssen wir handeln und denken, um erfolgreich zu werden,
und was bedeutet das Wort Erfolg eigentlich genau?

Ich habe in diesem Buch mehrere Antworten auf diese Frage gegeben, genau genommen 14: die 14 *David-Prinzipen*, die zusammen
das *David-Konzept* ergeben. In der Einführung habe ich davon gesprochen, dass diese Prinzipien universale Gültigkeit besitzen und
in Verbindung zueinander stehen. Dass sie einander bedingen und
dass sie, obwohl verschiedene Aspekte in ihnen zum Ausdruck
kommen, alle Ausdruck eines einzigen Prinzips sind. Vermutlich

warten Sie jetzt bereits darauf, dieses Prinzip von mir zu erfahren, es in einem Satz zusammengefasst zu hören? Bitte blättern Sie um. Sie lesen diesen Satz auf der nächsten Seite.

Ich hoffe, Sie sind nicht zu sehr enttäuscht?

Dass ich diesen einen Satz hier nicht einfach hinschreibe, dass ich den Kern des *David-Konzepts* bewusst nicht in Worte fasse, hat einen guten Grund, und vermutlich ahnen Sie ihn bereits: Wer mir bis hierhin gefolgt ist, wer die 14 *David-Prinzipien* durchdacht und nachvollzogen hat, kennt diesen Satz schon. Er hat längst verstanden, worum es geht, was in ihnen zum Ausdruck kommt. Mehr noch: Er ist auf diesem Weg bereits so vorangeschritten, dass er es als Beleidigung empfinden würde, von mir zu hören, was er längst verstanden hat.

Gut, einen kleinen Hinweis gebe ich Ihnen noch: Das *David-Konzept* hat viel damit zu tun, selbst zu denken, selbst zu handeln und sich selbst dabei immer besser kennenzulernen. Wer selbst denkt, muss nicht lesen, was andere ihm vorschreiben. Er braucht keine Hilfestellung. Er braucht keine zusammenfassenden Sätze. Er braucht weder Ratgeber noch Philosophen oder gar Therapeuten. Er kann und wird sich, wie Kant es so schön in Worte fasst, seines eigenen Verstandes bedienen, weil er den Mut dazu gefasst hat.

Diese Ermutigung wollte dieses Buch Ihnen geben, nicht mehr und nicht weniger. Denken Sie selbst. Handeln Sie selbst. Und hören Sie dabei weder zu viel auf andere noch auf Ratgeber, Gurus oder Coaches. Die verfolgen immer auch eigene Interessen.

Denken Sie also darüber nach, was das *David-Konzept* ist. Oder besser: Was es für Sie sein könnte. Und dann: Schicken Sie ihn mir. Lassen Sie uns darüber reden. Natürlich habe ich einen Satz im Sinn. Aber möglicherweise ist Ihrer ja viel besser? Etwas für die nächste Auflage?

Hoffentlich konnten Sie aus Einigem von dem, was ich geschrieben habe, etwas mitnehmen, etwas lernen. Vielleicht hat einiges bei Ihnen aber auch Zweifel geweckt, Widerwillen oder Langeweile. Vielleicht denken Sie sogar, dass Sie das meiste ja schon längst gewusst haben und dass es so eben immer mit diesen Ratgebern ist: Ganz nett zu lesen, aber im Grunde immer das Gleiche. Viel Lärm und nichts, viel heiße Luft. Richtige Philosophie oder Psychologie ist doch viel besser: Aristoteles, Kant, Freud oder am besten gleich Nietzsche.

Sehr gut. Sie fangen an zu denken. Ich hoffe, das geht jetzt immer so weiter, und Sie lesen in Zukunft viel mehr gute Bücher. Arbeiten Sie die *Phänomenologie des Geistes* durch, die *Kritik der reinen Vernunft* und die *Nikomachische Ethik*. Gehen Sie auf die *Suche nach der verlorenen Zeit*, steigen Sie auf den *Zauberberg* und klären Sie, was *Schuld und Sühne* nun genau ist. Fühlen Sie den *Leiden des jungen Werther* nach und des alten *Faust*. Lassen Sie die Schatten des Zweifels so nah an sich heran wie Thomas Buddenbrook und blicken Sie in den Abgrund des Todes so wie Sokrates in den Schierlingsbecher.

Aber bleiben Sie dabei nicht stehen. Bilden Sie sich ernsthaft und mit größtem Vergnügen, aber werden Sie nicht zum Bücherwurm. Verlieren Sie sich nicht im Denken, wenn Philosophie oder Literatur gar nicht Ihr Job ist. Gehen Sie auch raus und tun Sie, was getan werden muss, was Ihre Aufgabe im Leben ist, um Erfolg zu haben. Und ziehen Sie am Ende alles dessen, was Sie gelesen, was Sie getan, was Sie ausprobiert haben, immer wieder Ihre eigene Bilanz. Formulieren Sie, mit anderen Worten, Ihre eigenen *David-Prinzipien*. Ihre eigenen Gesetze des Erfolgs. Welche das sind, welche für sie funktionieren und welche nicht, werden Sie sehr bald wissen.

Sehr viel Erfolg dabei und alles Gute wünscht Ihnen herzlich

Ihr
Markus Mingers

KONTAKT, FEED-BACK UND MEHR

- Wollen Sie mit mir in Kontakt treten? Wollen Sie mit mir über mein Buch diskutieren, Feedback hinterlassen oder einfach eine Frage stellen? Dann besuchen Sie doch einfach unsere Facebookseite:
https://www.facebook.com/MingersKreuzer

- Wollen Sie mir persönlich eine Mail schreiben? Ich freue mich auf Ihre Nachricht, Ihr Feedback oder Ihre Fragen:
info@mingers-kreuzer.de

- Wollen Sie mehr erfahren über die Arbeit der Kanzlei Mingers & Kreuzer? Dann besuchen Sie unseren Blog und abonnieren Sie unseren kostenlosen Newsletter:
https://mingers-kreuzer.de/blog/

- Wollen Sie in meinen YouTube-Videos mehr erfahren über die in diesem Buch behandelten Themen? Dann besuchen Sie doch unseren YouTube-Kanal:
https://www.youtube.com/channel/UC44EGa9fujoAsoBqQNjn4VA/featured

- Wollen Sie von mir über Twitter hören?
https://twitter.com/kanzleimingers

- Oder sind Sie eher ein Fan von Google+? Dann erfahren Sie hier mehr:
https://plus.google.com/+KanzleiMingersKreuzer

SERVICEADRESSEN

1. Allgemeines

Stiftung Warentest
Lützowplatz 11-13, 10785 Berlin
Postfach 30 41 41, 10724 Berlin
Telefon: 030 26 31-0
Fax: 030 26 31-27 27
Email: email@stiftung-warentest.de

Bundesverband der Verbraucherzentralen und Verbraucherverbände
Verbraucherzentrale Bundesverband e.V. (vzbv)
Markgrafenstraße 66, 10969 Berlin
Telefon: 030 25800-0
Fax: 030 25800-518
Email: info@vzbv.de

Deutsche Stiftung Verbraucherschutz (keine Beratung)
Markgrafenstraße 66, 10969 Berlin
Telefon: 030 258 00-269
Fax: 030 258 00-238
Email: info@verbraucherstiftung.de

Allgemeine Verbraucherschlichtungsstelle des Zentrums für Schlichtung e.V.
Straßburger Straße 8, 77694 Kehl am Rhein
Telefon: 07851 795 79 40
Fax: 07851 795 79 41
Email: mail@verbraucher-schlichter.de

Versicherungsombudsmann e. V.
Leipziger Straße 121, 10117 Berlin
Postfach 08 06 32, 10006 Berlin
Telefon: 030 20 60 58 - 0
Email: info@versicherungsombudsmann.de

Bund der Versicherten e. V.
Postfach 11 53, 24547 Henstedt-Ulzburg
Tiedenkamp 2, 24558 Henstedt-Ulzburg
Telefon: 04193 99 040 (Speziell für Mitglieder!)
Telefon: 04193 94 222
Fax: 04193 - 94 221
Email: info@bundderversicherten.de

Deutscher Konsumentenbund e.V.
Arheilger Weg 11, 64380 Roßdorf
Telefon: 06154 6039754-0
Fax: 0 6154 6039754-9
Email: vorstand@konsumentenbund.de
Internet: www.konsumentenbund.de

Bund der Energieverbraucher
Frankfurter Str. 1, 53572 Unkel
Telefon: 02224 123 123-0
Email: info@energieverbraucher.de

Die VERBRAUCHER INITIATIVE e.V. (Bundesverband)
Bundesgeschäftsstelle
Berliner Allee 105, 13088 Berlin
Telefon: 030 53 60 73-3
Fax: 030 53 60 73-45
Email: mail@verbraucher.org

VD Verbraucherschutz Deutschland online e.V.
Radickestr. 28, 21079 Hamburg
Email: gunda.lauckenmann@verbraucherschutz.de
Internet: www.verbraucherschutz.de

Europäischer Verbraucherverband
The European Consumer Organisation
Bureau Européen des Unions de Consommateurs
Rue d'Arlon, 80 Bte 1, 1040 Bruxelles (Belgien)
Telefon: 0032 2 743 15 90
Email: press@beuc.eu

Deutsche Stiftung Patientenschutz
Europaplatz 7, 44269 Dortmund
Telefon: 0231 7380730
Fax: 0231 7380731

Rechtsberatung Pro Familia
Kalckreuthstr. 4, 10777 Berlin
Telefon: 030 3984 9898
Email: berlin@profamilia.de
Internet: www.profamilia.de

foodwatch e. v.
Brunnenstraße 181, 10119 Berlin
Telefon: 030 24 04 76-0
Fax: 030 24 04 76-26
Email: info@foodwatch.de
Internet: www.foodwatch.de

Consumers International
24 Highbury Crescent, N5 1RX London (Vereinigtes Königreich)
Telefon: 020 7226 6663
Fax: 0044 20 7354 0607
Email: consint@consint.org

2. Verbraucherzentralen

Baden-Württemberg
Verbraucherzentrale Baden-Württemberg e. V.
Paulinenstr. 47, 70178 Stuttgart
Telefon: 0711 66 91 10
Fax: 0711 66 91 50
Email: info@vz-bw.de

Bayern
Verbraucherzentrale Bayern e.V.
Mozartstr. 9, 80336 München
Telefon: 089 55 27 94-0
Fax: 089 53 75 53
Email: info@vzbayern.de

Berlin
Verbraucherzentrale Berlin e.V.
Hardenbergplatz 2, 10623 Berlin
Telefon: 030 214 85-0
Fax: 030 211 72 01
Email: mail@verbraucherzentrale-berlin.de

Brandenburg
Verbraucherzentrale Brandenburg e.V.
Babelsberger Str. 12, 14473 Potsdam
Telefon: 0331 298 71-0
Fax: 0331 298 71-77
Email: info@vzb.de

Bremen
Verbraucherzentrale Bremen e.V.
Altenweg 4, 28195 Bremen
Telefon: 0421 160 777
Fax: 0421 160 77 80
Email: info@vz-hb.de

Hamburg
Verbraucherzentrale Hamburg
Kirchenallee 22, 20099 Hamburg
Telefon: 040 24832-0
Email: info@vzhh.de

Hessen
Verbraucherzentrale Hessen e.V.
Große Friedberger Straße 13-17, 60313 Frankfurt am Main
Telefon: 069 97 20 10 - 900
Fax: 069 97 20 10 - 40
Email: vzh@verbraucher.de

Mecklenburg-Vorpommern
Verbraucherzentrale Mecklenburg-Vorpommern e. V.
Strandstraße 98, 18055 Rostock
Telefon: 0381 208 70-0
Fax: 0381 208 70 30
Email: info@verbraucherzentrale-mv.eu

Niedersachsen

Verbraucherzentrale Niedersachsen e.V.
Herrenstr. 14, 30159 Hannover
Telefon: 0511 911 96-0
Fax: 0511 911 96-10
Email: info@vzniedersachsen.de
Internet: www.verbraucherzentrale-niedersachsen.de

Nordrhein-Westfalen

Verbraucherzentrale Nordrhein-Westfalen e.V.
vertreten durch den Vorstand Wolfgang Schuldzinski
Mintropstr. 27, 40215 Düsseldorf
Telefon: 0211 3809-0
Fax: 0211 3809-216
Email: kontakt@verbraucherzentrale.nrw

Rheinland-Pfalz

Verbraucherzentrale Rheinland-Pfalz e.V.
Seppel-Glückert-Passage 10, 55116 Mainz
Telefon: 06131 28 48 0
Fax: 06131 28 48 66
Email: info@vz-rlp.de

Saarland

Verbraucherzentrale des Saarlandes e.V.
Haus der Beratung
Trierer Str. 22, 66111 Saarbrücken
Telefon: 0681 50089-0
Fax: 0681 50089-22
Email: vz-saar@vz-saar.de
Internet: www.vz-saar.de

Sachsen

Verbraucherzentrale Sachsen e.V.
Katharinenstraße 17, 04109 Leipzig
Telefon: 0341 696 290
Fax: 0341 6892826
Email: vzs@vzs.de

Sachsen-Anhalt
Verbraucherzentrale Sachsen-Anhalt e.V.
Steinbockgasse 1, 06108 Halle
Telefon: 0345 2 98 03 29
Fax: 0345 2 98 03 26
Email: vzsa@vzsa.de

Schleswig-Holstein
Verbraucherzentrale Schleswig-Holstein e.V.
Hopfenstraße 29, 24103 Kiel
Telefon: 0431 590 99-0
Fax: 0431 590 99 77
Email: info@vzsh.de

Thüringen
Verbraucherzentrale Thüringen e.V. (Geschäftsstelle)
Eugen-Richter-Straße 45, 99085 Erfurt
Telefon: 0361 55514-0
Fax: 0361 5551440

3. Behörden für Verbraucherschutz

Bundesministerium der Justiz und für Verbraucherschutz
Mohrenstraße 37, 10117 Berlin
Telefon: 030 18 580 0
Fax: 030 18 580 - 95 25
Email: poststelle@bmjv.bund.de

Landesministerien:

Baden-Württemberg
Ministerium für Ländlichen Raum und Verbraucherschutz (MLR)
Kernerplatz 10, 70182 Stuttgart
Telefon: 0711 126-2355
Email: pressestelle@mlr.bwl.de
Internet: www.mlr.baden-wuerttemberg.de

Bayern

Bayerisches Staatsministerium für Umwelt und Verbraucherschutz
Rosenkavalierplatz 2, 81925 München
Telefon: 089 9214-00
Fax: 089 9214-2266
Email: poststelle@stmuv.bayern.de

Berlin

Senatsverwaltung für Justiz und Verbraucherschutz
Salzburger Straße 21-25, 10825 Berlin
Telefon: 030 9013-0
Fax: 030 9013-2000

Brandenburg

Landesamt für Arbeitsschutz, Verbraucherschutz und Gesundheit
Zentrale Dienste
Postfach 90 02 36, 14438 Potsdam
Telefon: 0331 8683-116
Fax: 0331 864335
Email: hella.skoruppa@lavg.brandenburg.de

Bremen

Die Senatorin für Wissenschaft, Gesundheit und Verbraucherschutz
Contrescarpe 72, 28195 Bremen
Telefon: 0421 361-14654
Fax: 0421 496-14654
Email: vorzimmerstaatsrat@gesundheit.bremen.de

Hamburg

Behörde für Gesundheit und Verbraucherschutz
Billstraße 80, 20539 Hamburg
Telefon: 040 42837-0
Fax: 040 4273-10086
Email: gesundheit-verbraucherschutz@bgv.hamburg.de

Hessen
Hessisches Ministerium für Umwelt, Klimaschutz, Landwirtschaft
und Verbraucherschutz
Mainzer Straße 80, 65189 Wiesbaden
Telefon: 0611 815-0
Email: poststelle@umwelt.hessen.de

Mecklenburg-Vorpommern
Landesamt für Landwirtschaft, Lebensmittelsicherheit und Fischerei
Mecklenburg-Vorpommern
Postfach 10 20 64, 18003 Rostock
Hausanschrift: Thierfelderstrasse 18, 18059 Rostock
Telefon: 0381 4035-0
Fax: 0381 400 1510
Email: poststelle@lallf.mvnet.de

Niedersachsen
Niedersächsisches Landesamt für Verbraucherschutz
und Lebensmittelsicherheit (LAVES)
Postfach 39 49, 26029 Oldenburg
Telefon: 0441 57026-0
Fax: 0441 57026-179
Email poststelle@laves.niedersachsen.de
Internet: www.laves.niedersachsen.de

Nordrhein-Westfalen
Landesamt für Natur, Umwelt und Verbraucherschutz Nordrhein-Westfalen
(LANUV)
Leibnizstr. 10, 45659 Recklinghausen
Telefon: 02361 305-0
Fax: 02361 305-3215
Email: poststelle@lanuv.nrw.de

Rheinland-Pfalz
Landesamt für Umwelt Rheinland-Pfalz
Kaiser-Friedrich-Straße 7, 55116 Mainz
Telefon: 06131 6033-0
Fax: 06131 1432966
Email: poststelle@lfu.rlp.de

Saarland

Ministerium für Umwelt und Verbraucherschutz
Keplerstraße 18, 66117 Saarbrücken
Telefon: 0681 501-4500
Faxnummer: 0681 501-4521
Email: info@umwelt.saarland.de
Internet: www.umwelt.saarland.de (extern)

Sachsen

Sächsisches Staatsministerium für Soziales und Verbraucherschutz,
Referat Verbraucherschutz
Albertstraße 10, 01097 Dresden
Telefon: 0351 564-0
Fax: 0351 564-5850
Email: poststelle@sms.sachsen.de

Sachsen-Anhalt

Landesamt für Verbraucherschutz (LAV) des Landes Sachsen-Anhalt
Freiimfelder Straße 68, 06112 Halle (Saale)
Telefon: 0340 6501-174
Fax: 0340 6501-294
Email: lav-webmaster@sachsen-anhalt.de

Schleswig-Holstein

Landesamt für Landwirtschaft, Umwelt und ländliche Räume
Hamburger Chaussee 25, 24220 Flintbek
Email: poststelle@llur.landsh.de Hinweise zum Mailversand
Telefon: 04347 704-0
Fax: Fax 04347 704-102

Thüringen

Thüringer Landesamt für Verbraucherschutz
Leiterin des Präsidialstabs Verena Meyer
Tennstedter Str. 8/9, 99947 Bad Langensalza
Telefon: 0361 57 3815008
Email: pressestelle@tlv.thueringen.de

LITERATUR

Adler, Alfred: Menschenkenntnis. Köln: Anaconda 2008. ISBN-10: 3866471955

Agatston, Arthur: Die South Beach Diät. München: Knaur 2004. ISBN-10: 3426669633

Backhaus, Julien / Jagersbacher, Michael: ERFOLG: Was Sie von den Super-Erfolg-reichen lernen können. München: FinanzBuch Verlag 2018. ISBN-10: 3959721528

Birkenbihl, Vera F.: Finde deinen Fixstern: Die eigenen Lebensziele erkennen und erreichen. Plaidt: mg verlag 2018. ISBN-10: 3868829210

Birkenbihl, Vera F.: Das innere Archiv: Steigern Sie Ihre Intelligenz durch nachhaltiges Gehirnmanagement. Plaidt: mg verlag 2013. ISBN-10: 3868824448

Birkenbihl, Vera F.: Signale des Körpers: Körpersprache verstehen. Plaidt: mg verlag 2014. ISBN-10: 3868825681

Branden, Nathaniel: Die 6 Säulen des Selbstwertgefühls: Erfolgreich und zufrieden durch ein starkes Selbst. München: Piper 2011. ISBN-10: 3492263968

Bülow, Peter und Artz, Markus: Verbraucherprivatrecht (Schwerpunktbereich). Heidelberg: C.F. Müller 2016. ISBN-10: 3811454374

Deixler-Hübner, Astrid u. a. (Hrsg.): Handbuch Verbraucherrecht (Rechtspraxis). LexisNexis ARD ORAC 2015. ISBN-10: 3700761821

Deutscher Mieterbund Verlag GmbH (Hrsg.): Das Mieterlexikon – Ausgabe 2018/2019: Aktuelles Mietrecht und neueste Rechtsprechung. München: Goldmann 2018. ISBN-10: 344217676X

Dobelli, Rolf: Die Kunst des klaren Denkens: 52 Denkfehler, die Sie besser anderen überlassen. München: dtv 2014. ISBN-10: 3423348267

Dörner, Dietrich: Die Logik des Mißlingens. Strategisches Denken in komplexen Situationen. Berlin: Rowohlt 2003. ISBN-10: 3499615789

Enger, Sven: Alt, arm und abgezockt: Der Crash der privaten Altersvorsorge und wie Sie sich darauf vorbereiten können. Berlin: Econ 2018. ISBN-10: 3430202140

Epikur: Philosophie der Freude. (Übers.: Johannes Mewaldt). Stuttgart: Kröner 1973. ISBN-10: 3520198053

Fromm, Erich: Die Kunst des Liebens. München: Manesse 2016. ISBN-10: 3717560026

Hainbuch, Friedrich: Progressive Muskelentspannung (mit Audio CD) (GU Multimedia Körper, Geist & Seele) München: Graefe & Unzer 2015. ISBN-10: 3833845710

Hennenhofer, G. / Heil, Klaus D.: Ängste überwinden. Selbstbefreiung durch Verhaltenstraining. Reinbek bei Hamburg: Rowohlt 1975. ISBN 3499169398

Hemmer Karl-Edmund, Wüst, Achim u. a.: Verbraucherschutzrecht. hemmer/wüst Verlagsgesellschaft mbH 2014. ISBN-10: 386193342X

Herrigel, Eugen: Zen in der Kunst des Bogenschießens. Frankfurt a. M.: O. W. Barth 2010. ISBN-10: 3426291215

Kabat-Zinn, Jon und Kappen, Horst: Gesund durch Meditation. Das große Buch der Selbstheilung mit MBSR. München: Knaur MensSana TB 2013. ISBN-10: 3426875683

Kirchner, Steffen: Spielregeln für Gewinner: Mit 25 einfachen Gesetzen zur persönlichen Höchstleistung. München: Goldmann 2010. ISBN-10: 344217161X

Kirschner, Josef: Manipulieren – aber richtig: Acht erfolgreiche Strategien, mit denen Sie auf andere Menschen Einfluss nehmen. Hamburg: Nikol 2012. ISBN-10: 3868201416

Kirschner, Josef: Hilf dir selbst, sonst hilft dir keiner. Die Kunst, glücklich zu leben, in neun Lektionen. München: Knaur 2000. ISBN-10: 3426076101

Laotse: Tao te king: Das Buch vom Sinn und Leben. (Übers.: Richard Wilhelm) Hamburg: Nikol 2010. ISBN-10: 386820055X

Lutz, Wolfgang: Leben ohne Brot: Die wissenschaftlichen Grundlagen der kohlenhydratarmen Ernährung (aus d. Amerik.: Living Low Carb – The complete Guide to Long-Term Low-Carb Dieting). 16. Auflage. Gräfelfing: Informed 2004. ISBN-10: 3887601009

Mannschatz, Marie: Meditation (mit Audio-CD): Mehr Klarheit und innere Ruhe (GU Multimedia Körper, Geist & Seele). Stuttgart: Gräfe und Unzer 2015. ISBN-10: 3833845708

Meyhöfer, Andreas und Ludwig, Diana: Schlank mit Low-Carb: Das 28-Tage-Programm Taschenbuch. München: riva 2017. ISBN-10: 3742301322

Moestl, Bernhard: Shaolin – Du musst nicht kämpfen, um zu siegen!: Mit der Kraft des Denkens zu Ruhe, Klarheit und innerer Stärke. Knaur TB 2010. ISBN-10: 3426783983

Moestl, Bernhard: Der Weg des Tigers: Erkenne, warum du besonders bist, und erreiche jedes Ziel mit Leichtigkeit. Knaur TB 2015. ISBN-10: 3426786559

Molcho, Samy: Alles über Körpersprache: Sich selbst und andere besser verstehen. Berlin: Mosaik Verlag 2003. ISBN-10: 3442390478

Petri, Tamara: Manipulationstechniken: Erkennen wann Sie selbst manipuliert werden und im täglichen Leben zu Ihrem Vorteil andere Menschen manipulieren. Independently published 2017. ISBN-10: 1549899848

Richards, Anthony: NLP für Anfänger: Wie sie mit Psychologie Menschen lesen und verstehen und programmieren können. Rhetorik, Kommunikation und Körpersprache. Das sind die besten Manipulationstechniken. Independently published 2018. ISBN-10: 1718149824

Rogers, Carl R.: Die klientenzentrierte Gesprächspsychotherapie. Frankfurt a. M.: Fischer 1993. ISBN 3596421756

Rogers, Carl R.: Die nicht-direktive Beratung. Frankfurt a. M. 1994. ISBN 3596421764

Rohs, Sebastian: Der Widerruf von Immobiliar-Verbraucherdarlehensverträgen. Handbuch und Rechtsprechungsauswertung für Praktiker. Independently published 2017. ISBN-10: 1520487630

Schweppe, Ronald und Long, Aljoscha: Praxisbuch NLP: Die eigenen Kräfte aktivieren und sich auf Erfolg programmieren. München: Südwest Verlag 2014.
ISBN-10: 3517089435

Schultz, J. H.: Autogenes Training. Das Original-Übungsheft: Die Anleitung vom
Begründer der Selbstentspannung. Stuttgart: Trias 2016. ISBN-10: 3432103875

Seibig, Nancy: Verbraucherschutz der Gegenwart: Grundlagen, Analyse, Perspekti-
ven. AV Akademiker Verlag 2012. ISBN-10: 3639447743

Seiwert, Lothar: Die Tiger-Strategie: Wer für seine Erfolge nicht selber sorgt, hat sie
nicht verdient – Die Kraft steckt in dir! München: Ariston 2016. ISBN-10: 3424201391

Tsu, Sun: Die Kunst des Krieges. Berlin: Nikolai 2008. ISBN-10: 3937872876

Verbraucherzentrale NRW (Hrsg.): Das Mieter-Handbuch: Mietvertrag, Nebenkosten,
Modernisierung, Mietminderung, Kündigung. Verbraucherzentrale NRW 2018.
ISBN-10: 3863360958

Verbraucherzentrale NRW (Hrsg.): Das Vorsorge-Handbuch: Das Handbuch für Ihre
persönlichen Daten, Verträge und Verfügungen (WISO). Verbraucherzentrale NRW
2016. ISBN-10: 3863360559

Verbraucherzentrale NRW (Hrsg.): Einfache Strategien für Ihre Finanzplanung
(WISO). Verbraucherzentrale NRW 2017. ISBN-10: 3863360818

Verbraucherzentrale NRW (Hrsg.): Richtig versichert: Wer braucht welche Versicherung? (WISO). Verbraucherzentrale NRW 2016. ISBN-10: 3863360680

Walhalla Fachredaktion: BGB – Bürgerliches Gesetzbuch Ausgabe 2016: Mit den
Nebengesetzen zum Verbraucherschutz, Mietrecht und Familienrecht. Walhalla,
2016. ISBN-10: 3802920376

Welzer, Harald: Selbst denken: Eine Anleitung zum Widerstand. Berlin: Fischer 2014.
ISBN-10: 359619573X

Werner, Götz W. / Weik, Matthias / Friedrich, Marc: Sonst knallt´s! Warum wir
Wirtschaft und Politik radikal neu denken müssen. Frankfurt am Main: Eichborn
2017. ISBN-10: 3847906348

Willberg, Hans-Arved: Dankbarkeit: Grundprinzip der Menschlichkeit – Kraftquelle
für ein gesundes Leben. Springer 2017. ISBN-10: 3662549263

QUELLEN

1   Daneben war ich Vorstand einer Unternehmensberatung, Geschäftsführer einer Projektentwicklungsgesellschaft, Geschäftsführer einer international tätigen Management Consulting und Dozent an der Gründerakademie Rhein-Sieg.

2   Alle Zitate nach dem 1. Buch Samuel (1 Sam) der Bibel, Quelle: https://www.bibleserver.com/text/EU/1.Samuel.

3   In pathologischer Form kennen wir diese Form der gestörten Selbstwahrnehmung als Narzissmus, und tatsächlich handelt es sich um eine Persönlichkeitsstörung, die allerdings schwer zu behandeln ist, weil der Betroffene in der Regel keinen Leidensdruck verspürt – dafür leiden die anderen.

4   Ein Klassiker in die Einführung einschlägiger Manipulationstechniken ist immer noch Josef Kirschners *Manipulieren – aber richtig: Acht erfolgreiche Strategien, mit denen Sie auf andere Menschen Einfluss nehmen.* (Hamburg: Nikol, 2012.) Selbst wenn man die beschriebenen Techniken selbst nicht nutzt, hilft es, Manipulationen durch andere zu erkennen und abzuwehren.

5   Wussten Sie, dass auch der beste Schauspieler nicht dazu in der Lage ist, einen fremden Satz wirklich authentisch zu sprechen? Man hört es immer, wenn jemand schauspielert – der Grund für den Erfolg der Fielmann-Werbung, die ausschließlich mit authentischen Stimmen arbeitet, die erst nachträglich zu Werbestimmen gemacht werden.

6   Vergleich.org im Juli 2017, zit. nach https://www.tagesspiegel.de/advertorials/ots/vergleich-org-studie-beweist-wer-grosspackungen-kauft-spart-langfristig-15-2-prozent/20029474.html.

7   Persönliche Mail von Prof. Götz W. Werner vom 16.07.2018.

8   Persönliche Mail von Volker Rosin vom 21.06.2018.

9   https://de.statista.com/statistik/daten/studie/173182/umfrage/verteilung-der-lebensversicherungen-in-deutschland/.

10 https://www.stern.de/wirtschaft/news/lebensversicherungen-experte-warnt-vor-crash-wegen-niedrigzinsen-7816822.html.

11 A. a. O. Vgl. auch das Buch von Sven Enger: *Alt, arm und abgezockt: Der Crash der privaten Altersvorsorge und wie Sie sich darauf vorbereiten können.* Berlin: Econ 2018.

12 https://de.statista.com/statistik/daten/studie/161391/umfrage/entwicklung-des-kapitalanlagebestandes-der-versicherungswirtschaft-seit-2005/.

13   https://de.statista.com/statistik/daten/studie/190555/umfrage/durchschnitt-liche-nettoverzinsung-der-kapitalanlagen-von-lebensversicherungen/.

14   https://de.statista.com/statistik/daten/studie/167936/umfrage/garantiezins-der-lebensversicherer-fuer-neuvertraege/.

15   http://www.handelsblatt.com/finanzen/vorsorge/versicherung/lebensversicherung-kritik-von-verbraucherschuetzern/9348292-6.html.

16   https://www.vorfaelligkeitsentschaedigung.net/lebensversicherung-vorzeitig-kuendigen/.

17   https://mingers-kreuzer.de/widerruf-lebensversicherung/.

18   http://www.kath.net/news/6152.

19   Eine – leider keineswegs unwichtige – Einschränkung gilt dabei dennoch: Wer in seiner frühen Kindheit keine stärkenden, positiven Erfahrungen mit seinen Bezugspersonen gemacht hat, wer in seiner Persönlichkeit nicht uneinge-schränkt angenommen und wertgeschätzt wurde, hat im späteren Leben oft mit einer Störung seines Selbstwertgefühls zu kämpfen. Die Psychologie hat festge-stellt, dass sich unser Selbstwertgefühl, also die tiefe innere Überzeugung, »rich-tig« und »gut« zu sein, in frühen Phasen der Kindheit bildet – und dass dafür eine positive Verstärkung durch Eltern oder andere Bezugspersonen zwingend erforderlich ist. Wer hier also Defizite hat, wer als Kind nicht angenommen und geliebt wurde, dem helfen äußere Verstärkungen des Selbstbewusstseins durch Techniken nur bedingt. Den Kern des Problems werden sie nicht erreichen. Nur eine Psychotherapie kann hier helfen; allerdings verlangt sie Geduld.

20   Branden, Nathaniel: *Die 6 Säulen des Selbstwertgefühls: Erfolgreich und zufrie-den durch ein starkes Selbst.* München: Piper 2011.

21   Persönliche Mail von Volker Rosin vom 21.06.2018.

22   Religiöse Menschen dürfen hier sagen, dass sie Gott vertrauen und dass Gott bei ihnen ist (so wie David), für weniger religiöse mag die Vorstellung hilf-reich sein, mit ihrem höheren Selbst zu kommunizieren.

23   Vgl. zum Beispiel: Kabat-Zinn, Jon und Kappen, Horst: *Gesund durch Medita-tion. Das große Buch der Selbstheilung mit MBSR.* München: Knaur MensSana TB 2013. ISBN-10: 3426875683.

24   http://www.william-shakespeare.de/hamlet/hamlet3_1.htm.

25   Persönliche Mail von Bernhard Moestl vom 09.07.2018.

26   https://www.zeit.de/wirtschaft/unternehmen/2018-02/volkswagen-umsatz-milliardengewinn-rekord-dieselskandal.

27 http://www.spiegel.de/wirtschaft/unternehmen/volkswagen-martin-winter-korns-ruecktrittserklaerung-im-wortlaut-a-1054437.html.

28 http://www.die-klimaschutz-baustelle.de/zitate_diesel_klimawandel.html.

29 Jack Ewing: *Wachstum über alles – Der VW-Skandal. Die Personen. Die Technik. Die Hintergründe.* München: Droemer 2017, ISBN-10: 3426277041.

30 Anna Steiner: »Was Volkswagen in Amerika vorgeworfen wird.« In: FAZ. net. 21. September 2015.

31 https://de.wikipedia.org/wiki/Abgasskandal.

32 https://de.wikipedia.org/wiki/Abgasskandal#Betroffene_Fahrzeuge.

33 Gerald Traufetter: »Erfolglos umgerüstet«, Spiegel Online, 7. Juni 2017, abgerufen am 7. Juni 2017. Quelle: http://www.spiegel.de/auto/aktuell/vw-abgasskandal-auch-umgeruestete-diesel-weiter-dreckig-a-1150977.html.

34 https://www.focus.de/finanzen/news/diesel-skandal-volkswagen-muss-in-den-usa-2-8-milliarden-euro-strafe-zahlen_id_7002700.html.

35 https://www.focus.de/finanzen/news/diesel-skandal-volkswagen-muss-in-den-usa-2-8-milliarden-euro-strafe-zahlen_id_7002700.html.

36 http://www.sadaba.de/GSBT_StGB_263_282.html.

37 https://rechtecheck.de/lkw-kartell-schadensersatz-fuer-ueberhoehte-preise/?gclid=EAIaIQobChMItvao7NGO2gIVjoKyCh28XQ9sEAAYASAAEgLWePD_BwE.

38 http://www.handelsblatt.com/unternehmen/dienstleister/daimler-man-und-co-3200-firmen-fordern-schadensersatz-von-lkw-kartell/20793670.html.

39 http://www.zeit.de/wirtschaft/2017-12/lkw-kartell-deutsche-bahn-bundeswehr-klage-daimler-man.

40 Im Zweiten Weltkrieg setzten die Amerikaner aus strategischen Gründen eine sog. »Geisterarmee« ein, die nie existierte. Um sie vorzutäuschen, wurden Bühnenbildner beschäftigt und Fahrzeuge aus Gummi angefertigt. Vgl. https://www.welt.de/geschichte/article160307883/Geister-Armee-kaempfte-gegen-Hitlers-Wehrmacht.html.

41 http://www.museum-karlshorst.de/.

42 Eine weitere ähnliche Geschichte ist der Kampf von Odysseus gegen Polyphem, den einäugigen Riesen: Hier rammt der Held ihm seinen Speer in sein (einziges!) Auge. Auch der mythische Kampf zwischen Achilles und Paris gehört hierher: Kurz nachdem Achilles Hektor getötet hatte, findet er den Tod, als Paris seine verwundbare Ferse mit einem Pfeil trifft, der von Apollon dorthin gelenkt wird (»Achillesferse«).

43 Vgl. »Selbsterkenntnis«, in: *Wörterbuch der philosophischen Begriffe*, zit. nach https://de.wikipedia.org/wiki/Selbsterkenntnis#cite_note-4.

44 Auf der Rückseite des Tempels allerdings soll gestanden haben: »Damit du Gott erkennst« (zit. nach Wikipedia).

45 https://agwelt.de/2016-03/der-esoterik-markt-boomt/.

46 WWF-Studie 2015, Quelle: https://www.wwf.de/fileadmin/fm-wwf/Publikationen-PDF/WWF_Studie_Das_grosse_Wegschmeissen.pdf.

47 Hätten Sie es gewusst? In der Musik gibt es für Verzögerungen nicht weniger als acht unterschiedliche Begriffe: poco meno (etwas weniger), più lento (langsamer), ritardando (langsamer werdend), ritenuto (plötzlich zurückhaltend, stauend), rallentando (allmählich langsamer werdend), allargando (breiter werdend), smorzando (sterbend), calando (langsamer und leiser werdend). Quelle: https://www.musiktreff.info/lexikon/2-musikalische-fachbegriffe/2944-tempobezeichnungen.html.

48 Eugen Herrigel: *Zen in der Kunst des Bogenschießens*. Frankfurt a. M.: O. W. Barth 2010.

49 Obwohl es Künstlern gelingt, gerade aus solchen Nebensächlichkeiten tiefe Erkenntnisse abzuleiten, aber das ist ein anderer Punkt.

50 Carl R. Rogers: *Die klientenzentrierte Gesprächspsychotherapie*. Frankfurt a. M.: Fischer 1993.

51 https://www.jura.uni-tuebingen.de/professoren_und_dozenten/finkenauer/ schwerpunktbereich/bedeutung_des_roemischen_rechts.

52 https://www.mpib-berlin.mpg.de/de/forschung/geschichte-der-gefuehle/projekte/emotionen-und-recht/gefuehle-im-deutschen-strafrecht-1794-1945.

53 https://de.wikipedia.org/wiki/Air_Berlin.

54 Es ist ein Klischee geworden, dass man, wenn man in Vorstellungsgesprächen nach eigenen Schwächen gefragt wird, am besten »Ungeduld« nennen soll, weil man sich damit nichts vergibt und sogar mit der eigenen Dynamik kokettiert. Wenn sich heute bei mir jemand vorstellt und seine »Ungeduld« betont, muss ich innerlich schmunzeln.

55 »Religiöse Saubermänner auf dem Vormarsch«, in: *die tageszeitung*, 02.09.1986, S. 7, zit. nach: http://www.sprichwort-plattform.org/sp/ Gottes%20M%C3%BChlen%20mahlen%20langsam.

56 http://www.heilpraxisnet.de/symptome/bewegungsmangel-folgen-ursachen-symptome/.

57   http://www.thelancet.com/series/physical-activity.

58   http://www.spiegel.de/gesundheit/ernaehrung/fitness-mangelnde-bewe-
     gung-toetet-jaehrlich-fuenf-millionen-menschen-a-845012.html. Die Anga-
     ben basieren auf Schätzungen, wie sehr sich verschiedene Risikofaktoren auf
     die Lebenserwartung auswirken.

59   Taiwanische Forscher werteten Daten von mehr als 400.000 Bürgern aus,
     die an einer Standard-Reihenuntersuchung (Screening) teilgenommen
     hatten. Quelle: http://www.thelancet.com/journals/lancet/article/PIIS0140-
     6736(11)60749-6/abstract.

60   Ein Kurzreport verzeichnet hier allein 20 Diätformen, vgl. http://infothek-
     gesundheit.de/diaetformen/.

61   Vgl. z.B. Arthur Agatston: *Die South Beach Diät*. Knaur, München 2004 /
     Wolfgang Lutz: *Leben ohne Brot: Die wissenschaftlichen Grundlagen der koh-
     lenhydratarmen Ernährung* (aus d. Amerik.: Living Low Carb - The complete
     Guide to Long-Term Low-Carb Dieting). Gräfelfing: Informed 2004.

62   https://www.welt.de/wissenschaft/article153770727/So-viel-Schlaf-braucht-
     ein-Mensch-wirklich.html.

63   Horkheimer, Max und Adorno, Theodor W.: *Dialektik der Aufklärung*. Frank-
     furt: S. Fischer 1969, Nachdr. Taschenbuch 1988, ISBN-10: 3596274048.

64   Ich weiß nicht, ob Adorno an die alles durchwaltende Macht der Entfrem-
     dung wirklich geglaubt hat – privat hat er jedenfalls recht gut gelebt und galt
     sogar als Schwerenöter und Frauenheld. Daneben war er gutbezahlter Hoch-
     schullehrer, genoss öffentliche Auftritte und einen gewissen Wohlstand. An
     seiner persönlichen Work-Life-Balance hat er also recht eifrig gearbeitet.

65   Persönliche Mail von Volker Rosin vom 21.06.2018.

66   Nicht zuletzt steht diese Forderung natürlich auch im deutschen Grund-
     gesetz: »(1) Alle Menschen sind vor dem Gesetz gleich.« (GG, Art. 3,1)

67   Persönliche Mail von Steffen Kirchner vom 22.06.2018.

68   Persönliche Mail von Steffen Kirchner vom 22.06.2018.

69   Persönliche Mail von Julien D. Backhaus.

70   https://www.gruenderpilot.com/wie-viele-startups-scheitern/.

Undercover in der Finanzindustrie

Malte Krüger, Alexander Schmidt, Günter Wallraff

Malte Krüger geht es als Durchschnittsverdiener wie Millionen anderen Ottonormalverbrauchern: Ihm droht die Altersarmut – eine Rentenlücke von 250 000 Euro tut sich auf. Damit nicht genug, weiß er doch auch kaum etwas über Finanzen. Endstation? Nein! Als Journalist begibt er sich auf eine gnadenlose Recherche. Wem kann man bei der Privatvorsorge sein Geld überhaupt noch anvertrauen? Wie kommt man zu der bestmöglichen Altersvorsorge?

Ein unzensierter Einblick in die Untiefen der Finanzindustrie und die besten Tipps, wie Sie sich vor unseriösen Angeboten schützen können.

272 Seiten | Hardcover | 19,99 € (D) | 20,60 € (A) | ISBN 978-3-95972-117-2